पीयूष मिश्रा

परिचय मुमकिन नहीं, न ही उन्हें पसन्द है। दोस्तों में 'पीयूष भाई' छात्रों में 'सर'। 1983 से 2003 तक दिल्ली में थियेटर किया। आजकल मुम्बई सिनेमा नगरी में व्यस्त हैं, इस उम्मीद के साथ कि बदलाव वहाँ भी होगा।

लेखक की अन्य किताबें

जब शहर हमारा सोता है (नाटक)
गगन दमामा बाज्यो (नाटक)
वो अब भी पुकारता है (नाटक)
सन् 2025 उर्फ़ इन्सीडेंट एट ट्वाइलाइट (नाट्य रूपांतरण)
कुछ इश्क़ किया कुछ काम किया (शायरी और कविता-संग्रह)
तुम मेरी जान हो रज़िया बी (कविता-संग्रह)
मेरे मंच की सरगम (थियेटर के गीत)
आरम्भ है प्रचण्ड (गीत)

पीयूष मिश्रा

तुम्हारी औक़ात क्या है

पीयूष मिश्रा

राजकमल पेपरबैक्स

राजकमल पेपरबैक्स में
पहला संस्करण : 10 फरवरी, 2023
चौथा संस्करण : 12 मई, 2023

राजकमल पेपरबैक्स : उत्कृष्ट साहित्य के जनसुलभ संस्करण

राजकमल प्रकाशन प्रा.लि.
1-बी, नेताज़ी सुभाष मार्ग, दरियागंज
नई दिल्ली-110 002
द्वारा प्रकाशित

शाखाएँ : अशोक राजपथ, साइंस कॉलेज के सामने, पटना-800 006
पहली मंज़िल, दरबारी बिल्डिंग, महात्मा गांधी मार्ग, प्रयागराज-211 001
वेबसाइट : www.rajkamalprakashan.com
ई-मेल : info@rajkamalprakashan.com

यश प्रिंटोग्राफ़िक्स
नोएडा-201 301 (उत्तर प्रदेश)
द्वारा मुद्रित

मूल्य : ₹299

TUMHARI AUQAT KYA HAI PIYUSH MISHRA
Autobiographical Novel by Piyush Mishra

ISBN : 978-93-95737-82-1

समझदार तो फँसा रहा ये सोचे क्या ये मुमकिन है
और मूरख साला कर गुज़रा यूँ जोड़े-जोड़े हर तिनका
फिर बाद किसी ने बतलाया ओ मूरख भैया मालूम है?
जो कर गुज़रे हो सच्ची बोलूँ वो साला नामुमकिन था!

प्रिया मेरी जान...मेरे दिल की धड़कन...अगर तुम नहीं होतीं तो शायद मैं भी नहीं होता...

मेरे दोनों सुनहरे लौंडे जोश और जय, आगे चल के समाज के भले नागरिक बनना बे!

छोटी सी विनी, तू कितनी प्यारी है!

उन सबके नाम जिनको धोखा देकर मैंने जाना कि मुझे ऐसा नहीं करना चाहिए था।

उन सबके नाम जिनसे मिले धोखे ने मुझे माफ़ी देने के महान गुण से परिचित कराया।

और मेरे सारे दोस्तों के नाम जो कि कमबख़्त बहुत सारे हैं...

दो शब्द

आत्मकथा लिखने की औक़ात नहीं। न ही मिज़ाज है। और न ही मूड। एक उपन्यास लिख रहा हूँ। कृपया इसे उपन्यास समझकर ही पढ़ें। किसी भी कथा या आत्मकथा को उपन्यास की शक्ल देने में ख़ासी दिक़्क़त आती है। कल्पना और यथार्थ का भयंकर टकराव होता है। कल्पना को ज़बरदस्त उड़ान देने की ज़रूरत महसूस होती है। वो यहाँ भी हुआ। बाक़ी अपने पाठकों की सहूलियत के लिए बतला दूँ कि इस उपन्यास का मुख्य किरदार...संताप त्रिवेदी उर्फ़ हैमलेट...मैं हूँ।

मेरे दोस्त निशान्त अग्रवाल और राहुल गांधी का धन्यवाद। ये नाम बहुत ख़ूबसूरत दिया—*तुम्हारी औक़ात क्या है पीयूष मिश्रा!*

कमाल अहमद साहब का बहुत शुक्रिया कि मेरी इतनी ख़राब लिखावट के बावजूद उन्होंने इतना बेहतर टाइप किया।

दरबदर की ठोकरों का लुत्फ़ पूछो क्या सनम
आवारगी को हमने तो अल्ला समझ लिया
ज़िन्दगी से बात की इक कश लिया फिर चल दिये
ज़िन्दगी को धुएँ का छल्ला समझ लिया।

बाक़ी आपके पढ़ने के बाद...

—पीयूष मिश्रा

तुम्हारी औक़ात क्या है

पीयूष मिश्रा

डर बड़ी कुत्ती चीज़ होती है। क्योंकि वो 'कुत्ता' चीज़ नहीं हो सकती। डर बड़ा भभक के आता है, उबल के आता है, बिफर के आता है, लेकिन वो आता है। क्योंकि उसको आने से उसका बाप भी नहीं रोक सकता।

डर ख़ूँख़्वार होता है, ख़तरनाक होता है, ख़बरदार होता है, और कभी-कभी मज़ेदार भी होता है, क्योंकि आने के पहले वो एक ख़ूँरेज़ी गुदगुदी का अहसास करा जाता है।

डर फट के आता है, फूट के आता है, फड़फड़ा के आता है, और अचानक सूनी-सुहानी-ख़ुशहाल ज़िन्दगी को फोड़ के, फाड़ के चला जाता है।

क़लम से निकले सारे चरित्र डरे हुए पैदा हुए हैं। वो किंग लियर हो या मैकबेथ, कालिदास हों या विलोम, स्टेनलेकोवलस्की हो या विली लोमैन...और सावित्री हो या महेन्द्रनाथ...डर ने सब पे राज किया है। फिर हैमलेट भला डर से कैसे बचा रह सकता था।

वो डरते-डरते राष्ट्रीय नाट्य विद्यालय आया था, डरते-डरते राष्ट्रीय नाट्य विद्यालय से निकल गया। और वो लोग यही कहते रहे कि भई वाह...! क्या आदमी था यार! अपनी तरह से ज़िन्दगी बिता दी। सारे दोस्त बम्बई चले गए, मगर देखो—हैमलेट कभी बॉम्बे नहीं गया!

हैमलेट कभी बॉम्बे नहीं गया...

हैमलेट ने कई बार सोचा कि वो बॉम्बे क्यों नहीं गया! हैमलेट से ज़्यादा फ़िक्र उन लोगों को थी जो हैमलेट को हैमलेट से ज़्यादा जानने का दावा करते थे। एक तो था मीडिया जो लगातार ये चिल्ला रहा था कि हैमलेट हिन्दुस्तानी थियेटर का चेग्वारा है। उसके जाते ही दिल्ली का थियेटर सुनसान हो जाएगा।

दूसरे वो लोग थे जो बोला करते थे कि हैमलेट बेसिकली हीरो है जिसने थियेटर के लिए अपना सब कुछ त्याग दिया। तीसरे वो लोग थे जो कहा करते थे कि थियेटर हैमलेट की ज़िन्दगी है जिसके बिना वो जी नहीं सकता।

अब इनमें से कितने सही थे...ये तो मालूम नहीं। सच तो ये था भूख हैमलेट को भी लगती थी। नाम—यश और शोहरत की महत्त्वाकांक्षा भी थी भले ही वो नीचे कहीं दबी हो। और जहाँ तक ज़िन्दगी का सवाल है तो ज़िन्दगी की तुलना ज़िन्दगी के अलावा और किसी से नहीं की जा सकती...। थियेटर से भी नहीं।

उम्र बीती जा रही थी। दिल्ली का मंडी हाउस धीरे-धीरे ख़ाली होता जा रहा था। सभी बम्बई पलायन करने लगे थे। धीरे-धीरे उनके क़दम बम्बई में जमने भी लगे थे। वहाँ से बुलावा भी आने लगा था कि आ जाओ। बम्बई में इन्तज़ार हो रहा है...पर वो नहीं गया। क्यों?

क्योंकि हैमलेट को अहसास था कि भरे हुए पंखों के बावजूद फड़फड़ा के आसमान में उड़ान न भरने का फ़ैसला उसने ख़ुद लिया था। बाई च्वाइस। मगर क्या ये च्वाइस सही थी?

मालूम नहीं।

तो क्या हैमलेट को दिल्ली से इतना प्यार था? दिल्ली से तो पता नहीं...मंडी हाउस से ज़रूर था। वो मंडी हाउस का राजा था। (या...कम-से-कम वो तो यही समझता था।) अपना सारा राज-पाट गँवाकर बम्बई जाना उसे कुछ ठीक नहीं लगता था। मगर फिर ख़ाली राज-पाट गँवाने की ही चिन्ता थी या कुछ और?

मंडी हाउस के किस कोने में उसने रिहर्सल नहीं की थी? इन सबको छोड़कर चला जाए? इनकी याद नहीं आएगी?

हाँ...! उसको ये 'याद' कमबख़्त बहुत आया करती थी। अपनी इस आदत से वो ख़ासा परेशान था। मगर 'याद' तो और लोगों को भी आती होगी...? वो ही क्यों?

अरे यार! थक गए। आदमी सोचे नहीं तो वो कितना ख़ुश हो जाए। मगर 'सोच' और 'याद' में कितना फ़र्क़ होता है। और फिर क्या 'याद' 'सोच' के आती है?

तो फिर क्या? कुछ नहीं यार। दिमाग़ को सुन्न करो। कोई तरीक़ा है? शराब पियो। क्यों? अरे यार! ये साला डर तो भागेगा!

हाँ! डर। ये डर ही था जो साला हैमलेट का हमप्याला हमनिवाला बन चुका था। मगर ये डर तो और लोगों को भी लगता होगा...? फिर...? फिर का यही मतलब है कि ये डर हैमलेट को और लोगों की अपेक्षा अधिक लगता था। या यूँ कहें कि उसके अन्दर ये डर नैसर्गिक था। कारण? पता नहीं। तो फिर क्या करें? शराब पियो। इससे डर भाग जाता है। भले ही वक़्ती तौर पर। मगर वक़्ती तौर के बाद डर वापस आ जाता था। तो हारकर हैमलेट ने ये तय कर माना था कि उसका डर एक ना समझ में आने वाली गुत्थी है जिसको खोलने का सामर्थ्य उसकी औक़ात के बाहर की चीज़ थी।

राष्ट्रीय नाट्य विद्यालय की आउट गोइंग स्पीच में हैमलेट ने शान से कहा था कि वो बम्बई जाएगा, सिनेमा करेगा, टीवी करेगा। और ये कहने में उसने कोई शर्म महसूस नहीं की थी। फिर चार साल बाद उसने पाया था कि उसके पूरे बैच में एक वही थियेटर कर रहा है...और वो भी दिल्ली में...। बैल के समान! अकेला! वो अकेला थियेटर कर रहा था। उसके सारे बैचमेट मुम्बई जा चुके थे। हाँ! ये अहसास उसे ज़रूर हो रहा था कि वो धीरे-धीरे बहुत अकेला होता जा रहा है।

और कई बार ये अकेलापन 'बहुत ज़्यादा अकेलेपन' में तब्दील हो जाता था।

अकेलेपन से उसे तकलीफ़ नहीं थी...मगर कई बार नींद नहीं आती थी। अकेलापन उसे अच्छा लगता था बशर्ते कि वो बहुत ज़्यादा अकेला ना हो जाए। अकेलेपन से उसे प्यार था...मगर बुरे सपनों की क़ीमत पर नहीं। मगर जो सच वो नहीं जानता था, वो ये था कि अकेलापन ही उसकी ताक़त थी जिसको लेकर वो अपनी माँ की कोख से पैदा हुआ था...अकेलापन ही वो उन्माद था जिसमें नहाकर वो तरो-ताज़ा हो जाया करता था...और अकेलापन ही वो मुक़ाम था जिसकी तरफ़ धीरे-धीरे उसे अग्रसर होते चले जाना था। मगर वो वक़्त आने में अभी बहुत देर थी। और उसका इन्तज़ार...उससे भी भयानक!

तुम्हारी औक़ात क्या है संताप त्रिवेदी?

"वो जंगली, जाहिल, शराबी, वूमैनाइज़र, डिफ़िकल्ट टू वर्क विद...अपने में लिप्त एक जानवरनुमा बन्दा है।"

एक नफ़रत भरी आवाज़ गूँजी थी!

"वो महत्त्वाकांक्षा की इन्तिहा है। बतलाना ठीक उलटा है," एक और आवाज़ ने तस्दीक़ की थी।

"व्हॉट फ़ीचर्स यार। मैं तो मर गई," एक शरमाई मुस्कान हवा में तैरी थी। "उसकी निगाहों में कुंठा है। लड़कियों के आर-पार देखता है।"

"उसकी शादी पर मैं फूट-फूट के रोई थी।" टाइम्स ऑफ़ इंडिया की जर्नलिस्ट बोली थी।

"शादी हमेशा माँ-बाप की मर्ज़ी से करनी चाहिए," जिया फूट-फूट के रो पड़ी थी।

"हिज़ 'हैमलेट' इज़ ए मास्टरपीस! स्पलैंडिड!" इंडियन एक्सप्रेस की हैडलाइन थी!

"ही इज़ ऐट्रोशियस...! वेरी इनडिसिप्लिंड...!" राष्ट्रीय नाट्य विद्यालय की टिप्पणी थी।

"हर इनडिसिप्लिन में एक डिसिप्लिन होता है। देखने का नज़रिया चाहिए," विश्नोई का गम्भीर स्वर था।

"तू मेरे बिना एक्टिंग करके दिखा दे स्साले! तेरी टाँग के नीचे से गुज़र जाऊँगा!" पंडित की हुँकार थी।

"मैं एक्टिंग नाम के आर्ट के माइक्रो लेवल तक पहुँचना चाहता हूँ!" वो बुदबुदाया था।

"तुम ग्वालियर से नौटंकी करने नहीं निकले थे...!" प्रमाद दुबे की कटाक्ष भरी आवाज़ थी।

"मैं उसके साथ ज़िन्दगी भर रहूँगा," उसके स्वर में विश्वास था।

"तू किसी के साथ बहुत दिनों तक नहीं रह सकता," मराठे ने गम्भीरतापूर्वक कहा था।

"ये सिस्टम सड़ गया है। इसे बदलने की ज़रूरत है," इंडिया गेट पर चार लाख लोगों की भीड़ के सामने वो हाथ में माइक लेकर बिलबिला के चीख़ा था।

"तुम्हारे गानों में बात है। सीधे दिल पे लगते हैं," पोलित ब्यूरो के कॉमरेड ख़ुशहाल सिंह बोले थे।

"तू बम्बई आजा। यहाँ तेरा इन्तज़ार हो रहा है," समर बाजपेयी ने उसके हाथ पर हाथ रखा था।

"ऐब्सोल्यूट बास्टर्ड!" नदीम शाह की जहर भरी गुर्राहट थी।

"यार तुमने अपनी ज़िन्दगी में सब कुछ किया है?" माथेरान में पद्म कपूर के तीखे कटाक्ष के साथ ही आसपास के लोगों के चेहरे पर खिल्ली भरी हँसी छलछला पड़ी थी।

"अगर यही हाल रहा तो फ़िल्म इंडस्ट्री में काम मिलना मुश्किल हो जाएगा।" सम्बल भारद्वाज का गम्भीर स्वर था।

"आप मेरे भगवान हैं संताप भाई," अनिकेत कश्यप का स्वर भावना के अतिरेक से थरथरा रहा था।

मंडी हाउस

दिल्ली के सांस्कृतिक केन्द्र मंडी हाउस में चारों ओर चहल-पहल थी। रौनक़ थी। तरंगें भी। भगवानदास रोड के बहावलपुर हाउस वाले छोर पर ओमी की चाट वाली दुकान पर भयंकर भीड़ थी जिसमें अस्सी से नब्बे परसेंट रंगमंच के छिछोरे थे।

अलका चाय वाले की चाय बनाती उँगलियाँ, सामने पटरी पर लाइन से बैठे आधे-अधूरे एक्टर्स, बातों की भनभन, सिगरेट के धुएँ, चलते हुए सिलसिले, चुटकुले, लतीफ़े, कनखियाँ, चितवन, शोर-शराबा, उन्माद!

श्रीमती कीर्ति जैन के हाथों में हाल ही में आया राष्ट्रीय नाट्य विद्यालय सँभल चुका था। वहाँ पढ़ाई का सिलसिला फिर से शुरू हो चुका था।

अलक़ाज़ी साहब ने गड़गड़ाती हुंकार के साथ थियेटर में वापसी की थी। कॉपरनिकस मार्ग पर उनका स्कूल शुरू हुआ था जिसे लिटिल थियेटर्स के नाम से जाना गया था।

यहाँ-वहाँ हबीब तनवीर साहब और ब.व. कारन्त के तूफ़ानी नाटकों के सिलसिले, श्रीराम सेंटर और कमानी ऑडिटोरियम में टिकटों की मारामारी, सप्रू हाउस में पंजाबी नाटकों के धमाके, मंडी हाउस के कोने-कोने में रिहर्सल करते छोटे-बड़े थियेटर ग्रुप्स के जत्थे, कत्थक केन्द्र के गर्ल्स हॉस्टल से आती मधुर-मनोहर खिलखिलाहटें, उनकी तीखी चितवनों से ओत-प्रोत होते राष्ट्रीय नाट्य विद्यालय के नौजवान...और लाइट्स और सैट्स से जूझते असंख्य नाट्य कर्मियों के हाथ। ये वो मंज़र था जिसके लिए दिल्ली के थियेटर वाले अपनी ज़िन्दगी के सबसे लुभावने पल को भी दाँव पर लगाने से नहीं हिचकते।

और वो इन सबके बीच घूमता था। अकेला। अपने काले ओवरकोट में...जिसकी जेब में उसके टूथ ब्रश से लेकर उसकी दाढ़ी बनाने का सामान तक ठुँसा होता था।

वो घूमता था। भटकता हुआ, हिलता-डुलता, बेपरवाह, बज्जर, बेख़ौफ़, बीहड़, और बेवजह।

अरे क्यों जाएँ बम्बई? उस शहर में क्या लाल लगे हुए हैं? अरे अपने लाल मैं ख़ुद बोता हूँ...और ख़ुद उखाड़ता हूँ। लाल ही लाल मिल जाएँगे मेरे 1/6 पन्तनगर भोगल के 10/12 के कमरे में। अरे ये है मेरी छावनी और ये हैं मेरी बन्दूक़ें। ये आई.टी.ओ. से फ़िरोज़शाह रोड तक...और ये इंडिया गेट के कनॉट प्लेस तक! मैं राजा हूँ इनका। अपनी बन्दूक़ें यहीं दाग़ता हूँ...और धमाका सुनाई देता है डिब्रूगढ़ में। अरे बम्बई कोई क्राइटेरिया है टैलेंट को पहचानने का? समर बाजपेयी चला गया। जाने दो। बेहतरीन एक्टर था। आयुष विद्यार्थी चला गया। एक्टर भी ठीक ही था मगर बम्बई उसे भी मुबारक। सम्बल सुरेखा भारद्वाज चले गए। बढ़िया कपल था। मुबारक यार तुमको भी। सैकड़ों चले गए...! तो क्या मतलब? मैं भी चला जाऊँ? मेरे जूते पे रखी है बम्बई! इनको रोज़ धोता हूँ और रोज़ उतर जाती है। इससे बेहतर है एक्टिंग कर लो सालो...। ऊपर शकल दिखाते नहीं बनेगी। जब वो पूछेगा कि क्या करने भेजा था और क्या करके आ गए! ये दारू पीने से निजात नहीं मिलेगी...(और वो अटकता था। अपने हाथों में कोका कोला मिली रम की बोतल को घूरता था। फिर सर झटकता था) मतलब दारू मैं भी पीता हूँ...मगर... तुम तो सिर्फ़ रँडापा करने आए हो दुनिया में...हरामज़ादो...?" और अभी कुछ

ही दिन पहले निज़ामुद्दीन पर हुए अपने स्कूटर एक्सीडेंट में अपनी क़रीब-क़रीब चली गई बाईं आँख पर हाथ फेरते हुए आगे बढ़ जाता था।

लोग सामने से सर झुकाते हुए हट जाया करते थे। कुछ डर के मारे, कुछ लिहाज़ के मारे...और अधिकतर आदर के मारे।

भगवानदास रोड के फ़ौवारे पर बैठकर वो चिल्लाता, "अबे एक्टिंग कर लो सालो। ज़िन्दगी चार दिन की है। निजात नहीं मिलेगी।"

और उसके मुँह से एक उबलता हुआ ठहाका निकलता और मंडी हाउस की सरज़मीं पर फैल जाता। लोग हैरानी से मुड़कर देखते। क्योंकि अपने आप से बातें करना 1996 में भी पागलपन की निशानी समझा जाता था।

उसे नहीं मालूम था कि ये पागलपन उसके डर में हो रहे इज़ाफ़े का दूसरा नाम है। लेकिन बात यहाँ से शुरू नहीं होती।

पुरानी बात

बात शुरू होती है 01 जनवरी, 1985 से। राष्ट्रीय नाट्य विद्यालय में तहलका मचा हुआ था। चारों तरफ़ हैरत-शोर और तालियाँ। "यार ग़ज़ब है। ये तो पहले कभी नहीं देखा, ना सुना।" शिक्षकों के मंत्रमुग्ध चेहरे, छात्रों की हैरतअंगेज़ आँखें और दर्शकों के खुले हुए मुँह। "ये कमाल है...। सिर्फ़ कमाल।"

01 जनवरी, 1985 एक ऐतिहासिक दिन था। उस दिन राजीव गांधी की सरकार ने कुर्सी सँभाली थी। श्रीमती इन्दिरा गांधी की हत्या के बाद से अकस्मात् प्रजा को एक हैंडसम...क्यूट और नौजवान प्रधानमंत्री मिला था।

"अब देश सँभल जाएगा" जैसे क़यास और लड़कियों की 'हाय स्मार्टी' की आवाज़ों से नामालूम राजीव गांधी कितने प्रभावित थे...मगर देश में एक अनोखी सनसनाहट ज़रूर थी। स्थितियाँ ज्यों की त्यों ही थीं। पंजाब आतंकवाद की आग में जल रहा था। कश्मीर की हालत उससे भी बुरी थी। मगर लोग अमिताभ बच्चन में नया नायक ढूँढ़ रहे थे जो हेमवती नन्दन बहुगुणा को भारी मतों से हराकर इलाहाबाद की गद्दी पे आसीन हुए थे।

इसके साथ ही अन्तर्राष्ट्रीय फ़िल्म समारोह जोशो-ख़रोश के साथ विज्ञान भवन में प्रारम्भ हुआ था। सारे समान्तर फ़िल्मों के सेनानायक (जिनमें से अधिकतर को बाद में पॉप्युलिस्ट निर्देशकों में परिवर्तित हो जाना था) अपने-अपने झोलों के साथ बम्बई या और जगहों से दिल्ली पधारे हुए थे। केतन मेहता, सईद अख़्तर मिर्ज़ा, गोविन्द निहलानी, श्याम बेनेगल (जो समान्तर सिनेमा के मूर्धन्य निर्देशक के तौर पर उभरकर आए थे।), कुन्दन शाह...(जिनकी हाल ही में रिलीज़ फ़िल्म 'जाने भी दो यारो' ने बॉक्स ऑफ़िस पर तहलका मचा दिया था)...प्रकाश झा और अन्य अपने कंधों पर देश का इंटेलेक्चुअल सिनेमाई बोझ उठाए दिल्ली की सड़कों पर विचरण कर रहे थे। इस तरह देश का सांस्कृतिक वातावरण काफ़ी गतिशील अवस्था में था।

मगर राष्ट्रीय नाट्य विद्यालय में हो रही हलचल का इन सभी गतिविधियों से कोई मतलब नहीं था। उनका मतलब था द्वितीय वर्ष के छात्रों के द्वारा किये गए स्टूडेंट प्रोडक्शन से। द्वितीय वर्ष ने 'हैमलेट' का मंचन किया था जो लोगों की निगाहों से होता हुआ उनके दिल में जाके गड़ गया था। अचम्भित निगाहें, पागलपन भरा उन्माद, और तालियों का शोर।

संताप को हैमलेट की भूमिका मिली थी। उसकी नज़रें विस्फारित थीं। वो भौचक्का-सा चारों ओर देख रहा था। शिक्षकों के उसकी पीठ को गद्गद होके थपथपाते हाथ...उसके गले से लगते उसके साथीगण और ऑटोग्राफ़ के लिए बढ़ी लड़कियों की गड़गड़ाती हथेलियाँ। उसके लिए सृष्टि ही पलट गई थी। उसको आज तक उसके शहर के कुत्ते ने भी भौंक के स्वीकार नहीं किया था। और अभी प्रत्येक व्यक्ति उसकी तरफ़ हाथ बढ़ाए खड़ा था।

"बहुत बढ़िया! बहुत बढ़िया!" थरथराते हाथों से लोगों ने उसे गले लगाया था। बड़े-बड़े राजनयिक, ब्यूरोक्रेट्स...दिल्ली की मलाई कहलाए जाने वाले इंटेलेक्चुअल्स, आर्टिस्ट्स...। सब लोग पागल हुए जा रहे थे।

राष्ट्रीय नाट्य विद्यालय में एक तो 'हैमलेट' फुल लेंग्थ प्ले का मंचन पहली बार हुआ था। दूसरे फ्रिट्जबेनेविट्ज़ का ख़ूँख़्वार डायरेक्शन।

फ्रिट्ज़वेनेविट्ज़ जर्मन डायरेक्टर था। और एक्टर्स के समुदाय में राक्षस समझा जाता था। बहुत ही क्रूर निर्देशन था उसका और उसके एक्टर्स अक्सर सुसाइड सिंड्रोम के मरीज़ पाए जाते थे। उसके रिहर्सल रूम में घुसने के पहले उनके दिल

धकधका उठते थे कि नामालूम आज किसकी बारी हो। वो एशियन थियेटर जगत में दुर्दान्त माना जाता था और दुनिया में शेक्सपियर, गेटे, और ब्रेख़्त का एक्सपर्ट।

मगर उसके डायरेक्शन में संताप ने कमाल कर दिया था। उसके मेकअप के शिक्षक सुधीर कुलकर्णी अपने चिर-परिचित अन्दाज़ में बोले थे, "जॉनी। संताप तो अब गया काम से। क्लासिकल कैरेक्टर्स को इस ख़ूबी से अभिनीत कर जाना... वो भी 22 की उम्र में। मतलब अब संताप तो अपनी बाक़ी ज़िन्दगी में हैमलेट की तरह चलेगा, हैमलेट की तरह घूमेगा, हैमलेट की तरह हगेगा, और हैमलेट की तरह मूतेगा। मनोहर भाई को देख लो। अभी तक 'तुग़लक़' ही बने घूम रहे हैं।" (जो कि सही नहीं था। 'संध्या छाया' देखने के बाद संताप को मनोहर सिंह के बारे में ये मान्यता बिलकुल थोथी जान पड़ी थी।)

संताप ने ना जाने क्या सोचकर ग्वालियर फ़ोन कर दिया था। पिताजी ख़ुद देखने आए थे।

देखने के बाद बहुत देर तक उसका हाथ थामे खड़े रह गए थे। उनके मुँह से शब्द नहीं निकल रहे थे।

"बहुत बढ़िया यार। बहुत ही बढ़िया!" हैमलेट अपना सर झुकाए खड़ा रह गया था।

उसके बाद विद्यालय के निर्देशक श्री मोहन महर्षि से मिलवाया था।

"सर, मेरे पिताजी। प्रभाष शर्मा," कठिनता से शब्द निकले थे।

"मैं ज़्यादा नहीं बोल रहा प्रभाष साहब। अगर इसके पैर ज़मीन पर रहे तो ये आसमान को चूमेगा।" और पिताजी लड़खड़ा के रह गए थे। हैमलेट उस वक़्त भी नामालूम कहाँ देख रहा था।

रात को वकील लेन में स्थित राष्ट्रीय नाट्य विद्यालय के बॉयज़ हॉस्टल के कमरा नं. 16 में लेटा हुआ हैमलेट डर से सिहर उठा था। पास ही प्रभाष सो रहे थे। हैमलेट ने बिस्तर से करवट लेकर उन्हें देखा था। उनके दुर्बल चेहरे पर उनकी अधमुँदी आँखें गड्ढों में धँसी हुई थीं।

हैमलेट थोड़ी देर ऐसे ही पड़ा रहा।

कमरे में सीलिंग पंखे की आवाज़ खड़खड़ गूँज रही थी। फिर वो उठकर खिड़की के पास गया। जाके बैठ गया।

पूरी दिल्ली ख़ामोश थी। वकील लेन भी।

वो चुपचाप अँधेरे में घूरता रह गया। और पाया कि घूरने से कुछ बदलने वाला नहीं था। क्योंकि बात यहाँ से भी शुरू नहीं होती।

ग्वालियर/बहुत पुरानी बात

बात शुरू होती है 12 जुलाई, 1977 में ग्वालियर से।

हैमलेट ख़ामोशी से अपने घर में घुसा था।

हर तरफ़ सन्नाटा था। सारा घर सूना था। अन्दर से अम्मा के बरतन पटकने की आवाज़ कभी-कभी आ जाती थी। जून की चिलचिलाती लू थी जो घर के मध्यवर्गीय सपाटपन को और बढ़ा रही थी। दोपहर जल रही थी। बाहर कभी-कभी सड़क पर कोई टेम्पो आवाज़ करता हुआ गुज़र जाया करता था। घर में भयानक ख़ामोशी थी। जिद्दा की ग़ैरमौजूदगी इसका बहुत बड़ा कारण थी। इस घर का सन्नाटा ख़ाली उनकी चिंघाड़ से टूटता था।

हैमलेट ने ड्राइंग रूम में प्रवेश किया। सारा फ़र्नीचर सलीक़े से रखा हुआ था। उसकी झाड़-पोंछ हो चुकी थी। पिताजी अपनी काली कुर्सी पर बैठे हुए थे। उनकी पुरानी कुर्सी हमेशा ड्राइंग रूम में शोभायमान रहती थी। पास ही मेज़ पर चाय का पी चुका प्याला रखा हुआ था। हाथ में सुबह का अख़बार था जो अब तक पुराना हो चुका था। पिताजी अपने चिर-परिचित अन्दाज़ में पैर ऊपर किये हुए बैठे थे...। अधमुँदे से।

हैमलेट आगे बढ़ा। हाथ में मार्कशीट कसमसा रही थी।

हल्की-सी आहट से प्रभाष चौंके। अपनी अधमुँदी आँखें उठाईं। उसकी ओर देखा। फिर देखते रह गए। ये उनकी आदत थी।

फिर बोले, "हाँ?"

हैमलेट ने आगे बढ़कर मार्कशीट बढ़ाई।

"क्या है ये?" उन्होंने उसे हाथ में लिया।

"टेंथ बोर्ड की मार्कशीट," उसने धीमे स्वर में कहा।

"ओह! आज आनी थी ना," वो धीरे से सीधे हुए।

धीरे से लिफ़ाफ़ा खोला। हैमलेट ख़ामोश खड़ा था। चुपचाप।

"दो सब्जेक्ट्स में कम्पार्टमेंट," उन्होंने धीमी उसाँस ली। ये भी उनकी आदत थी।

उन्होंने करवट बदली। फिर बोले, "हूँ...। क्या करोगे? इतने में तो साइंस कॉलेज में एडमिशन नहीं मिलेगा और साइंस के बिना ज़िन्दगी बेकार है।"

हैमलेट कुछ नहीं बोला। नीचे पैरों को देखता रहा।

उन्होंने फिर उसाँस ली।

"अब क्या बोलूँ मैं...जाओ। करो जो करना है।"

हैमलेट अब भी ख़ामोश खड़ा था।

"ऐसे ही उम्र बीत जाएगी। अन्त में याद आएगा कि बाप ठीक कहता था।"

हैमलेट की नज़रें अब भी नीचे थीं।

"अब जाओ क्या देख रहे हो?" वो कमज़ोर स्वर में बोले और करवट बदली।

हैमलेट वैसे ही खड़ा था। अभी तूफ़ान नहीं आया था।

तभी माँ घुसीं ड्राइंग रूम में हाथ पोंछती।

"क्या हुआ?" उन्होंने प्रभाष को देखा। फिर संताप को।

"क्या बात है?" माहौल के तनाव को समझने में उस घर के सारे सदस्यों को कमाल हासिल था। प्रभाष ने फिर उसाँस ली।

"दो सब्जेक्ट्स में सप्लीमेंट्री है। उसका एग्ज़ाम फिर से देना पड़ेगा।"

माँ ने मार्कशीट प्रभाष के हाथ से ले ली। उसे उलटा-पलटा। जैसे अभी कम्पार्टमेंट को ए ग्रेड में तब्दील कर देंगी।

"क्या करेगा प्रियांश। बाप बूढ़ा हो रहा है। बोल..." उन्होंने प्रियांश के चेहरे की ओर देखा।

"कुछ तो जवाब दे। ये..." और वो अचानक चौंकी। देहात की उस औरत ने भी वो चीज़ भाँप ली थी जो प्रभाष नहीं देख पाए थे।

"ये किसकी मार्कशीट है?" उन्होंने उसे देखा।

"इसी की है," प्रभाष बोले। प्रियांश चुपचाप खड़ा रहा।

"नाम तो कुछ और लिखा हुआ है?"

प्रभाष ने उनके हाथ से मार्कशीट ले ली।

"संताप त्रिवेदी? ये कौन है?" उन्होंने उसे देखा।

प्रियांश तब तक स्थिर हो चुका था। आँखें दृढ़ हो चुकी थीं।

"मैं हूँ। ये मेरी है। मैंने नाम चेंज करवा लिया।"

"नाम चेंज करवा लिया? क्यों? इस नाम में क्या बुराई थी?"

"लोग प्रिया प्रिया कहके बुलाने लगे थे। मुझे ख़राब लगता था। बाक़ी मैं जिद्दा की गोद गया था। सरनेम वैसे ही चेंज होना था। मैंने नाम भी चेंज करवा लिया।"

"मैंने बड़े चाव से नाम रखा था। चलो।" एक साँस ली। "नाम के साथ-साथ नम्बर भी अच्छे ले आते। ठीक।"

और उन्होंने कुर्सी पर उलटी करवट ले ली। जिसका मतलब था—'तख़लिया'। यानी अब बात नहीं हो सकती थी।

माँ कुछ देर खड़ी रहीं। फिर अन्दर चली गईं।

हैमलेट चुपचाप खड़ा रहा। फिर घर से बाहर आ गया। चारों तरफ़ चिलचिलाती धूप फैली हुई थी। आसमान से आग बरस रही थी। सामने सूनी सड़क से एक टेम्पो गुज़रा। उसकी आवाज़ सन्नाटे में बिखरकर रह गई। हैमलेट ने चारों तरफ़ देखा। कहाँ जाए। किधर जाए। किससे बात करे। सारे दोस्त तो अधिकतर पास होने की ख़ुशियाँ मना रहे थे। वो चुपचाप खड़ा रहा। ख़ामोश-सा।

फिर उसने क़दम बढ़ाए। देखें कहाँ ले जाते हैं। और उस दिन उसके क़दम उसे कहाँ ले गए थे...ये तो याद नहीं...क्योंकि बात यहाँ से भी शुरू नहीं होती।

शुरू से

बात शुरू होती है 13 जनवरी, 1963 से। जब उसने ग्वालियर नाम की नामचीन नगरी में जनम लिया था। ज़िला ग्वालियर मध्य का वो प्रदेश है जिसमें जावेद अख़्तर भी जनमे हैं और निदा फ़ाज़ली भी। माधवराव सिंधिया और मियाँ तानसेन भी। शमशेर सिंह तोमर और शम्भूदास गड़रिया भी। (ये आख़िरी के दो नाम कट्टे चक्कू और पिस्तौल के पर्यायवाची थे।)

यहाँ की तोमर बिल्डिंग उस वक़्त प्रादेशिक विध्वंस की प्रयोगशाला मानी जाती थी जिसमें भाँति-भाँति की पिस्तौलों और बमों का क़तई इन्वेंटिव आविष्कार हुआ करता था।

यहाँ का तोमर राजवंश का ऊँचा क़िला अपने आप में वास्तुकला का प्रतीक माना जाता था जिनमें सिंधिया स्कूल तो था ही...साथ में गूजरी महल और अन्य इमारतों में इस बात की व्यवस्था थी कि ऊपर जाकर शहर के युवा और युवतियाँ अपने-अपने माँ-बापों से छुपकर "अब बस करो ना" जैसी अठखेलियाँ भी कर लेते थे। मराठों की छतरियों से ढके उस शहर में उस वक़्त संगीत की लहरियों के साथ छुरे और चाक़ुओं का अद्‌भुत समागम प्रचलित था।

अगर आप पाटनकर बाज़ार से शिंदे की छावनी की तरफ़ जाएँ तो बीच में एक दैनिक आचरण प्रेस पड़ती है। उसके बग़ल में एक पीले रंग का मकान था जो अब ध्वस्त हो चुका है। उसके सामने बड़ी मुश्किल से एक पार्क का निर्माण हुआ है क्योंकि पहले पार्क के दरवाज़ों और खम्भों को उखाड़ के कबाड़ी को बेचने की अनोखी आदत से वहाँ के नागरिक ग्रस्त थे। उस ध्वस्त हुए मकान के अन्दर कभी हैमलेट का जन्म हुआ था।

इसी ग्वालियर शहर में हैमलेट के घरवालों सहित पूरी बिरादरी ने ये ख़ूँख़्वार सपना देखा था कि वो बड़ा होकर मेडिकल कॉलेज ज्वाइन करके डॉक्टर बने और किसी मरीज़ का शरीर काटने के बाद कोने में जाके उलटी करे और बाहर निकल के हाँफता हुआ खुली हवा का सेवन करे। उसके बाद किसी कुलीन ब्राह्मण की षोडषी कन्या से ब्याह रचाए। फिर उसको कम्पू के किसी ठेले पे छोले-भटूरे या मसाला डोसा खिलाकर घर में लाए। और रात में कसमसा के इतने कौशल के साथ में अपने शयन कक्ष में उसे बाँहों में भींचे कि कमरे की मक्खियों तक को उनके कराहते और कुनमुनाने की आवाज़ का अहसास ना हो। ऐसी आवाज़ों से जिद्‌दा के चिंघाड़ने की पूरी आशंका रहती थी।

"अरे! अब तो सो जाओ कमबख़्तो।"

जिद्‌दा की हिदायत पर अपने माँ-बाप को शत-प्रतिशत अमल करते हुए हैमलेट ने अपनी आँखों से देखा था।

"उन्होंने हमें पाला है बेटा। उनकी नहीं सुनेंगे तो किसकी सुनेंगे।"

और हैमलेट ने ये बात गाँठ बाँध ली थी।

अक्तूबर की बात है। मुहल्ले में आवाजाही थी। और दृश्य था हैमलेट के मकान के बाहरी चबूतरे का। पात्र थे जिद्दा और पंडिताइन जी। (पंडिताइन जी पड़ोस में रहने वाली एक पचास वर्षीया पतली-सी महिला थीं जो जिद्दा के चबूतरे पर बैठने के साथ ही ना जाने कहाँ से हाज़िर हो जाया करती थीं)

क़तई शान्ति थी...जब जिद्दा के मुँह से ये अमृत वाणी निकली थी।

"अरे पंडिताइन जी। आज तो मुझे टट्टी हो गई।"

पेड़ों के पत्ते खड़खड़ा गए...। पंछियों का कलरव रुक गया...और शायद बाहर गुज़रते ट्रैफ़िक को भी एक ब्रेक लगा था।

ये बात आसपास गुज़रने वाले इक्का-दुक्का लोगों के लिए प्रहसन का कारण हो सकती थी। हो सकता है कइयों ने कोहनी से अपनी हँसी भी छिपा ली हो। मगर पंडिताइन जी समेत प्रभाष शर्मा के परिवार के बाप के बाप की भी इतनी हिम्मत नहीं थी जो इस बात पर हँस जाता। जिद्दा की बात अटूट सत्य हुआ करती थी।

"हाँ बहन जी। होता है।" पंडिताइन जी के मुँह से निकला था।

"कमबख़्त रोज़ ही हो जाए तो मैं तो गंगा नहा लूँ।"

उनको पेचिश की शिकायत रहती थी।

ये हैमलेट के परिवार के रोज़ के जीवन का एक छोटा-सा नमूना था।

दृश्य दो। घर का आँगन। शाम का वक़्त। पात्र...भोले चाचा, अम्मा, जिद्दा और नन्ही पिन्नी।

"तड़ाक!"

जिद्दा का सरौता तेज़ी से भोले चाचा के माथे से टकराया था। वो दर्द से त्योरा के उलटे ही गए थे।

काम करती अम्मा ने हल्की-सी निगाहें उठाई थीं। फिर झुककर फिर से काम करने लग गई थीं।

नन्ही पिन्नी इतनी नन्ही थी कि कुछ समझ ही ना पाए।

"पानदान को धोया था?" जिद्दा की चिंघाड़ गूँजी थी।

"अरे मैंने अपने हाथों से धोया था जिद्दा!" भोले चाचा दर्द से दोहरे होकर बोले थे।

"तो इतना चूना कैसे लगा रह गया?" जिद्दा बिफरी थी।

"मालूम नहीं। मैं फिर से धो देता हूँ।" चाचा मुश्किल से बोले थे।

"वो तो धोना ही पड़ेगा। नौकरों को औक़ात याद दिलानी पड़ती है।"

कट टू...दूसरा दृश्य भी सम्पन्न हुआ।

कुल मिलाकर मसला ये था कि जिद्दा महेन्द्रगढ़ हरियाणा के सो कॉल्ड दीवान ख़ानदान से थीं। (दीवान का मतलब पक्का दीवाने से रहा होगा।) कालान्तर में ग्वालियर ब्याहकर आई थीं। उनके पति उनसे बत्तीस साल बड़े थे और ये उनकी दूसरी शादी थी। (उस वक़्त ये भयानक-भयानक काम भी हुआ करते थे।) शादी में ये शर्त थी कि साथ में उनके दो भाई भी आएँगे। (शायद इसी को दहेज कहते होंगे।) तो दो भाई आए। जिद्दा के पतिदेव गुज़रे। कोई बच्चा नहीं हो पाया। दोनों भाइयों को पढ़ाया। प्रभाष पढ़ गए। सतबीर सूने रह गए। (उनका दिमाग़ रुक गया था। वो बड़े होकर भी बच्चे थे।) प्रभाष की शादी कराई। उनको प्रियांश हुआ। जिद्दा का डिक्लरेशन गूँजा कि ये बच्चा उनकी गोद जाएगा। मना करने की स्थिति नहीं थी। मकान जिद्दा का था। प्रियांश ने बड़े होकर अपना नाम संताप त्रिवेदी बदला। (मगर ये बाद की बात थी।)

घर में भोले चाचा छुटपन में आए थे। ठाकुर परिवार के थे। ठोकने से पीटने तक का सारा काम कर लेते थे। घर का अलग से। बच्चों पे जान लुटाते थे। (फ़िल्मों के रामू काका की तरह से।) सब लोग धीरे-धीरे बड़े हुए। फिर पिन्नी हुई। फिर रेवा। फिर 1971 की वॉर हो गई। होके गुज़र गई। तो मतलब ज़माना हो गया 1973 का। तथास्तु!

और ऐसे ही वक़्त में बनिए का आगमन हो गया था।

डर की कोई ज़ात नहीं होती। डर की कोई पात नहीं होती। डर का कोई धरम नहीं होता। डर को बस आना होता है। डर बस आ जाता है। और डर 'लग' जाता है।

हैमलेट का डर से पहला परिचय कब हुआ, ये तो उसे याद नहीं। मगर जब वो फ़र्स्ट स्टैंडर्ड में स्कूल ख़त्म होने के बाद सन्नाटे में अपनी माँ का इन्तज़ार किया करता था, तो उसे बहुत डर लगता था। (फ़र्स्ट स्टैंडर्ड में ट्यूशन का मतलब उसे आज तक समझ में नहीं आया।)

माँ उसे दूध देने के लिए आया करती। सुनसान स्कूल। ऊपर से कॉन्वेंट। चारों ओर घूमती हुई बुर्क़ा पहने मदर्स और सिस्टर्स, कलरव करते पंछी, ढलती शाम, ख़ाली सुनसान स्कूल।

फिर शाम को भोले चाचा उसे लेने आया करते। उसकी जान में जान आती। वो उनके साथ घर आया करता। और घर में घुसने के साथ ही जिद्दा की गुर्राहट का उसे सामना करना पड़ता। वो उस पर नहीं गुर्राती थीं। मगर किसी-न-किसी पर ज़रूर गुर्राया करती थीं। गुर्राना उनका शग़ल था। दाल में नमक कम हो जाए तो उन्हें गुर्राना होता था, किराएदार की ऊँची आवाज़ पे उन्हें गुर्राना होता था या पिताजी त्रिषला आंटी के यहाँ जाएँ तो उन्हें गुर्राना होता था। पता नहीं वो ऊपर से गुर्राने का क्रैश कोर्स करके आई थीं...या उनके पतिदेव के ज़माने से उन्हें भेंट में मिला था। (इसी की सम्भावना ज़्यादा थी) मगर उनका गुर्राना बदस्तूर जारी रहता था।

उनका परिवार ख़ानदानी था, ऊपर से बैंक बैलेंस रहित। सो उस उजड़े ख़ानदान की चमक और दमक में वो लोग जी रहे थे।

फिर हैमलेट शाम को खाना खाके छत पे चला जाता। ऊपर इमली के पेड़ और सामने गुज़रते वाहनों की आवाज़ों को सुनता। फिर शाम पिताजी उसे साइकिल पर घुमाने ले जाते। कभी माँडरे की माता, तो कभी छतरी, तो कभी महल वाली रोड। लौटते हुए उसे घोड़ा चौक पर पंडित के मीठे पान का उपहार मिलता। जिसके बदले में उसको पिताजी को रोज़ एक पहाड़ा इंगलिश में सुनाना पड़ता। ये उसके लिए सबसे बड़ा रिक्रियेशन टाइम होता। फिर वापस घर और उसके बाद जिद्दा का ख़ूँख़्वार अंकपाश।

वो उसे अपने अंक में चिपका के सोतीं। उसको अपनी मर्ज़ी से किसी से भी प्यार करने का अधिकार नहीं था। अपनी माँ से भी नहीं। एकदम से लताड़ आती।

"अरे पैदा इसने किया है, पाला तो मैंने है!"

मगर ज़िन्दगी लगातार चल रही थी।

उसी वक़्त त्रिवेदी परिवार में बनिए का आगमन हो गया था। तो आज फिर बनिया आया था।

और बनिया आ गया

यूँ तो बनिए का आना कोई नई बात नहीं थी। बस उसके आने के पहले घर अस्त-व्यस्त हो जाता। माँ हाथ पोंछकर ड्राइंग रूम के दरवाज़े में खड़ी हो जाती। (उसका अधिकतर जीवन किचन में ही बीतता था) भोले चाचा लेटी हुई पिन्नी के सर में हाथ फेरने लगते। (पिन्नी को बढ़े हुए लिवर की बीमारी थी...बचपन से) जिद्दा ड्राइंग रूम में अपने पानदान को पास में रखकर चुपचाप बैठ जातीं। (पानदान के बिना जिद्दा की कल्पना करना वैसे ही थी जैसे खप्पर के बिना काली!) पिताजी अपनी काली कुर्सी पर बैठ जाते...एकदम सध के। और हैमलेट अपने कमरे की दीवार से चिपक जाता।

बनिया हमेशा ही महीने की पन्द्रह तारीख़ के आसपास आया करता था। सफ़ेद झक्क कुर्ते-पायजामे के ऊपर धूप का काला चश्मा। पैरों में चमकते हुए जूते। और सर पे सफ़ेद टोपी। हैमलेट को उसकी शक्ल कौवे जैसी लगती थी।

वातावरण ख़ामोश था। सब तरफ़ सन्नाटा था।

"तो शर्मा साहब। क्या हाल हैं?"

प्रभाष चुप थे। जिद्दा चुप थी। माँ शायद दीवार से और चिपक गई थीं।

"मुझे भी रोज़-रोज़ आना अच्छा नहीं लगता। मगर क्या करूँ मजबूरी है।"

प्रभाष चुप थे। जिद्दा शायद नीचे देख रही थीं। वहाँ उनका ख़ानदान पड़ा चरमरा रहा था।

"अब तो सुना 'सिमको' ट्रांसफ़र हो गया? वहाँ तो तनख़्वाह भी अच्छी है?"

प्रभाष अब भी ख़ामोश थे। निगाहें नीची थीं। जिद्दा ने शायद उन्हें घूर के देखा था।

"अरे अब बोलियो कुछ। मैं शकल देखने के लिए नहीं आया आपकी।"

और बनिए ने बरबस ठहाका लगा दिया था। शायद दिन में ही लगाकर आया था। (बाद में हैमलेट को मालूम पड़ा जो दिन को लगाते हैं...वो बीयर होती है।)

"देखिए चरण साहब," पिताजी फँसी आवाज़ में बोले।

"अरे आप दिखाइए तो" और बनिया फिर खिलखिलाया जैसे कि अपने लतीफ़े पर त्रिवेदी परिवार की अमूल्य राय माँग रहा हो।

"मैं अब और नहीं दे पाऊँगा चरण साहब। बहुत दे चुका हूँ," प्रभाष का स्वर तरल हो आया था।

"अरे तो मैं कोई ग़ैर के पैसे थोड़े ही माँग रहा हूँ। मेरे अपने ही हैं। और जब दे नहीं सकते थे तो लिये क्यों थे?"

जिद्दा ने प्रभाष को घूरा था। ख़ानदानी घर का ख़ानदानी हाल घर में ही रहे तो बेहतर है।

"देखिए। बच्चे को भी पढ़ाना है। घर भी चलाना है।"

"तो चलाइए ना...मैंने कब मना किया है?

"मैं कब तक देता रहूँ।" आवाज़ गीली हो चुकी थी।

यानी कि कभी भी रोना आ सकता था।

"अरे देते रहिए। जब तक देते रहेंगे मैं लेता रहूँगा। और मैं कौन मूल माँग रहा हूँ? मुझे तो सूद से मतलब है।"

और पिताजी फूट पड़े थे, "अब नहीं दे पाऊँगा...चरण साहब। अब कमर टूट जाएगी।"

जिद्दा की दृष्टि शायद कहीं और थी। माँ दीवार से बिलकुल चिपककर खड़ी हो गई थी। हैमलेट के कान लगातार ड्राइंग रूम के किवाड़ पर लगे हुए थे।

"आपको लेने ही नहीं चाहिए थे। अब लिये हैं तो देने भी पड़ेंगे। अब बतलाइए। मैं कब आऊँ?"

पिताजी ने शायद हाथ जोड़े थे।

"इससे काम नहीं चलेगा शर्मा जी। ऐसे मैं सबके पैसे छोड़ दूँ तो कंगाल हो जाऊँगा। आप सवाल का जवाब दीजिए। मैं कब आऊँ?"

ड्राइंग रूम ख़ामोश था। शायद कुछ सवालों के जवाब नहीं होते।

"ठीक है। मैं पन्द्रह दिन बाद आऊँगा। थोड़ा तो इन्तज़ाम करके रखिएगा। और आगे से किसी से पैसे लें तो मुझसे पूछ लीजिएगा। मैं तरकीब बता दूँगा। चलता हूँ।"

फिर कुर्सी की चरमराहट गूँजी। मतलब बनिया उठ रहा था।

फिर किवाड़ खुलने की आवाज़ आई। शायद बनिया जा चुका था।

हैमलेट एक साँस लेके दरवाज़े से हट गया। अब हाहाकार होना था। हैमलेट ने दम साध लिया।

अचानक प्लेट के टूटने की आवाज़ आई। पिन्नी के रोने की भी। हैमलेट पलंग पर बैठ गया। कानों में उँगलियाँ ठूँस लीं। फिर आई जिद्दा की चीत्कार। पिन्नी का रुदन भी तेज़ हो गया। हैमलेट ने गर्मी में भी चादर खींच ली। हैमलेट तब पाँचवीं कक्षा में था।

सॉरी! फ़िफ़्थ स्टैंडर्ड में। पिताजी ने उसे कॉन्वेंट में प्रवेश दिलाया था। लौंडा आई.ए.एस, आई.पी.एस या आई.एफ़.एस. तो बनेगा। प्रधानमंत्री पद शायद भूल गए थे।

और अगले दिन उसने अपने स्कूल में राजेन्द्र सियाल से पूछा था—

"तुझे डर लगता है?"

"डर? कैसा डर?" सियाल बोला था।

"डर मतलब डर। जो लगता है। मतलब फूलों से, पत्तियों से।"

"फूल-पत्तियों से कैसा डर लगेगा?" सियाल हँसा था।

"मतलब इमली के पेड़ से, चलते हुए टेम्पो से।"

"अबे पागल हो गया है? टेम्पो से क्यों डर लगेगा?"

"नहीं, मतलब चाँद ख़ान से, ईशाक अली से?"

"अबे कौन लोग हैं ये? तेरे पड़ोसी हैं क्या?"

"बतला ना। मतलब...जैसे स्कूल जाने से, घर वापस आने से?"

"अबे स्कूल जाने से क्यों डर लगेगा? इतनी मस्ती तो करते हैं। और घर तो घर होता है। वहाँ कैसा डर? क्यों? तुझे लगता है?"

"मैं...मुझे...पता नहीं! मतलब हाँ, मतलब नहीं।"

सियाल हँस पड़ा था, "अबे इसीलिए तो सब तुझे प्रिया प्रिया करके बुलाते हैं। मस्ती किया कर। जीना इसी का नाम है।"

और इससे पहले हैमलेट जीने का मतलब सीख पाए, पिन्नी का देहान्त हो गया था।

आइंस्टाइन ने कहा है, रौशनी से तेज़ एक ही चीज़ भाग सकती है और वो है—आदमी के विचार। हैमलेट को ये गति विरासत में मिली थी। वो रोज़ रात को

(कभी-कभी दिन में भी) एक चमकते हुए सफ़ेद घोड़े पर खिलखिलाते हुए पिन्नी को पीछे बैठाकर आसमानों की सैर को निकल जाता। तारों से हाथ मिलाता, चाँद को टाटा बोलता, सूरज से कहता कि ज़रा कम जला करो बे।

उसकी उड़ान में दिल्ली (जहाँ उसे बाद में जाना था) बम्बई...और हिन्दुस्तान ही नहीं होता था। वो अमेरिका और इंग्लैंड का भी चक्कर लगा आया था। और इसमें उसके पिताजी की लाई हुई किताबों का ज़बरदस्त योगदान था।

"इसे पढ़ोगे?" प्रभाष ने चन्दा मामा का नया अंक उसके सामने फेंकते हुए पूछा था।"

हैमलेट उसे एक घंटे में ही पढ़ गया था।

"दूसरा अंक कब मिलेगा?"

"अगले महीने। ये मासिक पत्रिका है। हर महीने छपती है!" वो हँसते हुए बोले।

और उसके बाद वो पराग, नन्दन, लोटपोट (चम्पक उसके सामने ही छपना शुरू हुई थी) फिर इन्द्रजाल कॉमिक्स, बेताल, रैक्स, बाबा मौज, टॉम टॉम, जादूगर मैंड्रेक, होजो, डायना पामर, नारडा...और ना जाने क्या-क्या पढ़ गया था। उसे हिन्दी पढ़ने का चस्का लग गया था। और फिर छोटी उम्र में ही महाभारत, रामायण, और पुराण भी उसने पढ़ मारे।

उसके पिताजी बड़े स्मार्ट आदमी थे। पाँच फुट दस इंच के तने हुए जिस्म के साथ (उस समय उनका जिस्म काफ़ी तना हुआ था) जब वो साइकिल से जे.सी. मिल्स से लौटते (वहाँ उनका ऑफ़िस था) तो वो उसे दुनिया का सबसे ख़ूबसूरत आदमी लगते। अपने दोस्तों के बीच में वो गर्व से बोलता।

"वो सोलह क्लास तक पढ़े हुए हैं।" (ये उसकी प्रिय फैंटेसी थी)

पिन्नी चली गई

उनके तने हुए पिताजी अपने ढले हुए जिस्म के साथ चुपचाप बैठे हुए थे। रात के क़रीब दो बजे का वक़्त था।

बीच-बीच में माँ के सिसकने की आवाज़ आ जाया करती थी। खानविलकर

परिवार (जो उस वक़्त उनका किराएदार था) की लड़कियों ने अपना फ़र्ज़ निभाते हुए किचन सँभाल लिया था। भोले चाचा सुर्ख आँखों के साथ पिन्नी के शरीर को गोद में चिपकाए बैठे थे।

वो चुपचाप जिद्दा के अंकपाश में बँधा बैठा रहा। फिर उसने ज़बरदस्ती अपने आपको छुड़ाया। फिर बाहर जाके पिन्नी के कमरे में गया। पिन्नी आँखें मूँदे लेटी हुई थी। उसे ना जाने क्या हो गया था। उसके पास ही भोले चाचा किसी कपड़े को लपेट रहे थे। उनकी आँखें रह-रह के भीग रही थीं। अम्मा पास बैठी गुमसुम-सी पिन्नी को देख रही थीं। दो-तीन पड़ोस की औरतों ने उनके कंधे पे हाथ रखा हुआ था। बीच-बीच में उनकी सिसकी फूट पड़ती। हैमलेट उनको देखता रहा। फिर वहाँ से निकला और चबूतरे पर आ गया।

पूरे मुहल्ले में अँधेरा था। सन्नाटा...।

"पिन्नी नहीं रही।"

इसका मतलब वो समझ नहीं पाया था। पिन्नी कल तक तो थी। फिर आज क्यों नहीं रही? और कैसे नहीं रही? उसकी मर्ज़ी है कि वो जब तक चाहे रहे और जब चाहे चली जाए?

मंजू खानविलकर बाहर आई। उसके सर पे हाथ रखा।

"चल...! अन्दर चल।"

उसने मंजू की ओर देखा। फिर पता नहीं क्यों उसकी आँखों में आँसू आ गए। और वो अन्दर जाके नामालूम क्यों सिसक पड़ा।

"अरे अब तो बच्चा भी रो रहा है। अब तो ले जाओ।" जिद्दा ने उसे अपनी गोद में घसीटते हुए जलती आवाज़ में कहा।

पिन्नी को ले जाया जा रहा था। पिताजी बुत बने बैठे हुए थे। अम्मा का रुदन बढ़ चुका था। और भोले चाचा की गोद में लिपटी पिन्नी घर से विदा होके हमेशा-हमेशा के लिए चली गई।

और उस दिन हैमलेट को मालूम पड़ा कि लोग चले भी जाते हैं। लेकिन कहाँ? और ये सवाल उसके अन्दर फूट पड़ा जिसका जवाब पाने में उसकी आने वाली ज़िन्दगी नर्क में झुलसकर राख हो पड़ी। (लेकिन ये बहुत दिन बाद की बात थी)

उसने जानने की कोशिश की। क्या पिन्नी वापस आएगी...? जवाब मिला...

नहीं। तो फिर वो क्यों गई है...और जाना ही था तो आई क्यों थी? और ये क्या उसकी मर्ज़ी है कि जब चाहे आए और जब चाहे चली जाए? और गई भी तो कहाँ? उसे बतलाया गया कि भगवान ने बुला लिया। तो फिर ये भगवान कहाँ रहता है? बतलाया गया...आसमान में।

उसने अँधेरी रात में बड़ी देर तक आसमान को देखने की कोशिश की। उसे चाँद और तारों के सिवा और कुछ नज़र नहीं आया। फिर थककर उसने अपनी नज़रें झुका लीं। मगर ये प्रश्न उसके नन्हे दिमाग़ में उस नन्ही-सी उम्र में फूट चुका था कि हम लोग आख़िर जाते कहाँ हैं!

अगले दिन उसके मुहल्ले में झगड़ा हो गया चाँद और ईशाक़ में। एक ने हॉकी से दूसरे का सर फोड़ दिया। ख़ून बहने लगा। वो डर गया।

ये लड़ क्यों रहे हैं? ये दोनों तो मुसलमान हैं। उसे बताया गया था कि हिन्दू और मुसलमान लड़ते हैं आपस में। मुसलमान मुसलमान नहीं। तो ये दोनों तो मुसलमान हैं। उनके लड़ने की वजह...?

फिर उसे क़मर और भैये याद आए। वो दोनों उसके बचपन के दोस्त थे। उनसे तो कभी उसका झगड़ा नहीं हुआ?

ये इमली का पेड़ इतना नीचे कैसे झुक आया है? इसमें ये आकार कैसे नज़र आते हैं? वो डर के मारे नीचे भाग आया।

इस घर में सन्नाटा चीख़ता क्यों है? सारे कैसे सहमे नज़र आते हैं?

सड़क से टेम्पो गुज़रता है तो इतना शोर क्यों करता है? क्यों-क्यों-क्यों?

वो इतना छोटा-सा है। कभी किसी बड़े ने उसे पटक मारा तो?

ये शहर? ये मुहल्ला? ये लोग?

उफ़! उसने अपना सर पकड़ लिया!

उसे दुनिया के ये दस्तूर समझ में नहीं आ रहे थे।

उसकी ज़िन्दगी घर से स्कूल और स्कूल से घर हो गई थी। लेकिन उसमें शान्ति नहीं थी। लेकिन और लोग तो शान्त थे। उसके स्कूल के दोस्त। जम के खेलते थे। जम के हँसते थे। वो पेड़ के नीचे बैठा उनको देखता रहता। बॉस्केट की बॉल धड़ाक से बॉस्केट में लगती। वो चौंक जाता। और लोग उसकी तरफ़ देखकर हँसते।

"अरे बैठे-बैठे सपने देख रहा है बे?" जाजू चिल्लाता।

वो चेहरे पर मुस्कान लाने की कोशिश करता।

क्लास में भी ये ही प्रक्रिया जारी रहती।

"व्हाट इज़ दी पैसिव ऑफ़ आई गेव हिम दिस बुक?"

वो चुप रहता।

"आई एम आस्किंग यू प्रियांश?" मिसेज़ राबर्ट्स का स्वर गूँजता।

वो हड़बड़ाकर जाग पड़ता। आसपास बैठे लोग हँस पड़ते।

वो धीमे-धीमे पूरे कॉन्वेंट स्कूल में 'खोया खोया चाँद' के नाम से मशहूर हो गया था।

हाँ। हिन्दी की क्लास में उसे अच्छा लगता। हिन्दी में उसका वर्चस्व था। मिसेज़ काटजू का ऐसा कोई सवाल नहीं था जिसका जवाब उसके पास ना हो।

लेकिन ये तय बात थी कि उसके अन्दर एक अजीब सी खोजबीन शुरू हो चुकी थी। हम कौन हैं? कहाँ से आए? कहाँ जाएँगे? इस नन्ही उम्र में सवाल अंकुरित होने लगे थे जिनका जवाब बाहर से मिलना सम्भव नहीं था। तो उसने अपने अन्दर झाँकना शुरू कर दिया था—अपने अन्तर्मन में। बिना ये जाने कि इस उम्र में अन्तर्मुखी होना बड़ा भयानक होता है।

भगवान जाने ये भगवान के चरणों में अम्मा के सतत नमन का परिणाम था या प्रकृति की नियामत कि बनिए ने आना एकदम छोड़ दिया था।

"अब नहीं आऊँगा शर्मा जी। मगर आगे से किसी से पैसे लिया करें तो सोच-समझ के लीजिएगा।"

परिवार में एक तरह की मूक शान्ति छा गई थी। और अब तो वो भी थोड़ा बड़ा हो चुका था। ये उसकी सेविंथ ग्रेड थी।

और अचानक संतो चाची प्रकट हुई थीं। और उसकी सूनी-सपाट ज़िन्दगी में मानो बहार की तरंगें उमड़ पड़ी थीं।

संतो चाची

संतो चाची कहाँ से आई थीं, कैसे आई थीं, और क्यों आई थीं? इनसे पहले दो सवालों के जवाब तो उसे एकदम मिल गए। तीसरे के लिए उसे उनके जाने का इन्तज़ार करना पड़ा।

वो चित्तौड़गढ़ राजस्थान से आई थीं, ट्रेन से आई थीं और लहलहा के आई थीं।

संतो चाची चमकीली थीं, चटकदार थीं, और चमकदार भी!

उनके आने से मानो घर में रौनक़ दौड़ जाती। बिरादरी के मर्द नाम की प्रजाति की भीड़ का उसके घर में आना बढ़ जाता। मुहल्ले में ये बात सनसनी के तौर पर फैल जाती कि जिद्दा के घर में (जिद्दा पूरे ग्वालियर की जिद्दा थीं) वो ही मस्तानी औरत फिर से आई है। देश जात के सारे अर्जुनों और दुर्योधनों की निगाहें तो पुलकित हो ही जातीं...साथ में समस्त धृतराष्ट्र भी अपनी आँखों की पट्टी तनिक सरका के उसके घर में झाँकने की कोशिश किया करते।

बच्चों की दुलारी संतो चाची जब अपनी पाज़ेब की छन-छन से घर भर में धमकती फिरतीं तो बिरादरी की सारी स्त्रियों के मुँह टेढ़े हो पड़ते।

"ऐ है...बेवा को इस तरह से पायल छनकाते देखा है किसी ने? बेशर्मी की हद हो गई।" (उनके पति का पाँच साल पहले एक रोड एक्सीडेंट में देहान्त हो गया था।)

चेहरे पर हमेशा हँसी के बुलबुले...ज़ुबान में लपट और मुँह से लगातार निकलते खट्टे-मीठे लतीफ़े सारे घर को हँसी से सराबोर कर देते।

इस बार वो चित्तौड़ से हैमलेट के लिए हारमोनियम लाई थीं। "ये भीलवाड़ा वाली बुआ का है जिद्दा। वो दे गई थीं। घर में पड़ा-पड़ा सड़ रहा था। सोचा प्रियांश के काम आ जाएगा। उसकी आवाज़ बड़ी अच्छी है। देखना बड़ा होके बड़ा वाला सिंगर बनेगा।" (उनकी अमृतवाणी बाद में जाकर बिलकुल सच साबित हुई थी)

घूँघट से उनका ताल्लुक़ सिर्फ़ बड़े-बुज़ुर्गों की मौजूदगी में ही रहता। वरना तो मुखड़ा उघाड़े वो बच्चों के साथ कभी कम्पू के एस.एस. वाले की कचौरी वाले, तो कभी नए बाज़ार में बहादुरा के लड्डुओं की दुकान पे दिखतीं, तो कभी राम मन्दिर के आलू समोसे की दुकान, तो कभी झाँसी की रानी स्थित रबड़ी वाले बर्फ़ के घिस्से के पास डोलती नज़र आतीं।

पैंतीस वर्षीय संतो चाची का प्रियांश से कुछ विशेष लगाव था। वो उसको साथ लेके निकल जातीं। कभी टेम्पो में तो कभी ऑटो में। दोनों दिन-भर भटकते फिरते। शाम को घर वापस आने का दोनों में से किसी का मन नहीं करता।

एक दिन दोनों फूलबाग़ में बैठे हुए थे। एक तरफ़ ग्वालियर क़िले का पिछला हिस्सा नज़र आ रहा था। तो एक तरफ़ फूलबाग़ के पेड़-पौधों के साथ अनिर्वचनीय शान्ति। पास ही रोड से ट्रैफ़िक के गुज़रने की आवाज़ आ जाया करती थी।

चारों तरफ़ शान्ति थी।

"तुम यहीं रहा करो ना चाची।"

संतो चाची खिलखिलाई। लगा सैकड़ों चाँदी की घंटियाँ चमक गई हों। उन्होंने उसके सर पे हाथ फेरा।

"फिर मेरे घर में कौन रहेगा?"

"क्यों? तुम्हारे घरवाले नहीं हैं क्या?"

"इसीलिए तो। घरवालों की देखरेख के लिए भी तो कोई चाहिए ना।" उनकी उँगलियाँ उसके बालों में उलझ के रह गई थीं।

"तुम्हारे घर में कौन-कौन है?"

"मेरी सास है, ससुर हैं, एक ननद है।"

"ननद क्या होती है?"

"पति की बहन। जैसे तेरी अम्मा की जिद्दा हैं। तो उसकी शादी भी करानी है। देवर तो अभी छोटा है।"

"इतने सारे लोगों को तुम अकेले देखती हो?"

"उसमें क्या हो गया? मैं पढ़ाने जाती हूँ। फिर स्कूल से वापस आकर खाना बनाती हूँ। फिर देवर को पढ़ाती हूँ। फिर रजनी कॉलेज से आ जाती है। उससे बात करती हूँ। फिर शाम का खाना बनाके सो जाती हूँ।"

हैमलेट उन्हें देख रहा था। फिर उसकी निगाहें कहीं और चली गईं। संतो चाची की उँगलियाँ अभी भी उसके बालों से खेल रही थीं।

"तुम विधवा क्यों हो?"

उनकी उँगलियाँ रुक गईं। हैमलेट ने उन्हें देखा। वो ख़ामोश बैठी थीं।

"बोलो ना। तुम विधवा क्यों हो?"

वो चुपचाप मुस्काईं, "क्योंकि मेरे पति नहीं हैं।"

"नहीं हैं...मतलब?"

वो ख़ामोशी से बोलीं, "वो भगवान के पास चले गए।"

हैमलेट झुँझला उठा।

"पिन्नी भी भगवान के पास चली गई...ये चक्कर क्या है?"

वो उसे देखकर मुस्काईं।

"थोड़ा बड़ा हो जा। सारे जवाब मिल जाएँगे!"

"मैं बड़ा ही हूँ। सेविंथ में पढ़ता हूँ।" वो बुरा मान गया।

वो फिर खिलखिलाईं। उनके बालों की एक लट खिसक के उनके गालों के पास लटक आई थी।

"अरे वाह रे मेरे बब्बर शेर। तू तो वाक़ई बड़ा हो गया है।"

हैमलेट उन्हें मंत्र-मुग्ध-सा देख रहा था।

"क्या देख रहा है?"

"तुम्हें। तुम बहुत अच्छी हो।"

"अच्छा जी? इतना बड़ा हो गया कि औरतें भी अच्छी लगने लगीं?" उनका खिलखिलाना जारी था।

"नहीं सच में। तुम आती हो तो बहुत अच्छा लगता है। वरना तो मुझे अपना घर सुनसान लगता है।"

वो गम्भीर हो गईं।

"जिद्दा...अब भी ग़ुस्सा करती हैं?"

"क्यों करती हैं चाची?"

"उनके पति के ज़माने में किसी ने कुछ कहा नहीं...और अब किसी के कहने की हिम्मत नहीं।" उन्होंने एक गहरी साँस ली।

"लेकिन तुझसे तो बहुत प्यार करती हैं? तू क्यों दुखी होता है?"

"ऐसे प्यार का मैं क्या शहद लगा के चाटूँ?"

और वो ज़ोरों से खिलखिला पड़ीं। गुनगुनी धूप में उनका चेहरा चमक उठा।

"आ ई ई। काट क्यों रही हो?"

"तुझपे प्यार आ रहा है।" उन्होंने अपनी उँगली उसके गालों से हटा ली।

"सच में...तुम्हारे हसबैंड ने कभी तुम पे इतना ग़ुस्सा किया है?"

उन्होंने उसे एकटक देखा। गहरी नज़र थी।

"उनकी बातें क्यों करता है?"

"क्यों नहीं करूँ?"

और उनकी आवाज़ एकदम चुप हो चुकी थी।

"अब चलें?"

"तुमने मेरी बात का जवाब नहीं दिया?"

"हर बात का जवाब नहीं होता प्रियांश..." और वो दूसरी तरफ़ मुड़ गईं। फिर दुबारा उस तरफ़ मुड़ीं तो उनकी आँख का इकलौता आँसू पुँछ चुका था।

दिन ढले वो घर लौटे। बैठक में सब लोग बैठे हुए थे।

"अरे इतनी देर करते हैं संतो? चिन्ता हो गई थी।"

"अरे मेरे साथ ये भरा-पूरा मर्द था। मुझे क्या चिन्ता होगी जिद्दा?" उन्होंने हँसते हुए कहा था।

प्रियांश अपना हाथ छुड़ाके अपने कमरे में चला आया।

"अब इससे ज़्यादा कुछ मत कहा करो जिद्दा। अब ये बड़ा हो गया है।"

प्रियांश ने अपने कमरे का दरवाज़ा भड़ाक से बन्द किया था। बाहर से सबके हँसने की आवाज़ आई थी।

अगले दिन आँगन में सब लोग बैठे हुए थे। माँ खाना बना रही थीं। संतो चाची बैठी सिलबट्टे में चटनी पीस रही थीं। हैमलेट पास ही बैठा इन्द्रजाल कॉमिक्स पढ़ रहा था।

"क्या पढ़ रहा है?"

"इन्द्रजाल कॉमिक्स।"

"ये क्या है?" उन्होंने पीसते हुए पूछा।

"ये जादूगर मैंड्रेक है। साथ में लोथार भी है।"

"ये लोग कौन हैं?"

"ये बहुत बड़ा जादूगर है।"

"अच्छा? कितना बड़ा?"

"बहुत बड़ा।"

"ये क्या करता है?"

"ये क्या नहीं कर सकता?"

"जैसे कि?"

"ये तूफ़ान ला सकता है, ट्रेन रोक सकता है, पेड़ गिरा सकता है, पहाड़ तोड़ सकता है!"

"अच्छा? और?"

"ये इन्दिरा गांधी को यहाँ बुला सकता है। ये तुम्हें बैठे-बैठे चित्तौड़ घुमा सकता है। और ये चाहे तो तुम्हें तुम्हारे हसबैंड से भी मिला सकता है।"

उनका पीसना रुक गया था। वो एकटक उसकी ओर देख रही थीं। उनकी आँखें कठोर हो चुकी थीं।

"बोलो? मिलना है?"

कुछ पल सन्नाटा रहा। एक ख़ामोशी भी। और 'उफ़' की आवाज़ आई। फिर अचानक अम्मा लपकीं।

"अरे क्या कर रही है संतो?"

और उन्होंने उनकी कुचली हुई उँगली को हाथ में ले लिया।

"अरे ये तो बुरी तरह से कुचल गई है। ठहर ज़रा। मैं दवा लाती हूँ। सँभाल के पीसा कर।" अम्मा अन्दर लपकीं।

"कुछ नहीं हुआ है भाभी। ज़रा सी चोट है।" उन्होंने ख़ामोशी से कहा था और उँगली मुँह में ले ली थी। उनकी नज़रें हैमलेट पर ही टिकी हुई थीं।

उस दिन के बाद उन्होंने हैमलेट से बोलना कुछ कम कर दिया।

हैमलेट उनका हाथ पकड़ता। वो हाथ छुड़ाकर चली जातीं।

"देखो चाची। ये बेताल है। साथ में उसका घोड़ा भी।"

वो एकटक निगाह से इन्द्रजाल कॉमिक्स को देखतीं।

हैमलेट झुंझलाकर अपने कमरे में चला जाता। वो चुपचाप बाहर बैठी रहतीं।

हैमलेट असमंजस से उन्हें देखता। वो चुप निगाहों से उसे देखती रहतीं।

"जाओ। मैं अब तुमसे कभी बात नहीं करूँगा!" हैमलेट नाक फुलाकर अपने कमरे में घुसा था। फिर थोड़ी देर बाद बाहर आया था। वो वहीं बैठी थीं।

"अपने हसबैंड से भी ऐसे ग़ुस्सा होती थीं?" वो चुपचाप उसे देखती रहीं।

गर्मियों की दोपहरी थी। बाहर चिलचिलाती लू चल रही थी। (उस चिलचिलाती लू का हैमलेट की ज़िन्दगी में अभूतपूर्व योगदान रहा था।)

घर के सारे लोग पिक्चर देखने गए थे।

"यादव टॉकीज़ ये धरा है पास में ही। इसमें ताँगे की क्या ज़रूरत है।" जिद्दा ने बाहर क़दम रखा था। उनको पिक्चर देखने का बड़ा शौक़ था।

सब चले गए थे। घर में सन्नाटा था। एक घंटे बाद अचानक बाहर कुंडी खड़की।

हैमलेट ने दरवाज़ा खोला। बाहर संतो चाची खड़ी थीं। उनका चेहरा धूप से लाल भभूका हो रखा था।

"बाक़ी लोग कहाँ हैं?" हैमलेट दरवाज़े से हट गया।

"पिक्चर देख रहे हैं। मेरे सर में दर्द हो गया।" संतो चाची ने अन्दर आते हुए कहा, "तू सो जा!"

और सिनेमा शब्दावली में 'कट टू'।

हैमलेट बिलबिलाया था। उसने छूटने की कोशिश की थी। मगर उसका जिस्म कसा हुआ था। संतो चाची के नीचे।

हैमलेट ने चिल्लाने की कोशिश की।

"चोप्प..." और एक तगड़ा राजस्थानी हाथ उसके मुँह पर कस गया। "काट दूँगी अगर आवाज़ निकाली तो..."

उनकी आवाज़ में फुंकार थी। साँप जैसी।

उसने हटने की आख़िरी कोशिश की।

"मैंने कहा चोप्प" और उसकी आँखों के सामने रसोई से लाया सब्जी काटने वाला चाक़ू लहरा उठा।

"मुझे जीने क्यों नहीं देते कमबख़्तो? मैंने तुम्हारा क्या बिगाड़ा है?" उनकी आवाज़ छलछला गई थी।

और हैमलेट ने महसूस किया कि उसके पायजामे का नाड़ा तड़ाक से टूटा है। वो आख़िरी बार बुरी तरह से बिलबिलाया।

और अचानक उसका बदन कस गया। और उसके मुँह से भयंकर कराह फूट गई। जो संतो चाची की हथेलियों में दब के रह गई।

कट टू...एक घंटे बाद...

दरवाज़े की घंटी बजी। संतो चाची ने दरवाज़ा खोला। जिद्दा की आवाज़ आई।

"अरे बड़ी अच्छी पिक्चर थी संतो। राजेश खन्ना और आशा पारेख की जोड़ी ऐसे लग रही थी जैसे शंकर-पार्वती। तेरी तबीयत कैसी है?"

"ठीक है जिद्दा। सर में थोड़ा दर्द है।" संतो चाची वहाँ से हट गई थीं।

माँ अन्दर आई। हैमलेट गठरी बना पड़ा हुआ था।

"क्या बात है प्रियांश? तबीयत तो ठीक है?"

वो गुड़ी-मुड़ी बनके पड़ा रहा।

माँ ने माथे पर हाथ रखा।

"अरे तुझे तो बुख़ार है?"

"मैं देख लूँगी भाभी। तुम जाओ।" चाची का स्वर गूँजा।

और उस रात संतो चाची हैमलेट के साथ ही सोईं।

उसी के बिस्तर में। (उसने महसूस किया कि उसका ख़ून में लिथड़ा पायजामा धोके सुखा दिया गया है।)

हैमलेट ने डरते हुए उन्हें देखा था। उनका पूरा चेहरा आँसुओं से तर-बतर था।

"सतवन्ती के अन्दर बच्चों को लेकर कितनी ममता है। बच्चा न होने का दर्द या तो बेवा जाने है या बाँझ।"

और अगले दिन संतो चाची चली गई थीं। वापस! चित्तौड़।

"अरे तू तो दस दिन का कह के आई थी? इतनी जल्दी जा रही है?"

"वो बीमे की पॉलिसी अधूरी छोड़कर आई थी जिद्दा। ख़ामख़्वाह पैसे लग जाएँगे।"

उनका ऑटो आ गया था।

सबके पैर छूके उन्होंने हैमलेट को देखा। वो सिहर के अम्मा के पीछे छुप गया। मगर मुड़ते हुए उसने चाची की आँखों में झिलमिलाता आँसू देख लिया था।

और संतो चाची चली गई। उसे अकेला छोड़ के। और शायद और अकेला बना के।

पहला आध्यात्मिक अनुभव

हैमलेट की ज़िन्दगी बदल चुकी थी।

वो ऊपर छत पे बैठा करता। ख़ामोश...चुपचाप। सामने गुज़रते टेम्पो की आवाज़ उसे ना जाने कैसी लगती। और इमली का पेड़...भुतहा।

"ये चन्दा मामा का नया अंक आ गया है।"

वो ख़ामोशी से हाथ बढ़ा के ले लेता।

"रोटी और लेगा?" अम्मा चूल्हे के पास से बोलतीं।

"दे दो।"

"अरे ये क्या हो गया है तुझे? कमबख़्त हँसना ही भूल गया।" जिद्दा उसे अपने अंकपाश में घसीटतीं। वो घिसटता चला जाता।

उसके मुहल्ले में फिर से झगड़ा हो गया। इस बार चाँद ने ईशाक़ का सर फोड़ दिया था। उसने ख़ुद को कहते हुए सुना।

"मार दो हरामज़ादो। काट दो एक-दूसरे को।"

फिर पाया कि उसने आज ज़िन्दगी में पहली बार गाली दी है।

क़मर और भैये आते तो वो मिलने से मना कर देता।

"ये मुसलमान हैं। मुझे मार डालेंगे।"

"क्या बात कर रहा है प्रियांश। ऐसी बातें कहाँ सीखता है?" भोले चाचा उसे धीरे से डाँटते।

और ज़िन्दगी कर्कश होती चली गई।

और मालूम नहीं वो क्या था। जादू या तिलिस्म या चमत्कार था। जो कुछ भी था...उसे स्तम्भित कर गया। क्योंकि वो एकदम से हुआ था।

कॉन्वेंट के थर्ड फ़्लोर पर लाइब्रेरी थी। वहाँ से वो एक किताब लेकर बाहर निकल रहा था कि उसके क़दम अचानक जम गए। वो एकदम से ठहरा रह गया था। उसने चारों तरफ़ देखने की कोशिश की तो सर नहीं हिला। उसे डर जाना चाहिए था मगर डर का नामोनिशान नहीं था। आसपास गुज़रते स्टूडेंट्स उसे दिख रहे थे मगर दूरी से। अचानक एक रौशनी सी फूट पड़ी उसकी आँखों के सामने... और आसपास। जैसे वो उसकी तपन में नहा गया।

नहीं...उसे गर्मी नहीं लग रही थी। उसके अन्दर जैसे ठंडी फुहार फूट पड़ी थी। तन-मन अन्दर से जगमगा गया था। उसने ख़ुद को मुस्कुराते हुए देखा। सबसे अलग, सबसे दूर, सबसे परे।

तो उस चकाचौंध में लगभग एक मिनट रहा। फिर किसी ने उसे झिंझोड़ा। वो चौंककर अपने में वापस आया। लगा जैसे पहली बार आँख खुली है। और पाया

कि वो भौचक्का-सा होकर आसपास खड़े स्टूडेंट्स को देख रहा है जो उसे घेरकर खड़े थे। उसे झिंझोड़ने वाला गिरीश मालपाणी बोल रहा था।

"क्या हुआ? ठीक तो है?

वो होश में आया। उसके आसपास भीड़ लग चुकी थी। सब अचरज से उसे देख रहे थे।

"क्या हुआ बे? ऐसे क्यों खड़ा रह गया?" गिरीश बोला।

उसने चौंककर आसपास देखा। पीछे लाइब्रेरी का दरवाज़ा था और सामने नीचे जाती सीढ़ियाँ।

"मैं कहाँ हूँ?" उसने ख़ुद को बोलते हुए सुना।

और आसपास खड़े लोग हँसने लगे।

"अबे अब खड़े-खड़े सपने देखने लगा? तू यहाँ एक मिनट से खड़ा है। जैसे कोई साँप सूँघ गया हो। कहाँ चला गया था?" जाजू बोला।

"कहीं नहीं!"

"तू भी पूरा खोया-खोया चाँद बनता जा रहा है। अबे कहाँ खो गया था?" राजेश बंसल की आवाज़ थी।

"व्हाट हैप्पनड?" नीचे से सिस्टर रेने तेज़ी से सीढ़ियाँ चढ़ती आ रही थीं।

"नथिंग सिस्टर। ही वेंट इन हिज़ यूज़ुअल ड्रीम्स।"

और सब हँस पड़े थे।

उसे नहीं मालूम था कि ये दुर्लभ चमत्कार उसे आगे भी कई बार होगा। "हर इनडिसिप्लिन में एक डिसिप्लिन होता है। देखने का नज़रिया चाहिए।" विश्नोई उससे कई साल बाद बोले थे। "जिसको हम समझते नहीं, उसको हम चमत्कार बोल देते हैं। अगर आँखें खोलकर चलेंगे तो मालूम पड़ेगा कि वो ही हक़ीक़त होती है।"

और यही वो घटना आती है जिसने हैमलेट को वो सब कुछ दे दिया जिसकी उसे खोज थी। मगर उसके पहले कुछ और।

पहली पेंटिंग

"खाना बाद में मिलेगा...मगर उसके पहले कुछ और"

कंचन दीदी ने हँसते हुए उसके सामने से प्लेट हटाई थी।

सेठ मदनलाल गर्ग की नए बाज़ार में हवेली थी। नगर के सेठ, बेशुमार दौलत, और बेहद रसिया। आर्टिस्ट्स की क़ौम से उन्हें प्यार था। नगर में आने वाले सब कलाकार नियमित रूप से उनके यहाँ ही रुकते थे। परवीन सुलताना, एम.एफ़. हुसैन, रामधारी सिंह दिनकर! ना जाने कितने नामचीन आर्टिस्ट्स उनके आतिथ्य का सत्कार ग्रहण कर चुके थे। और आज तो एक ग़ज़ब ही शख़्सियत सामने मौजूद थी।

"हाँ भई। तो क्या सुनाओगे?" पंडित जी उसकी तरफ़ मुड़े थे।

तगड़ी महफ़िल थी। लेकिन सबके चेहरे सजग थे।

"नाम क्या बताया?"

"जी प्रियांश। प्रियांश शर्मा" हैमलेट काँपते हुए बोला।

"ये लड्डू लीजिए पंडित जी। ये बहादुरा के हैं। ग्वालियर की ख़ासियत।"

एक लड्डू उठाकर पंडित रविशंकर मुड़े थे।

"क्या सुना रहे हो? क्या बात है? बोलते बहुत कम हो?" और हैमलेट के माथे से पसीना चुहचुहा आया था।

उसके सामने रविशंकर बैठे थे। महान रविशंकर! 'द' रविशंकर, 'ए' रविशंकर, पंडित रविशंकर। दुनिया में सितार का दूसरा नाम।

साहनी बोला, "आपसे घबरा रहा है सर।" प्रवेश साहनी उससे एक साल सीनियर था। उसका अज़ीज़ दोस्त। और उसका दोस्त था प्रदीप गर्ग। ये प्रदीप गर्ग की कोठी थी।

"कौन नहीं घबराएगा?" मदनलाल जी हँस पड़े थे। और भी कई लोग।

और हैमलेट ने गला साफ़ किया। और ग़ज़ल छेड़ दी।

"आज जाने की ज़िद ना करो..."

ग़ज़ल चलती रही। सब सुनते रहे।

फिर ख़तम होने का एहसास उसे तब हुआ जब तालियों की गड़गड़ाहट आई। वो चौंका और एकदम सकुचा गया।

"ग़ज़ब" पंडित जी ताली बजाते हुए बोले।

"इस उम्र में ये गला? ग़ज़ब करोगे। क्या कशिश है।"

"अभी सिर्फ़ ऐट्थ स्टैंडर्ड में पढ़ता है पंडित जी।" कंचन दीदी हँसते हुए बोली थीं।

"क्या बात है।" पंडित जी मुड़े थे। "ग्वालियर में कुछ बात है। यहाँ के हर तानसेन समारोह में कोई-न-कोई हुनर मिल जाता है।"

और नीचे उसे प्रवेश साहनी ने फिर पकड़ लिया।

"अबे अब तो पंडित रविशंकर ने भी तारीफ़ कर दी। अब तो कर दे!"

"यार गुरु। मैंने कभी ब्रश को हाथ तक नहीं लगाया।"

"यार तुम तो आर्टिस्ट हो। सब कुछ कर सकते हो।" प्रदीप गर्ग हँसते हुए बोला था।

मसला ये था कि प्रवेश साहनी था कॉन्वेंट का कैसानोवा। लड़कियों से लेकर टीचर्स तक उसके इश्क़ चलते रहते थे। इस बार नम्बर था नाइन्थ क्लास की गीता कँवर का। ख़ूबसूरत सी गीता कँवर हाल ही में प्रवेश की ज़िन्दगी में आई थी। और हमेशा की तरह प्रवेश उसे लेकर बहुत ही सीरियस था। स्कूल में पेंटिंग एग्ज़ीबिशन थी और वो थी पेंटर। उसने एक पेंटिंग बनाई थी और बावजूद अपने पास पेंटर और पेंटिंग की ग़ैर मौजूदगी के प्रवेश ने उसे चैलेंज कर दिया था कि हमारी पेंटिंग तुमसे अच्छी होगी। गीता ने हँसकर चैलेंज स्वीकार कर लिया था। अब ज़ोरों-शोरों से पेंटर की तलाश थी और उसको नज़र आया था हैमलेट।

प्रवेश ने उसके घर में कैनवस...आईल और कलर्स ख़रीदकर रख दिए थे।

"तुम शुरू तो करो। देखें क्या बनती है।" पिताजी हँसकर बोले थे।

और हैमलेट ने पेंटिंग बनानी शुरू कर दी थी।

और पेंटिंग बनती चली गई थी।

हैमलेट हैरान था। पेंटिंग बन चुकी थी।

हैमलेट भौचक्का-सा कभी हाथ के ब्रश, तो कभी कैनवस के कलर्स को देख रहा था। ये उसकी पहली पेंटिंग थी। और ख़ासी ख़ूबसूरत।

पेंटिंग तैयार थी। अब वो गीता की टक्कर में कहाँ ठहरी थी, ये तो पता नहीं... मगर उसे ये मालूम पड़ गया था कि वो ये भी कर सकता है।

और यहीं वो घटना आती है जिसने हैमलेट को वो सब कुछ दे दिया था... जिसकी उसे खोज थी।

और उन्माद शुरू हुआ

कॉन्वेंट में इंटरवल का वक़्त था। सब लोग लंच कर रहे थे। चारों तरफ़ शोर, बातें, भनभन।

हैमलेट 'ऐट्थ बी' में बैठके टिफ़िन खा रहा था। विजय जाजू, गिरीश मालपाणी, शैलेश श्रीवास्तव, अनिल गुप्ता और फुक्खे (फुक्खे का असली नाम प्रवीण पराशर था।)

ये हैमलेट का अपना गैंग था।

अगला पीरियड ख़ाली था। प्रोफ़ेसर राज आज एब्सेंट थे।

अचानक दरवाज़े पर मैरी नज़र आई।

"सिस्टर रैप्रेटा की दूत आ गई!"

जाजू अपने नेचुरल ह्यूमर में बोला। सब हँस पड़े।

"तुमको मिस काटजू और मिस विजयन ने याद किया है।" उसने अपनी टूटी-फूटी हिन्दी में प्रियांश की ओर इशारा किया।

(कॉन्वेंट में सब टीचर्स को मिस कहने का रिवाज था, उनकी उम्र भले ही कुछ भी हो)

और हैमलेट स्टाफ़ रूम में घुसा था। वहाँ अभी लंच ख़तम हुआ था। सब अपना सामान समेट रहे थे।

"हाँ प्रियांश" मिसेज़ काटजू उसकी तरफ़ मुड़ी थी।

"गुड आफ़्टरनून मिस। गुड आफ़्टरनून टीचर्स।"

उन्होंने एक किताब उसकी तरफ़ बढ़ाई, "ये पढ़ लो।"

प्रियांश ने न समझते हुए किताब ले ली थी।

"अरेबियन नाइट्स का एक प्ले है—"हू डाइड फ़र्स्ट...!" तुम्हें इसमें मेन रोल करना है।"

हैमलेट ने असमंजस में किताब पलटी।

"मगर मैंने तो पहले कभी एक्टिंग नहीं की?"

"कब करते? पिछले जन्म में?" मिसेज़ राव ने कहा था। सब हँस पड़े।

"मैंने तुम्हें बात करते हुए देखा है। तुम कर लोगे।"

"डोंट वरी। वी आर विद यू।" मिसेज़ विजयन मुस्कुराईं।

किताब लेकर हैमलेट बाहर आ गया।

घर जाके पिताजी को बताया। वो बहुत ख़ुश हुए।

"मैंने तुम्हें बात करते हुए सुना है। तुम्हारा कहानी कहने का अन्दाज़ बहुत अच्छा है। तुम कर लोगे।"

उसके बाद वो अपने कमरे में चले गए।

हैमलेट को उनकी ये बात बहुत अजीब लगती थी। बात करते हुए अचानक ही सामने से हट जाते और अपने कमरे में चले जाते।

हैमलेट ने प्ले पढ़ना शुरू किया। और पढ़ता ही चला गया।

कहानी क़ासिम और नौज़ीट्यूल की थी। दोनों अरब देश के राजा और रानी के क्रमश: नौकर और नौकरानी होते हैं। दोनों को पैसों की बहुत दिक़्क़त रहती है। तनख़्वाह उनके लिए काफ़ी नहीं पड़ती। वो दोनों इसी जुगाड़ में लगे रहते हैं कि ज़्यादा पैसे कैसे कमाएँ।

दोनों एक तरकीब सोचते हैं। क़ासिम बोलता है कि पहले मैं मरने का नाटक करता हूँ। और तू रानी के पास जाके बोल कि मय्यत के लिए पैसे चाहिए। तू पैसे लेके आ। फिर मैं राजा के पास जाके बोलूँगा कि नौज़ीट्यूल यानी कि मेरी बीवी नहीं रही। मैं उनसे पैसे लेके आ जाऊँगा। फिर दोनों ऐश करेंगे।

वैसा ही होता है। पहले क़ासिम मरता है। और नौज़ीट्यूल रानी के पास जाके पैसे ले आती है। फिर नौज़ीट्यूल मरती है और क़ासिम राजा के पास जाके पैसे ले आता है। दोनों ख़ुश हो जाते हैं और दिल खोलकर पैसे ख़र्च करते हैं।

उधर जब महल में राजा और रानी मिलते हैं तो उनमें आपस में बात होती है। राजा कहता है कि नौज़ीट्यूल मरी है और रानी कहती है कि क़ासिम मरा है। दोनों में झगड़ा होता है। फिर वो तय करते हैं कि उनके घर जाकर ख़ुद ही देख आएँ।

दोनों उनके घर पहुँचते हैं। खिड़की से उनको आता देखकर क़ासिम और नौज़ीट्यूल बुरी तरह से घबरा जाते हैं और सोचते हैं कि अब क्या करें। फिर बदहाली की हालत में दोनों चादर ओढ़कर लेट जाते हैं।

राजा और रानी जब उनके घर पहुँचते हैं तो पाते हैं कि दोनों मरे पड़े हैं। अब उनमें फिर झगड़ा होता है कि पहले कौन मरा। फिर वो मुनादी करा देते हैं कि बतलाने वाले को सौ दीनार का इनाम दिया जाएगा। इनाम की बात सुनकर दोनों ही तपाक से उठकर बैठ जाते हैं। क़ासिम बोलता है कि पहले वो मरा था और नौज़ीट्यूल उसकी हाँ में हाँ कर देती है।

राजा और रानी भौचक्के से खड़े रह जाते हैं। फिर उन्हें उनकी बेवकूफ़ी की हरकतों पे प्यार आ जाता है। और दोनों हँस पड़ते हैं। फिर वो उन्हें माफ़ कर देते हैं और दोनों को सौ-सौ दीनार देने की घोषणा करते हैं।

और फिर वो सब सारा जीवन सुख से रहते हैं।

"हू डाइड फ़र्स्ट...?"

हैमलेट पढ़ रहा था, पढ़ रहा था, और बस पढ़ता ही चला जा रहा था। उसे कुछ हो रहा था। पहले उसे क़ासिम की शक्ल नज़र आने लगी। फिर नौज़ीट्यूल की। फिर राजा और फिर रानी की। फिर उसे राजा का महल नज़र आने लगा। फिर उनके नौकर और परिचारिकाएँ। महल में रखे हुए तख़्त, मसनद, बिस्तर और बरतन। फिर महल के गुम्बद। फिर महल का आर्किटेक्चर। फिर वो महल से बाहर आ गया।

फिर उसे पूरा अरब देश दिखने लगा। रंग-बिरंगे कपड़े पहने बाज़ारों में घूमते लोग। रास्ते, चौबारे, चलते हुए ऊँट, बिकते हुए काजू, किशमिश और छुहारे।

फिर उसने वो भी सोचना शुरू कर दिया जो नाटक में नहीं था।

"मालूम क़ासिम के दो दोस्त भी हैं।"

"क़ासिम के?" वर्षा काले ने नाक-भौं चढ़ा के पूछा। वो उससे एक साल सीनियर थी और नौज़ीट्यूल का रोल कर रही थी।

"हाँ। क़ासिम के। उनका नाम है—क़मर और भैये।"

"ये कौन हैं? स्क्रिप्ट में तो नहीं लिखा?"

"हर चीज़ स्क्रिप्ट में थोड़ी ही लिखी रहती है।"

"मुझे तो लाइन बोलनी है...बोल दूँगी। इतना कौन सोचे।"

मगर हैमलेट की सोच को तो उड़ान लग चुकी थी। वो उड़ रहा था।

"आज रानी का शीरा गर्म था। उसका मुँह जल गया।" रात को सोते हुए वो बोला।

"कौन रानी?" जिद्दा ने मुँह उठाके पूछा।

"बड़ी सुन्दर है। नौज़ीट्यूल की मालकिन है।" वो हँसा।

"चुप मरा। सोते में सपने देखता है।" उन्होंने उसे झिड़क दिया।

"अरब देश में शाम को लोग सड़कों पर घूमते हैं, उन पर वहाँ का राजा शासन करता है—कठोरता से। मगर नरम दिल भी है।"

उसे नहीं मालूम था कि उसके इन प्रयत्नों को कालान्तर में ऐतिहासिक हो जाना था।

"मैं एक्टिंग नाम के आर्ट को माइक्रो लेवल तक जानना चाहता हूँ।"

उसे रिहर्सल में मज़ा आने लगा। तो मैथ्स जैसे भयानक सब्जेक्ट की क्लास में भी रमा रहता क्योंकि उसे मालूम रहता था कि इसके बाद उसे रिहर्सल में जाना है।

घर जाके वो रेवा को कस के प्यार करता।

(रेवा पिन्नी के बाद पैदा हुई थी और उससे सात साल छोटी थी।)

घर का भयानक माहौल भी धुलने लगा था। उसे जिद्दा की चीख़ों में भी कभी-कभी मुस्कान दिखाई देती।

हारमोनियम पर उसकी उँगलियाँ दौड़ने लगी थीं। (बावजूद संतो चाची की कसक भरी याद के)

प्रवेश साहनी उसके लिए एक सीडल सिस्टम वाला माउथ ऑर्गन लेके आया था।

"इसको बजा। बढ़िया बजाएगा।"

"हमको भी बोलने दो कि एक आर्टिस्ट हमारा दोस्त है।" प्रवेश गर्ग बोला था। दोनों हमेशा साथ ही रहा करते थे।

और उसके लिए दुनिया खुल पड़ी। चारों तरफ़, चकाचौंध भरी।

और आख़िर नाटक का दिन भी आ गया। और उसने देखा कि उसकी तैयारियों की उलझन में उसे घनघोर आनन्द आ रहा है।

कमरे में भीड़ थी। नॉज़ीटयूल का ग़रारा फिट नहीं आ रहा था। उसके गहने अभी तक नहीं आए थे।

मिसेज़ विजयन बार-बार बोल रही थीं।

"कीप क्वाइट इन द रिहर्सल रूम।"

मिसेज़ काटजू अपने भारी शरीर को सँभालती यहाँ से वहाँ दौड़ती फिर रही थीं।

वो जाकर बाहर लाइट्स को देख रहा था। ये हिलते हुए स्पॉट्स अभी मेरे ऊपर पड़ेंगे।

उसने जाके ढिमर बॉक्स को देखा था। और विभोर होकर देखता ही रह गया था। इससे अभी लाइट्स ऑपरेट होगी। रोमांच से उसका तन-बदन भर गया।

और ज़िन्दगी में पहली मर्तबा उसे इतने महँगे और रंगीन कपड़े पहनने को मिले थे। नाटक क्योंकि अरब देश का था तो कपड़े भी उसी के मुताबिक़ रंग-बिरंगे थे। वो अचम्भित था कि ये कपड़े मैं पहनूँगा।

और नाटक हुआ था।

उसे देखने घर से माँ और जिद्दा आए थे।

चारों तरफ़ महक थी। वातावरण पुलकित था। उसके हर डायलॉग पर लोगों में हँसी की लहर दौड़ जाती। तालियाँ...शोर और खिलखिलाहटें।

नाटक के बाद वो नक़ली दाढ़ी-मूँछों में ही घर गया था। दरवाज़ा पिताजी ने खोला था। वो उसे देखके हँस पड़े थे।

"बढ़िया। बहुत बढ़िया।"

"आज तो इसने कमाल ही कर दिया प्रभाष।" जिद्दा घर में घुसी थी।

"अरे क्या एक्टिंग की है। और इसके साथ में वो लड़की...? अरे क्या नाम था उसका...? पूरी राम और सीता की जोड़ी लग रही थी। (बाद में जिद्दा की इस फ़ैंटेसी ने भयानक ज़ुल्म ढाये)

और हैमलेट ने ख़ून का पहला स्वाद चख लिया था।

'सर' यानी पिताजी

अधिकतर लोगों की ज़िन्दगी में उन्हें वो नहीं मिलता जिसकी उन्हें ज़रूरत होती है। या तो ख़ुद नहीं जानते कि किस चीज़ की उन्हें ज़रूरत होती है। कई लोगों को ये अकस्मात् मिल जाता है मगर उन्हें उसको ढंग से अंगीकार करने में वक़्त लगता है। हैमलेट के साथ भी यही हो रहा था।

नाटक को हुए एक साल हो गया था। अब वो टेंथ ग्रेड में पढ़ रहा था। मगर नाटक की यादें अब भी ज़ेहन में सुरक्षित थीं। उन पलों की याद मात्र से उसके अन्दर चिंगारियाँ फूट जातीं। वो रोमांच से सराबोर हो जाता।

उसने महसूस किया था कि उस नाटक के बाद उसका आत्मविश्वास कम-से-कम एक करोड़ गुना बढ़ गया है। उसकी हिम्मत में चार चाँद लग गए थे। अब चीज़ें साफ़ नज़र आ रही थीं और सुथरी भी। मगर रस्सी कहीं और कस रही थी।

हमेशा प्यार जताने वाले पिताजी अब बदलने लगे थे। और बदलाव का कारण था अनिल गुप्ता।

अनिल गुप्ता उसकी क्लास का सबसे मेधावी लड़का था। मैथ्स का मास्टर और फ़िज़िक्स, कैमिस्ट्री में कमाल। हर सवाल का जवाब उसके पास पहले से सुरक्षित रहता। टीचर्स उससे ख़ुश रहते और दूसरों के घरवाले परेशान।

सुबह-सुबह वो प्रवेश के घर जाने के लिए निकल ही रहा था कि पिताजी ने उसे पकड़ लिया।

"क्या हो रहा है पढ़ाई में भई?

"जी चल रही है।"

"वो तो दिख रहा है मगर ग्रेड्स की भी चिन्ता है? आजकल 60 परसेंट से कम में काम नहीं बनता।"

"मैं कोशिश कर रहा हूँ।"

"कोशिश करते दिख तो नहीं रहे, पढ़ाई में फ़ोकस करने वाले अलग से दिख जाते हैं। उस अनिल गुप्ता को ही देख लो!"

वह एक ठंडी साँस लेकर रह गया।

पिछली बार जब गुप्ता घर आया था तो प्रभाष से उसकी हर चीज़ पर बातचीत हुई थी। कैरियर पर भी।

"मैं तो अंकल...एयरोनॉटिक्स जाना चाहता हूँ। बंगलौर। उसी पर फ़ोकस है।"

"एयरोनॉटिक्स का नाम भी सुना है तुमने?"

"अब हर बन्दे ने हर चीज़ का नाम सुना हो, ऐसा तो हो नहीं सकता ना सर?" उसके स्वर में तल्ख़ी आ गई थी।

(उसे नहीं मालूम कि ये सर नाम का सम्बोधन आगे चलकर स्थायी हो जाएगा।)

"ये कैसे बात कर रहे हो?" पिताजी कठोर हो गए थे।

"जी मैंने अपनी बात कही है।"

"बाप से बात करने की तहज़ीब नहीं है? और अगले साल बोर्ड है। एहसास है तुम्हें?"

(हिन्दुस्तान में वो 10+2 के पहले बैच में था। टेंथ बोर्ड हो गया था। किताबें भयानक बढ़ गई थीं...किलो के हिसाब से)

"जी है!"

"क्या?"

"एहसास।"

"तड़ाक!" और उसे ज़िन्दगी का पहला चाँटा पड़ा था।

"बाप से बात करने की तहज़ीब नहीं है? ज़बान दे रहा है आगे बढ़के?" वो गरजे।

और वो खड़ा रह गया। चाँटा तगड़ा था...और उसका एहसास उससे भी तगड़ा।

पहली मूर्ति, पहली नज़्म

"मुझे पढ़ाई नहीं करनी।"

वो प्रदीप गर्ग की कोठी पर बैठा हुआ था।

"तो क्या करना है?" प्रवेश बोला।

"मालूम नहीं।" उसने जलती आवाज़ में कहा था।

"अरे कुछ तो करना होगा?" प्रदीप बोला।

और उसने अपनी आँखें उठाईं।

"मालूम है।"

और सामने के नाले का पत्थर उसके घर के चौक में रखा हुआ था।

"ये क्या है?" जिद्दा चौंकी थी।

"पत्थर..." उसने सपाट स्वर में कहा था।

"वो तो दिख रहा है कमबख़त! मगर ये रसोई के सामने क्या कर रहा है?"

"मैं लाया हूँ! उठाकर।"

"कहाँ से?"

"सामने नाले से..."

"नाले का पत्थर और रसोई के सामने?" जिद्दा दहाड़ी थीं।

"धोने के लिए रखा है।"

"क्या करेगा इसका?"

"मूर्ति बनाऊँगा।"

"तेरे बाप ने बनाई है कभी मूर्ति?"

"ये बाप से पूछो!"

"ज़ुबान चलाता है?" और जिद्दा सरौता लेके आगे को बढ़ी थीं।"

"मारो..." और वो तनकर सामने खड़ा हो गया था।

जिद्दा रुक गई थीं। हैमलेट में आजकल हो रहे परिवर्तनों से सब परिचित थे। वो पहले से बलिष्ठ हो गया था। दिमाग़ी तौर पर भी।

"आने दे प्रभाष को। शाम को जूते नहीं पड़वाए तो नाम तारा त्रिवेदी नहीं...।" (उनका असली नाम यही था)

रात को प्रभाष आए। और तड़ाक्-तड़ाक्-तड़ाक्—इस बार चाँटे तेज़ थे। और उनका एहसास उससे ज़्यादा।

और वो अगले ही दिन सबके सामने उस पत्थर को ढोके छत पे ले गया था। जिद्दा उसे घूरती रह गई थी।

शाम को प्रभाष आए थे। चुपचाप खड़े रहे। फिर अन्दर अपने कमरे में चले गए और दरवाज़ा बन्द कर लिया।

और दो महीने में मूर्ति तैयार थी। एक बँधी हुई मुट्ठी की...जिसमें हैमलेट का आक्रोश छलक रहा था।

और अब हैमलेट बेचैन रहने लगा था। उसे किसी चीज़ की ज़रूरत थी। किसकी? वो समझ नहीं पा रहा था।

वो रात को सोते हुए जाग जाता। उठकर अँधेरे में घूरने लगता। फिर बाहर आ जाता। पिताजी चौंककर के बिस्तर से उठते। वो चिटकनी खोल के बाहर निकल जाता।

"अरे इसपे क़ाबू रखो। वरना घोड़ा हो जाएगा!" जिद्दा बड़बड़ातीं।

वो रात में छत पे बैठा रहता। भोले चाचा आते।

"प्रियांश। क्यों कर रहा है ये सब?"

"ये तो बहुत पहले कर देना चाहिए था चाचा।"

"सब कुछ ख़त्म हो जाएगा बेटा।"

"अभी कौन सा ठीक चल रहा है?"

वो अकेला निकल जाता—माँडरे की पहाड़ी पर। कई बार प्रवेश उसके साथ होता। प्रदीप भाई भी।

"क्या दिक़्क़त क्या है?"

"कोई कुछ बोलता क्यों नहीं?"

"कौन?"

"हर कोई। घर में। बाहर।"

और उस दिन वो आया। दरवाज़े की सिटकनी लगाई। सामने पैड था। हाथ में क़लम!

और उसकी ज़िन्दगी की पहली नज़्म काग़ज़ पर फूट पड़ी...

ज़िन्दा हो हाँ तुम कोई शक नहीं
साँस लेते हुए देखा मैंने भी है
हाथ औ' पैरों और जिस्म को हरकतें
ख़ूब देते हुए देखा मैंने भी है...
अब भले ही ये करते हुए होंठ तुम
दर्द सहते हुए सख़्त सी लेते हो
अब है इतना भी कम क्या तुम्हारे लिए
ख़ूब अपनी समझ में तो जी लेते हो...

और वो लिखता जा रहा था...बिना ये जाने कि आने वाले दिनों में इस नज़्म के दाम लाखों में लगेंगे।

कम्युनिज़्म की एंट्री

अगले दिन इतवार था। फ़ोन की घंटी बजी थी। (फ़ोन उनके घर में हाल ही में लगा था।)

"उससे कह दो, उसका फ़ोन है।" पिताजी से थप्पड़ कांड के बाद बातचीत लगभग बन्द थी।

उसने जाकर रिसीवर उठाया। सन्तोष भड़भड़े था।

"तुमने क्या सोचा?" भड़भड़े उससे एक साल जूनियर था।

"मेरा मूड नहीं है।"

"अरे चलो तो। ज़िन्दगी बदल जाएगी।"

"कहाँ है?"

"नई सड़क। ग्वालियर टॉकीज़ के पीछे।"

और अगले दिन दोपहर में भड़भड़े उसे लेकर नई सड़क स्थित कम्युनिस्ट पार्टी के दफ़्तर में घुसा था।

चारों तरफ़ चहल-पहल थी। सामने आँगन में कुछ लोग झंडे बनाते दिख रहे थे। उन पर हँसिया और बाली के निशान थे। अन्दर कमरे में बेहिसाब किताबों का जमावड़ा था। कुछ किताबें ऊपर अलमारियों से भी झाँक रही थीं। कामरेड बलदेव ने सर उठाया था।

"आओ प्रियांश! सन्तोष ने बतलाया था तुम्हारे बारे में।"

चेहरे पर हँसी थी। "स्वागत है।" उन्होंने उठके हाथ मिलाया था।

"ज़िन्दगी इतनी ख़राब क्यों है?" उसने बैठते ही पूछा था।

"अरे?" वो हँसे थे। "इतनी जल्दी? सारे सवालों के जवाब एकदम नहीं मिलेंगे!"

"मुझे अभी चाहिए!"

"बैठो-बैठो। अरे चाय लाना तीन।" और अपनी कुर्सी पर बैठ गए।

"पूछो। क्या पूछना चाहते हो?"

"ये सब इतना अजीब क्यों है?"

"क्योंकि हम बदलाव नहीं चाहते।" वो आराम से बोले। "जैसा है उसी को स्वीकार किये जा रहे हैं। भई परिवर्तन तो चाहिए ना आगे बढ़ने के लिए? और लाएगा कौन? हम! बिना ये सोचे कि दूसरा आदमी भी कोशिश कर रहा है या नहीं। हाथ पर हाथ रखकर बैठ जाने का नाम ज़िन्दगी नहीं होती।"

"परिवर्तन किस तरह का?"

"हर तरह का। हमारे मूल्यों में चेंज, हमारी वैल्यूज़ में चेंज, हमारे रहन-सहन में चेंज। जो हमें देश और समाज दे रहा है, उसमें कुछ तो आपत्ति होगी ना? या उसी को अन्तिम सत्य मानके जीते रहोगे? कम्युनिज़्म एक आमूल-चूल परिवर्तन की तरफ़ इशारा करता है। लाओ भई। चाय दो।"

और वो शाम तक उनके साथ बैठा रहा।

वापस लौटा तो लहलहा रहा था। लगता था जैसे किसी ने उसमें लोहा पिरो दिया हो।

और अगले ही दिन उसने कांड कर दिया।

उसके मकान के पीछे की गली में एक महावीर स्कूल था। उसके मालिक पी.सी. गुप्ता को बीवियाँ लाने का शौक़ था। ये उनकी तीसरी गुप्ताइन थीं जिन्हें वो अपनी पहली दो बीवियों के तलाक़ के बाद लाए थे। उनको उन्होंने महावीर स्कूल के प्रिंसिपल की पदवी सौंपी थी। वो दिन-भर बैठकर प्रिंसिपलगिरी करतीं और गुप्ता जी उन पे निहाल होके मनमोहक निगाह से उन्हें बैठके देखते रहते।

साथ ही पंडिताइन जी का भी एक लड़का था जो उन्होंने गोद लिया था। (उसके मुहल्ले में गोद लेने का रिवाज कुछ ज़्यादा ही था।) रामेश्वर उससे दो-तीन साल छोटा था और उसे भैया कहके बुलाता था। साथ ही भैया के दो-तीन काम सलीक़े से करने के बाद तो प्रियांश से 'हनुमान' का दर्जा पा चुका था।

महावीर स्कूल में हो रही ऑफ़िशियल अनिश्चितताओं के चलते मध्य प्रदेश शिक्षा विभाग ने उसका रजिस्ट्रेशन निरस्त कर दिया था। मगर लम्बे-चौड़े गुप्ता जी किसी भी छात्र को ट्रांसफ़र सर्टिफ़िकेट देने से इनकार कर चुके थे। रामेश्वर 'हनुमान' भी उनमें से एक था। उसने हैमलेट से शिकायत कर दी।

नाटक से मिले हौसले और कॉमरेड बलदेव की प्रेरणा से ओत-प्रोत हैमलेट

महावीर स्कूल पहुँचा और रामेश्वर के ट्रांसफ़र सर्टिफ़िकेट की माँग की। पहले स्वर धीमा था बाद में ऊँचा हो गया। उसकी बहस सीधे गुप्ताइन से हो रही थी। पहले तो गुप्ता जी सहन करते रहे। फिर जब उन्हें पत्नी का अपमान सहन नहीं हुआ तो उन्होंने हैमलेट की गर्दन पकड़ ली। हैमलेट ने छुड़ाने की कोशिश की। इसमें एक-आध हाथ गुप्ता जी को लग गया। गुप्ता जी उसे गरदन से पकड़कर गिरेबान से खींचते हुए जिद्दा के मकान तक ले आए।

"ये तो घर का मामला था जिद्दा। वरना मैं इसको वहीं मारता!"

हैमलेट छुटके अपने कमरे में चला गया।

जिद्दा जलती आँखों से एक तरफ़ बैठ गईं। उन्होंने उस दिन कुछ नहीं खाया।

"प्रभाष को फ़ोन करो।"

हालाँकि बात शाम को भी हो सकती थी।

पिताजी दौड़े-दौड़े आए। आकर सारे मामले को सुना।

जिद्दा कोप भवन में बैठी थीं।

"इसने आज ख़ानदान की वो बेइज़्ज़ती की है कि पूछो मत। वो दो कौड़ी का आदमी इसको कुत्तों की तरह खींचते हुए लाया। सारी गली देख रही थी।"

पिताजी चुपचाप खड़े थे। फिर उन्होंने वॉक करने की छड़ी उठा ली।

"सुनो तो..." माँ का कातर स्वर आया।

और "तड़...तड़...तड़।" वो मारते ही चले गए। छड़ी कहाँ पड़ रही थी, कैसे पड़ रही थी, कितनी पड़ रही थी, इसका उन्हें होश ही नहीं था।

"कब सुधरोगे...कब सुधरोगे...कब?"

और उन्होंने हाँफते हुए छड़ी फेंक दी और अपने कमरे में जाके लेट गए। हैमलेट ख़ामोश पड़ा हुआ था। आँसुओं से तर-बतर...शरीर में जलन लिये...और शायद मन में भी।

और परिणाम सामने था।

टेंथ बोर्ड का रिज़ल्ट आ गया था। हैमलेट की दो सब्जेक्ट्स में कम्पार्टमेट थी...साथ ही कॉन्वेंट स्कूल से देश निकाला। ट्रांसफ़र सर्टिफ़िकेट! वजह...जूनियर स्कूल की जवान टीचर से प्रेम सम्बन्ध। और स्कूल की बदनामी।

पिताजी स्तब्ध थे...माँ हैरान...जिद्दा सुन्न...और भोले चाचा...ख़ामोश।

और हैमलेट अकेले में रो रहा था। क्योंकि आज मिस जिंजर मारग्रेट का स्कूल में आख़िरी दिन था। वो हमेशा के लिए स्कूल छोड़ के जा रही थीं।...अपने घर। केरला।

पहला चुम्बन

ज़िन्दगी के सफ़र में गुज़र जाते हैं जो मुक़ाम
वो फिर नहीं आते...वो फिर नहीं आते...!

हैमलेट की ज़िन्दगी में भी ऐसा ही एक मुक़ाम आया था। मिस जिंजर मारग्रेट फ़िलिप।

उसका टेंथ ग्रेड था। और साथ ही ज़िन्दगी का सर्वप्रथम चुम्बन भी।

मिस जिंजर के स्कूल में क़दम रखते ही तहलका मच गया था।

फ़ुटबाल खेलता हुआ जाजू चिल्लाया था।

"अबे स्कूल में ज़ीनत अमान आई है बे...! ये तो बिल्डिंग गिरा देगी।"

और मिस जिंजर ने वाक़ई बिल्डिंगें गिरा दी थीं।

कॉन्वेंट में केरल से फ़ीमेल टीचर्स को लाने का रिवाज बहुत पहले से था। केरला लेडीज़ हॉस्टल भी स्कूल के कैम्पस में ही मौजूद था। उसी के अन्तर्गत आई थी...मिस जिंजर मारग्रेट फ़िलिप।

मिस जिंजर को अपने बेइन्तिहा ख़ूबसूरत और नमकीन होने का अहसास भली प्रकार से था।

वो जब सुबह की असेम्बली में स्टेज के पीछे के केरला हॉस्टल से...कभी कसी हुई साड़ी में...तो कभी तंग स्कर्ट में धीमे-धीमे लहराते हुए मुस्कुराते हुए उतरतीं तो छात्रों के समुदाय में सनसनाहट फैल जाती।

हर छात्र दिन में कभी-न-कभी उनके सामने पड़ने की कोशिश कर लिया करता। अपनी मन्द-मन्द मुस्कान के साथ जब वो हर अभिवादन को स्वीकार करके आगे बढ़ जातीं तो छात्र उनको पीछे से दूर तक जाते हुए देखते।

उनके आने से लेडीज़ स्टाफ़ में मुस्कराहट फैल गई थी और मर्द स्टाफ़ में कसमसाहट।

मिसेज़ विजयन मुस्कराती पाई गईं—"माई गॉड। द वे शी ड्रेसेज़।"

कैमिस्ट्री लैब में प्रोफ़ेसर राज़ भड़भड़ाते हुए घुसे—"साला स्कूल है या फ़ैशन परेड।"

और स्कूल ख़त्म हो जाने के बाद छात्रों को बास्केट बॉल सिखाते हुए सर राजपूत ने शर्ट खोलकर महज़ बनियान में सेकंड बी के सामने पीपल के पेड़ के नीचे बैठना शुरू कर दिया।

(सेकंड बी में मिस जिंजर बच्चों की ट्यूशन लिया करती थीं।)

इंटरवल था। बिल्डिंग से नीचे उतरते प्रियांश को उन्होंने सीखचों के पास पकड़ लिया।

"यू डिड हू डाइड फ़र्स्ट?"

"यस मिस।" मिस एक सार्वजनिक सम्बोधन था स्कूल में...भले ही टीचर किसी भी ग्रेड की हो।

"आई हैव ए प्ले कॉल्ड 'ऑल माई सन्स' बाए आर्थर मिलर। कैन यू ट्रांसलेट इट इन हिन्दी? आई हैव हर्ड दैट युअर हिन्दी इज़ वैरी गुड?"

हाँ करने के अलावा और कोई चारा नहीं था।

"मीट मी इन सेकंड बी आफ़्टर द स्कूल।"

आते-जाते छात्र एक मुस्कराहट के साथ उसे देख रहे थे। वो तुरन्त वहाँ से हट लिया।

और फिर वो सेकंड बी में मिले और मिलते ही चले गए। हैमलेट ने ध्यान से देखा। मिस जिंजर मोहक थी।

पहले प्ले का दौर शुरू हुआ। वो पढ़तीं और वो सुनता। सुनने से ज़्यादा उन्हें देखता। एक बार उन्होंने नज़र उठाकर देख लिया। वो सिटपिटा गया।

"व्हाट आर यू लुकिंग ऐट" वो मुस्कराईं।

"नथिंग मिस" उसके मुँह से बात नहीं फूटी।

"मी?" और वो खिलखिलाईं...अपने माथे से अपनी लट हटाते हुए। हैमलेट ने कुछ ना बोलकर सर झुका लिया।

वो और ज़ोर से खिलखिला पड़ीं।

"उफ़! ब्लशिंग लाइक ए गर्ल?"

प्ले ख़त्म हो गया था मगर उनका मिलना नहीं।

"प्लीज़ इम्प्रूव माई हिन्दी।"

"हाउ मिस?"

"आस्किंग मी?"

वो फिर खिलखिलाईं। उनको खिलखिलाने की आदत थी।

धीमे-धीमे सेकंड बी में रौनक़ होने लगी। खाली स्कूल में केरल स्टाफ़ की सारी टीचर्स वहाँ जमा हो जातीं।

"ही सिंग्स वैरी वैल..." एक दिन मिस जूलियट बोलीं।

"अरे वाह! एक गाने को सुना दो।"

उनकी हिन्दी वाक़ई बेहतर हो रही थी।

"व्हिच वन?" उसका हौसला भी बढ़ रहा था।

"दैट वन...ओ सनम...।" उन्होंने उसे स्टेज पर कभी गाते सुन लिया था।

और उसने गाना शुरू किया।

"आ जा सनम मधुर चाँदनी में हम..."

और सारे लोग क़रीब-क़रीब झूम रहे थे। उसके बाद सारी टीचर्स चुपचाप सेकंड बी से बाहर निकल गईं। हैमलेट को अच्छा लगा।

धीरे-धीरे केरला स्टाफ़ से चीज़ें आने लगीं। कभी डोसा तो कभी इडली, कभी चाकलेट्स तो कभी चिकलेट्स। हैमलेट ने ग़ौर किया कि उन्हें जानबूझकर अकेला छोड़ दिया जाता है।

बातों के सिलसिले चल पड़ते, हर तरह की बातें। बीच-बीच में गानों के दौर।

फिर जिंजर अकेले ही गाने सुनने लगीं। उनको गाना बड़ा अच्छा लगता। बावजूद अपनी ख़राब हिन्दी के।

एक दिन वो अचानक बोलीं—"आज से हर गाने का फ़ीस दिया करूँगी!"

"मैं समझा नहीं मिस।"

"अरे बाबा! इतना अच्छा गाते हो। चार्ज समथिंग!"

"मैं अब भी नहीं समझा।"

"दो किस...पर सॉन्ग!" वो फिर खिलखिलाईं।

वो अब भी नहीं समझा। फिर समझ में आते ही उसके कान लाल हो गए।

वो फिर खिलखिलाईं। "अगेन...! ब्लशिंग लाइक ए गर्ल!"

उसने गाना शुरू किया।

"ये रातें ये मौसम नदी का किनारा...ये चंचल हवा..."

गाना ख़त्म हो गया।

"नाउ द फ़ी?" वो शरारत से बोलीं।

उसने सर झुका लिया।

उन्होंने धीरे से उसका चेहरा अपनी तरफ़ किया। और उनके होंठ उसके गाल से टकरा गए। हैमलेट को अच्छा लगा।

एक दिन दोनों बैठे हुए थे। स्कूल ख़त्म हो चुका था। छात्रों की भीड़ छँट चुकी थी। सेकंड बी में सन्नाटा था। उस दिन जिंजर अलग मूड में थीं।

"टुडे सिंग समथिंग डिफ़रेंट।"

"मीन्स?"

"समथिंग डिफ़रेंट...समथिंग सैड..."

"व्हाई सैड?" वो हँस पड़ा।

"जस्ट लाइक दैट। इच्छा हो रहा है।"

और वो गा पड़ा।

"ये नयन डरे डरे...ये जाम भरे भरे...

ज़रा पीने दो...

कल की किसको ख़बर...

इक रात होके निडर...

मुझे जीने दो...

ये नयन डरे डरे..."

आईआईबी में ख़ामोशी थी। उसके गाने ने माहौल को और ख़ामोश कर दिया था।

उन्होंने हाथ बढ़ाकर आँखें पोंछीं। फिर मुस्कराईं।

"यू सिंग रियली वैल।"

"आप इसका मतलब समझती हैं।?"

"नो। बट आई कैन फ़ील इट। इट इज़ सैड।"

दोनों चुपचाप थे।

"लाइफ़ इज़ स्ट्रेंज। टुडे आई एम हियर। टुमारो आई एम गॉन।"

"व्हेयर डू यू लिव इन केरला?"

"इज़ इफ़ यू नो द प्लेस।" वो उसकी तरफ़ देख के हँसीं।

"आई एम जस्ट आस्किंग।"

"मारान्गाट्टुपिल्ली कोट्टायम डिस्ट्रिक्ट।"

"स्ट्रेंज नेम।"

"स्ट्रेंज फ़ॉर यू।"

दोनों फिर ख़ामोश थे। फिर वो एकटक सामने देखते हुए बोला—"मिस आई वांट टू चेंज माई नेम।"

"व्हाट इज़ रांग इन दिस नेम?"

"इट रिमाइंड्स मी ऑफ़ माई पास्ट।"

"व्हाट विल बी द न्यू नेम।?"

"संताप"

"मीन्स"

"सौरो...अनहैप्पी...डिस्टर्ब्ड।"

"व्हाई सच ए डिप्रैसिंग नेम?"

और अचानक हैमलेट की आँखों में आँसू आ गए।

"प्रियांश..." जिंजर गम्भीर हो गईं। उन्होंने हैमलेट के हाथ में हाथ रखा। हैमलेट ने अपनी आँखें पोंछीं।

"व्हाई लाइफ़ इज़ सो स्ट्रेंज?"

उन्होंने प्रियांश की ठोड़ी घुमाई अपनी तरफ़।

"यू नो वन थिंग? यू शुड हैव बीन बॉर्न एटलीस्ट टेन ईयर्स एगो।

आई वुड हैव बीन वैरी हैप्पी।"

वो उसे देख रही थीं। वो उन्हें देख रहा था। और धीमे से उनके होंठ बढ़े और जाके हैमलेट के होंठों से जुड़ गए।

ये हैमलेट के जीवन का पहला चुम्बन था।

ग्वालियर छोटा सा शहर था। कॉन्वेंट उससे भी छोटा। बातें फैलने लगी थीं।

"प्रियांश कहाँ मिलेगा?"

"स्कूल से पहले 10ए में। और स्कूल के बाद सेकंड बी में।" और एक हँसी दौड़ पड़ती।

घर पर पिताजी बोले—"तुम स्कूल से बहुत लेट आने लगे हो?"

"बास्केट बॉल खेलते हैं।" उसने सर झुका के कहा।

"बास्केट बॉल ही खेलते रहोगे या पढ़ाई भी करोगे? इस साल बोर्ड है।"

अगले दिन सिस्टर रैपरेटा ने उसे अपने चैम्बर में बुलाया था।

"हाउ यूअर स्टडीज़ आर गोइंग ऑन?"

"फ़ाइन सिस्टर।"

"इन सेकंड बी?"

हैमलेट का गला सूख गया।

"व्हाट डू यू हैव टू डू विद ए जूनियर ग्रेड टीचर? सिटिंग डे एंड नाइट विद हर?"

प्रियांश ने सर झुका लिया।

"कॉल युअर पैरेंट्स टुमारो।"

अगले दिन पिताजी आए। वो सिस्टर के चैम्बर में थे। हैमलेट बाहर। फिर घर में उसकी पेशी हुई।

"ये जिंजर मारग्रेट कौन है?"

"जूनियर स्टाफ़ की टीचर हैं।" उसने सूखते गले से कहा।

"तुम उसके साथ इतना क्यों बैठते हो?" बातें पूरे घर के सामने हो रही थीं।

"और सुना, तुम उसके साथ आपत्तिजनक हालत में भी देखे गए?"

जिद्दा ने सिर पीट लिया।

"हे भगवान! ये दिन भी दिखाना था।"

"तुम स्कूल से सीधे घर आओगे। और तुम्हारे एग्ज़ाम्स होने तक ये गाना-बजाना और ये पेंटिंग-वेंटिंग बिलकुल बन्द।"

अगले दिन से उसने जिंजर से मिलना बिलकुल छोड़ दिया।

वो रास्ते में पड़तीं। वो कन्नी काटके निकल जाता।

वो कभी बात करने की कोशिश करतीं। वो 'एक्सक्यूज़ मी' करके कट लेता।

एक बार वो लाइब्रेरी में कोई किताब देख रहा था। मुड़ा तो पीछे जिंजर खड़ी थीं। चेहरे पर तकलीफ़ थी। वो पीछे हटा। उनके पास से निकलने की कोशिश की। उन्होंने उसका हाथ पकड़ लिया।

"व्हॉट हैप्पंड?"

उसने झटके से अपना हाथ छुड़ा लिया और बाहर निकल लिया। दरवाज़े पर पहुँचकर पीछे देखा। वो बुत बनी उसे देख रही थीं। आँखों में गीलापन था।

कई बार गुज़रते हुए उसे लगता कि कोई उसे देख रहा है। वो आसपास देखता। उसे दूर पेड़ के नीचे जिंजर बैठी दिखतीं। वो उसे देखती रहतीं। और जगह भी उनकी आँखें उसका पीछा करती रहतीं।

उसके बाद जिंजर का रहन-सहन ही बदल गया। हमेशा चहकती रहने वाली मिस जिंजर एकदम ख़ामोश रहने लगीं। अब वो बहुत कम हँसती-मुस्करातीं। ये बदलाव सबने महसूस किया।

"आजकल लाल परी चुप रहने लगी है।" जाजू बोला।

"तुझसे झगड़ा हो गया क्या?"

संताप कुछ नहीं बोला।

एग्ज़ाम के दिन क़रीब आ गए थे। सारा स्कूल पढ़ाई में लग गया था। बहुत कम लोग खेलते नज़र आते। बोर्ड का सामना करने का सबका पहला मौक़ा था। जनवरी की ठंड कड़कड़ा के पड़ रही थी।

मगर हैमलेट पढ़ाई से कोसों दूर था।

उसे फ़िज़िक्स, कैमिस्ट्री टॉर्चर लगते। मैथ्स से उसे डर लगता। हिस्ट्री और हिन्दी उसे अच्छे लगते। मगर पढ़ने का मन नहीं करता। उसे नाटक के दिन और जिंजर के साथ बिताई शामें झकझोर देतीं। कई बार उसकी आँखें यूँ ही गीली हो जातीं।

एक दिन ऐसे ही अपने कमरे में पढ़ाई का ढोंग कर रहा था।

अचानक जिद्दा धड़धड़ाती हुई कमरे में घुसीं।

उसने फुर्ती से अपनी किताब ऊपर की। मगर फिर भी किताब के नीचे से उसका हाल ही बनाया हुआ स्केच जिद्दा की घाघ नज़रों से बच ना सका।

उन्होंने उसकी चादर उघाड़ मारी। अन्दर सैकड़ों स्केच उजागर हो गए।

"ये पढ़ाई हो रही है? प्रभाषऽऽऽ" वो चिल्लाईं।

और 'तड़ाक्!'

ये उसके चेहरे पर पड़ने वाले अब तक के सारे चाटों में सबसे तगड़ा चाँटा था।

"गेट आउट ऑफ़ दी हाउस! आउट।" पिताजी चीख़े थे।

और अगली दोपहर में वो सेकंड बी के सामने खड़ा था। कॉपीज़ चेक करती जिंजर ने उसे सर उठाकर देखा। वो आगे बढ़ा और सीधे जिंजर की बाँहों में समा गया। वो सिसक रहा था। जिंजर ने उसे कस लिया।

और बाहर आहट हुई। दोनों ने सर उठाकर देखा। सामने मैरी खड़ी उन्हें घूर रही थीं।

और परिणाम सामने था।

टेंथ बोर्ड में हैमलेट की दो सब्जेक्ट्स में कम्पार्टमेंट थी, साथ ही कॉन्वेंट स्कूल से देश निकाला। ट्रांसफ़र सर्टिफ़िकेट। वजह...जूनियर स्कूल की जवान टीचर से प्रेम सम्बन्ध और स्कूल की बदनामी।

पिताजी स्तब्ध थे, माँ हैरान, जिद्दा सुन्न और भोले चाचा ख़ामोश!

और हैमलेट अकेले में रो रहा था। क्योंकि आज जिंजर मारग्रेट का स्कूल में आख़िरी दिन था। वो हमेशा के लिए स्कूल छोड़के जा रही थीं। अपने घर...केरला!

ग्वालियर स्टेशन पर केरला एक्सप्रेस ने सीटी दी थी। स्टेशन पर हलचल थी। मगर खिड़की में जिंजर थीं। और उनके सामने हैमलेट! उसका हाथ जिंजर के हाथ में था।

दोनों चुप थे। फिर वो बोलीं—

"से समथिंग..." उनकी आँखें गीली थीं।

"व्हॉट?"

"एनी थिंग! आई एम गोइंग फ़ार एवर।"

हैमलेट ने एक साँस ली।

"नथिंग टू से!"

फिर ख़ामोशी थी।

"विल यू रिमेम्बर मी?" उन्होंने छलछलाई आँखों से कहा।

"यस।" उसने ख़ामोशी से सर हिला दिया।

"विल यू कम टू केरला?" उन्होंने पूछा।

"नो," हैमलेट ख़ामोशी से बोला।

"व्हाई?"

"जस्ट लाइक दैट," हैमलेट ने ख़ामोश स्वर में कहा।

"यू नो? आई मीन इट। यू शुड हैव बीन बॉर्न टेन ईयर्स एगो!"

गाड़ी ने फिर सीटी दी। ट्रेन ने सरकना शुरू कर दिया।

"संताप..."

और हैमलेट ने महसूस किया कि उसको इस नाम से बुलाने वाली वो पहली शख़्स थीं।

"आई विल नेवर बी ऐबल टू फ़ारगेट यू। यू आर माई फ़र्स्ट लव!"

उनकी रुलाई फूट पड़ी थी।

गाड़ी अब स्पीड पकड़ने लगी थी।

"प्लीज़ कम टू केरला। प्रॉमिस मी।" उन्होंने खिड़की से झाँकने की कोशिश की।

"आई विल ट्राई।"

मगर अब केरला जाने से कुछ फ़ायदा नहीं था। अगले महीने उनकी शादी होने वाली थी। धनबाद। और गाड़ी स्पीड पकड़ चुकी थी।

जिंजर जा चुकी थीं।

ज़िन्दगी चुपचाप

हैमलेट माँडरे की पहाड़ी पर बैठा था। चुपचाप। एक पत्थर पर।

पीछे मन्दिर की घंटियों की आवाज़ थी और सामने घाटी में ख़ामोशी। शाम ढल रही थी। अँधेरे का झुटपुटा फैल गया था।

सामने नीचे कोई गाड़ी गुज़री। उसकी लाइट्स का उजाला नीचे सड़क पे फैला और गुम हो गया।

हैमलेट चुपचाप था।

अचानक उसने पाया कि वो रो रहा है। उसे अचरज हुआ। रोने का कोई कारण तो नहीं था।

नहीं! कारण तो था।

उसने धीरे से एक साँस ली।

जिंजर कांड के बाद उसकी सारी पेंटिंग्स और स्केच पिताजी ने जला दिये थे। उसकी मूर्ति को एक कोने में धकेल दिया गया था। माउथ ऑर्गन और हारमोनियम ज़ब्त थे।

पंछियों का कलरव होने लगा था। शाम की चिड़ियाँ चहचहाने लगी थीं।

घर से सम्बन्ध बिलकुल ख़त्म थे। जिद्दा की नाक परमानेंटली फूल चुकी थी। उनका ग़ुस्सा माँ और भोले चाचा पे बरसने लगा था।

हैमलेट ने कभी अपनी माँ और पिताजी को एक साथ किसी आउटिंग पर जाते हुए नहीं देखा था।

पिताजी ऑफ़िस से आते और सीधे अपने कमरे में चले जाते। फिर शाम को टी.वी. देखने और खाना खाने बाहर निकलते। उसके बाद फिर कमरे का दरवाज़ा बन्द हो जाता।

माँ को किचन के बाहर देखना दुर्लभ था। कभी कोई मेहमान आ जाता तो वो पैर छूने के लिए मात्र बाहर आतीं। उसके बाद फिर किचन में घुस जातीं।

भोले चाचा ख़ामोश रहते...नन्ही रेवा के साथ।

सतवीर चाचा चबूतरे पर बैठे रहते। अधिकतर बेवजह।

हैमलेट की किसी से बात नहीं होती।

वो सुबह घर से निकल जाता। कभी नाश्ता करके तो कभी बिना खाए। फिर शाम को ही वापसी होती।

"खाने के टाइम तो आ जाया कर," माँ कातर स्वर में बोलतीं।

भोले चाचा सुनसान निगाहों से उसे देखते रहते।

हैमलेट को नाटक की यादें भी धुँधली होने लगीं। उसे समझ नहीं आता कि ज़िन्दगी कहाँ जा रही है। उसने बहुत अकेला रहना शुरू कर दिया था। और ख़ुद से डरना भी।

जे.सी. मिल्स स्कूल

"तड़ाक्..." प्रवेश साहनी के चेहरे पर पवन शर्मा का भारी हाथ पड़ा था।

प्रवेश लड़खड़ाकर पीछे हटा था। चाँटे और शर्म की वजह से उसकी आँख में आँसू आ गए थे।

"तू कॉन्वेंट का दादा है बे?" पवन शर्मा आगे बढ़ा था।

ये घटना जे.सी. मिल्स स्कूल, बिरलानगर के मेन गेट पे हो रही थी। सबके सामने।

ग्वालियर शहर के तीन हिस्से हैं। लश्कर (जहाँ हैमलेट रहता था।) ग्वालियर (जहाँ जे.सी. मिल्स स्कूल स्थित था) और मुरार (जहाँ उसका बहुत कम जाना हुआ था)।

बिरलानगर ग्वालियर में बसा हुआ था, जहाँ उसके पिताजी सर्विस किया करते थे। वो लश्कर से क़रीब पन्द्रह किलोमीटर दूर था। वो रोज़ साइकिल चलाकर ऑफ़िस जाते और साइकिल चलाकर वापस आते। हैमलेट को जे.सी. मिल्स स्कूल जाकर उनकी तकलीफ़ का अहसास हुआ।

सेंट्रल बोर्ड में 10+2 स्कीम आ चुकी थी। मतलब बारहवीं कक्षा के बाद ही कॉलेज में एडमिशन सम्भव था। मगर मध्य प्रदेश के स्टेट बोर्ड में अब भी हायर सेकेंड्री यानी ग्यारहवीं कक्षा ज़िन्दा था।

तो सारे सेंट्रल बोर्ड के छात्र अपना एक साल बचाने के चक्कर में स्टेट के स्कूल्स में एप्लाई कर चुके थे। कॉन्वेंट का एक बड़ा जत्था उनमें था। पिताजी ने अपने सम्पर्कों से जे.सी. मिल्स स्कूल में प्रवेश दिला दिया था। उनका बिरलानगर में काम करना ख़ासा काम आ गया था।

बिरलानगर एक औद्योगिक क्षेत्र था...और उसके हिसाब से गुंडागर्द भी।

"ये लड़कियाँ पटाने में काफ़ी मशहूर रहा है।" चिकना बोला।

पूरा गुंडागैंग सामने बैठा हुआ था। वो सब जे.सी. मिल्स के छात्र थे। रैगिंग चल रही थी।

"आप मार लो भाई साहब। आप बड़े हो!" प्रवेश छलछलाई आँखों से गाल को सहलाते हुए बोला।

"वो तो मारेंगे ही कॉन्वेंट के भड़वे। ये जे.सी. मिल्स है। यहाँ अलग तरह से रहना पड़ेगा!"

पवन शर्मा जे.सी. मिल्स का दादा था। साथ ही क्रिकेट टीम का कैप्टन भी। वो सब हायर सेकेंड्री में पढ़ रहे थे।

"और कौन है बे?" पवन मुड़ा था।

ये बात मेन गेट पर चल रही थी। आते-जाते लोग मुड़के भी नहीं देख रहे थे। वहाँ ये आम बात थी।

"ये अनिल गुप्ता है। वहाँ का टॉपर।" कुलदीप रंधावा का स्वर था।

"यहाँ पढ़ाई में ही मन लगाना बे! यहाँ-वहाँ देखा तो आँखें फोड़ दूँगा।" पवन फिर उसकी तरफ़ मुड़ा।

"तेरा नाम क्या है बे?"

"संताप...संताप त्रिवेदी!"

"तू तो निकाला गया है ना? टीचर पटाने के जुर्म में?"

हैमलेट कुछ नहीं बोला।

"वाह बे। सीधे मैडम पे हाथ डाल दिया?" वो हँसा था।

सारे हँस रहे थे। रैगिंग पूरी पराकाष्ठा पर थी।

"कितने मज़े लिये?"

हैमलेट कुछ नहीं बोला!

"ये ड्रामे भी करता है। वहाँ बहुत किये।" विनीत बोला।

"अरे वाह! तो करके दिखा।"

"जी क्या?"

"ड्रामा।"

"यहाँ?" हैमलेट की आँखें छलछला आई थीं। आवाज़ लड़खड़ा गई थी। मजबूरी से।

"तो और क्या बम्बई जाके करेगा?"

"लेकिन यहाँ तो...कोई...मतलब...कोई स्क्रिप्ट...मतलब...?" उसकी आवाज़ फँस गई थी।

"क्या स्क्रिप्ट?"

"अबे नाटक करने के लिए स्क्रिप्ट लगती है बे। और देखने वाले भी। ऑडियंस..." चिकना हँसा था।

"अबे तो बिना स्क्रिप्ट के दिखा। और यहाँ ऑडियंस क्या कम हैं? इतने सारे लोग चूतिए हैं।"

हैमलेट हतप्रभ खड़ा था। उसकी आँख में आँसू थे।

"जल्दी!" पवन एक पटिया पर बैठ गया था।

"जी मैं कैसे?" उसकी आवाज़ रुँध गई थी।

अचानक अनिल गुप्ता उसकी मदद के लिए आगे आया।

"ये गाना भी बहुत अच्छा गाता है!"

"अरे वाह! तो चल गाना ही सुना। लेकिन अब रुका तो मुँह तोड़ दूँगा।"

हैमलेट थोड़ा सहज हुआ। उसने आँसू पोंछे।

"हाँ?"

और उसने गाना शुरू किया।

रात के हमसफ़र...थक के घर को चले...
झूमती आ रही...सुबह प्यार की...

सारे दम साधे बैठे थे। राह चलते एक-दो नागरिक भी रुक गए थे। वो मुड़के देखने लगे।

गाना ख़त्म हुआ। सब चुप थे।

थोड़ी देर की ख़ामोशी के बाद पवन की आवाज़ आई।

"एक और सुना!"

उसने दोबारा शुरू किया।

सो जा निंदिया की बेला है...
आजा पंछी अकेला है।

लॉन में बैठी कुछ लड़कियाँ मुड़कर देखने लगीं। सड़क पर खड़े नागरिक थोड़ा पास आ गए। गुंडा गैंग में ख़ामोशी छा गई।

कुलदीप पीछे से बोला--

"एक आख़िरी।"

लाखों हैं निगाह में...ज़िन्दगी की राह में...
सनम हसीन जवाँ...
आँखों में शराब है...होंठों पे गुलाब है...
लेकिन वो बात कहाँ...

अब तक लॉन में बैठी लड़कियाँ पास आके ठहर चुकी थीं। गुंडा गैंग ख़ामोश था। नागरिक अब भी खड़े थे।

थोड़ी देर में पवन शर्मा उठा। उठके पास आया। उसे धीमे से छुआ।

"अबे वाह बे। बढ़िया गाता है।"

और धीमे से गले लगा लिया।

गुंडा गैंग तालियाँ बजा रहा था। लॉन वाली छात्राएँ भी।

"कोई दिक़्क़त हो तो बोल दियो।"

"जी सर!"

"अबे मैं पवन हूँ। नाम से बुला।"

"जी पवन भाई।"

"अबे भाई अब भी जोड़ दिया।"

और शाम तक पूरे जे.सी. मिल्स स्कूल को मालूम पड़ चुका था कि उनके विद्यालय में कलाकार आ चुका है।

और बाद में अनिल गुप्ता ने उसे भींच लिया।

"अबे तूने बचा लिया बे। थैंक यू यार।"

और ये गुंडा गैंग उसके साथ तब तक चला जब तक उसने ग्वालियर छोड़ नहीं दिया...हमेशा के लिए!

"ज़िन्दगी इतनी अजीब क्यों है?"

मराठे उसके सामने बैठा हुआ था।

गुंडा गैंग हमेशा मार-पिटाई के मिशन पर जगह-जगह जाता रहता था। हैमलेट भी कई बार उनके संग गया।

"तू दूर रहा कर! तू कलाकार है।"

वो लोग बहुत अच्छे थे! बाहर से सख़्त...अन्दर से नरम।

मेरा दोस्त मराठे

मराठे से उसकी मुलाक़ात ऐसे ही किसी मिशन पर हुई थी।

गुंडा गैंग के पप्पू टल्ली को किसी ने मार दिया था। ये लोग रॉक्सी टॉकीज़ पर पहुँचे थे उन लोगों से निपटने के लिए।

वहाँ एक दुबला-पतला लड़का आगे बढ़ा था और बहुत ही समझदारी और नरमी से उन्हें समझाया था कि ग़लती पप्पू टल्ली की थी। उसने मारने वाले की बहन को छेड़ा था। उसके समझाने में इतना ओज था कि संताप उसको देखते ही रह गया। गुंडा गैंग वापस लौट आया था।

फिर एक-दो बार मराठे से चलते-फिरते मुलाक़ात हुई थी...उसकी मोटरसाइकिल पर। उसने मुस्करा के 'हैलो' कहा था। वो हमेशा मुस्कराता रहता था।

फिर वो एक दिन उसके घर पर प्रकट हुआ था।

"मुझे माउथ ऑर्गन सिखाओगे? सुना है बढ़िया बजाते हो?"

"तुम्हें कैसे पता?"

"बस हवाओं में बात है।" और वो हँस पड़ा।

वही मराठे उसके सामने बैठा हुआ था, उसके कमरे में।

बाहर बारिश हो रही थी।

"ज़िन्दगी इतनी अजीब क्यों है?"

वो उसे देखता ही रह गया। ये सवाल तो उसका था।

"हम पैदा होते हैं, जीते हैं, और मर जाते हैं! कोई तो परपज़ होता होगा जीने का?"

"तुम्हें क्या लगता है?"

"कोई है ऊपर जो परपज़ बनाके भेजता है। हमारा काम है सिर्फ़ उस परपज़ को पूरा करना।"

"तुम्हारा क्या परपज़ है?"

"अभी तक तो समझ नहीं आया। तुम्हारा?"

"मैं भी कन्फ़्यूज़्ड हूँ।"

"तुम्हारा कन्फ़्यूज़्ड होना बनता नहीं। तुम तो इतने सारे काम करते हो?"

"मुझे इनमें से किसी में मज़ा नहीं आता।"

"ये तो अच्छे लक्षण नहीं हैं। अब तक मालूम पड़ जाना चाहिए था। आर्ट में तलाशो। जवाब वहीं मिलेगा।"

इस दोस्ती को लम्बा जाना था...आजीवन!

इतवार की सुबह थी। सबके नित्य कर्म चल रहे थे। हैमलेट टूथ ब्रश लेके बाथरूम में घुसा ही था कि प्रभाष की आवाज़ आई।

"आज जे.सी. मिल्स चलना है। बिरलानगर।"

उसे लगा शायद किसी और से बात हो रही है। उनसे उसकी बातचीत लगभग बन्द ही थी।

"विक्रम ने बुलाया है। आज उसका जन्मदिन है।"

नहीं। बात उससे ही हो रही थी।

"जी?"

"मैंने कहा विक्रम ने बुलाया है। आज उसका जन्मदिन है।"

वो समझ नहीं पाया।

"मगर मैं क्यों?"

"तुम्हें ख़ास तौर पर बुलाया है। शाम को पाँच बजे चलना है।"

वों कुछ समझ नहीं पाया। चुपचाप ब्रश करता रहा।

शाम को पाँच बजे दोनों टेम्पो में बैठे।

विक्रम राठौर, प्रभाष का कुलीग था। उन्हें ख़ासा पसन्द था। पैंतीस वर्षीय विक्रम भी प्रभाष की काफ़ी इज़्ज़त करता था। मगर ख़ुद के बुलाने को लेकर वो अब भी असमंजस में था।

वो बिरलानगर पहुँचे। स्टाफ़ क्वार्टर्स में विक्रम का मकान था।

क़रीब दस मेहमान होंगे।

थोड़े से स्वल्पाहार के बाद सब लोग ड्राइंग रूम में बैठे थे।

"बस शाम ढलने का इन्तज़ार कर रहा हूँ।"

विक्रम मुस्कराकर बोले। सारे हँस पड़े।

शाम ढलने के बाद ट्रे आई। उसमें व्हिस्की रखी हुई थी। वो वितरित की गई।

उसके बाद हारमोनियम आया। साथ में तबलची भी। तबले के साथ।

उसके बाद विक्रम शुरू हुए। उन्हें संगीत का ख़ासा शौक़ था। प्रभाष के मुँह से वो उनकी तारीफ़ सुन चुका था।

एक गाना हुआ। फिर दूसरा। फिर तीसरा।

व्हिस्की का तीसरा दौर चल रहा था जब विक्रम ने हारमोनियम संताप की ओर खिसका दिया।

"और अब मैं प्रस्तुत कर रहा हूँ एक नौजवान सिंगर को। आपके सामने। ज़रा सुनें और अपनी राय दें।"

हैमलेट भौचक्का-सा कभी हारमोनियम को तो कभी विक्रम को देख रहा था। प्रभाष भी चकित से बोले—

"तुम्हें कैसे मालूम ये गाता है?"

"बस हवाओं में बात है।" और वो हँस पड़ा।

हैमलेट को मराठे की बात याद आ गई।

"बस हवाओं में बात है।"

हैमलेट ने हारमोनियम सँभाला और गाना छेड़ दिया। तबले के साथ गाना गाने का ये पहला अवसर था।

हम आपकी आँखों में
इस दिल को बसा दें तो...

गाना चलता रहा। फिर ख़त्म हो गया। फिर तालियाँ बजीं। हैमलेट ने देखा कि तबले के साथ गाने में उसे रंचमात्र भी दिक़्क़त नहीं हुई थी।

"एक और" माँग आई।

आँखों ही आँखों में इशारा हो गया
बैठे बैठे जीने का सहारा हो गया...

और सारे झूम उठे।

"क्या बात है बेटा। इस उम्र में ये बरकत?"

पिताजी भौचक्के-से बैठे थे।

"क्या बात है प्रभाष साहब। क्या हुनर दिया है आपने बच्चे को?"

प्रभाष कुछ बोल नहीं पाए।

पार्टी पूरे जलवे पर थी। हैमलेट जूस पी रहा था। प्रभाष बहुत देर तक यहाँ-वहाँ देखते रहे। फिर सबकी नज़र बचाकर उसके पास खिसके।

"गाते तो अच्छा हो तुम।"

हैमलेट कुछ नहीं बोला।

"अगर तुम्हें एतराज़ नहीं हो तो मैं भी एक ले लूँ?"

"जी क्या?"

प्रभाष ने चुपचाप व्हिस्की की बोतल की तरफ़ इशारा किया।

"जी मुझे क्यों एतराज़ होगा?"

"नहीं तुम्हारी माँ को पसन्द नहीं है।"

हैमलेट ने कंधे उचका दिये।

दो पेग पीने के बाद खाना आ गया।

रात में टेम्पो से वापस लौटने तक अँधेरा हो गया था। धीमे से टेम्पो में पिताजी का सर उसके कंधे से टिक गया। उसने ध्यान से देखा। वो बूढ़े हो रहे थे।

पिताजी के मुँह से निकला—"सॉरी यार। सॉरी फ़ॉर एवरीथिंग।"

हैमलेट सामने देखता रहा। आसपास गुज़रते मकानों को। वो ख़ामोश थे।

अँधेरा बढ़ गया था।

भगवदअज्जुकम

जे.सी. मिल्स स्कूल का सालाना जलसा था। एनुअल डे। महीना था जनवरी का। चारों तरफ़ ज़ोर-शोर से तैयारियाँ शुरू हो चुकी थीं। कहीं नाटक तो कहीं संगीत...तो कहीं नृत्य नाटिका। जे.सी. मिल्स में सांस्कृतिक गतिविधियों पर विशेष ज़ोर था। उनके अलग से मार्क्स भी होते थे जो कि छात्र की सालाना मार्कशीट में जुड़ते थे।

इस बार वर्मा जी ने नाटक चुना था—'भगवदअज्जुकम!' अश्वघोष का लिखा हुआ ये नाटक संस्कृत का एक प्रहसन था जो कि दो हज़ार साल पूर्व 'क्लासिकल इंडियन प्लेज़' का हिस्सा था। हिन्दी में अनूदित इस नाटक का निर्देशन करने आए थे—राष्ट्रीय नाट्य विद्यालय के श्री बी.एम. शाह!

वर्मा जी स्कूल में इकोनॉमिक्स के टीचर थे। और साथ ही ग्वालियर की मशहूर नाट्य संस्था कला मन्दिर के जनरल सेक्रेटरी भी।

कला मन्दिर श्री प्रेमचन्द कश्यप का लिखा नाटक 'दिल्ली तेरी बात निराली' का मंचन करने जा रहा था। बी.एम. शाह मूल रूप से उसके लिए आए थ। वर्मा

जी के व्यक्तिगत सम्बन्धों की वजह से उन्होंने जे.सी. मिल्स स्कूल के नाटक का भी निर्देशन स्वीकार कर लिया था। रिहर्सल दिन में होनी थी।

पूरी कास्टिंग हो चुकी थी। बस एक रोल बचा था। छोटा, लेकिन महत्त्वपूर्ण। यमदूत का।

दिक़्क़त सिर्फ़ एक ही थी कि यमदूत को महज़ एक अंडरवियर में नंगे बदन स्टेज पर अवतरित होना था। काला भुसंड होकर। वो रोल करने के लिए कोई भी तैयार नहीं था। नंगे बदन काला रंग पुतवाकर कोई भी स्कूल के छात्र और छात्राओं (छात्राएँ विशेष कर) के सामने आके परिहास का कारण नहीं बनना चाहता था। भीड़ ज़बरदस्त होने वाली थी! और ऐसे में वर्मा जी ने हैमलेट को पकड़ लिया।

"ये रोल तुम क्यों नहीं करते?"

"मुझे पढ़ना है।"

"सबको पढ़ना है। और फिर फ़ाइनल मार्कशीट में इसके भी मार्क्स जुड़ेंगे।"

वो चुप रह गया।

"आर्टिस्ट कभी नंगे-वंगे होने की चिन्ता नहीं करता। और हम हैं ना।"

और सारे स्कूल में ये बात फैल गई कि संताप ये रोल कर रहा है। सब तरफ़... ख़ास कर छात्राओं में गुदगुदाहट भरी हँसी फैल गई।

रिहर्सल शुरू हुई।

बी.एम. शाह बड़े ओजस्वी व्यक्तित्व के थे। सबको ख़ुद करके बतलाते कि एक्टिंग ऐसे होगी।

प्रवेश साहनी और संजय आप्टे मुख्य भूमिका कर रहे थे।

हैमलेट बैठा देखता रहता। वैसे कॉन्वेंट में दादागिरी करने वाला प्रवेश उसे स्टेज पे बिलकुल बौना लगता। कितने ट्रांज़िशंज़ थे उसके रोल में। जगह-जगह बदलाव होना था। लड़के से लड़की और लड़की से फिर लड़का बन जाना था। वो बैठा-बैठा कसमसाता रहता कि वो इससे बेहतर क्यों नहीं कर रहा है।

साथ ही संजय आप्टे के शरीर से उसको प्रॉब्लम थी। इतना हल्का-फुल्का शरीर लेके एक्टिंग करेगा। नज़र आते हुए भी नज़र नहीं आएगा। (तब उसे स्टेज प्रेज़ेंस के बारे में बिलकुल मालूम नहीं था)

"छोड़ो जी। अपने रोल पे ध्यान दो।"

यमदूत को दहाड़ती हुई चीख़ के साथ आना था...जादू से लड़के और लड़की

के शरीरों को एक-दूसरे से परिवर्तित करके लौट जाना था। फिर बाद में अपनी ग़लती मालूम होने पर फिर आना था और अपनी तथाकथित ग़लती सही करके फिर से एक्ज़िट लेनी थी।

हैमलेट ने इमैजिन करना शुरू कर दिया। फ़िल्मों से उसे स्वर्ग की रूपरेखा का ज्ञान हो चुका था। राजा इन्द्र और अप्सराएँ...ख़ूब सारा धुआँ और बादल। बाक़ी उसका इमैजिनेशन था।

वो इन्द्र से आदेश लेने लगा। एकाध अप्सरा से उसका प्रेम सम्बन्ध भी चल निकला। फिर उसने ऊपर से पृथ्वी को देखने की कोशिश भी कर डाली। धीरे-धीरे उसको अपना नंगा बदन और काला रंग भी सार्थक लगने लगे। वो हुंकारता तो उसकी आवाज़ चारों ओर फैलने लगती। उसने महसूस किया कि शाह जी उसको कम-से-कम निर्देश देते। उसे बैठ के ध्यान से देखते रहते।

नाटक शुरू हुआ। बहुत भीड़ थी। और सब इन्तज़ार कर रहे थे संताप की नंगी एंट्री का जिसमें छात्राओं का जत्था विशेष रूप से उत्साहित था।

और उसकी एंट्री हुई। आशानुरूप हर तरफ़ हँसी की लहर फूट पड़ी। हर तरफ़ खिलखिलाहट थी।

मगर उसने पाया कि वो मंच पर था। उसे दर्शक दिखने बन्द हो चुके थे। उसकी निगाहें या तो सामने वाले एक्टर पर थीं...या चारों तरफ़ लगी स्पॉटलाइट्स पर। उसे स्टेज के अलावा कुछ भी दिखाई नहीं दे रहा था। वो हुंकार रहा था, दहाड़ रहा था, वो भूल चुका था कि वो मात्र एक चड्डी में है।

और धीरे-धीरे हँसी थमने लगी। अब उसकी एंट्री में दर्शकों में सकता छा जाता। वो ध्यान से उसको झूमते हुए देखते। सैकड़ों आँखें उसके बदन से चिपक जातीं। और उसको इसका अहसास अपने पूरे शरीर पे होता रहता।

और नाटक के ख़त्म होने पर तालियों का भूचाल उमड़ पड़ा। कर्टेन कॉल में उसकी एंट्री पर लोगों ने आसमान सर पे उठा लिया। वो झुक-झुक के अभिवादन ले रहा था मगर तालियाँ रुकने का नाम ही नहीं ले रही थीं।

और साइड एंट्री में अँधेरे में बैठे बी.एम. शाह ने वर्मा जी से बोला—

"क्या बोलते हैं वर्मा जी?"

"मैं आज ही इससे बात करता हूँ। कलामन्दिर में आने वाला ये सबसे छोटा मेम्बर होगा।"

और नाटक के बाद गुंडा गैंग के हर मेम्बर ने उसे चूम लिया।

"क्या गाँजा मार के आया था बे...? एकदम भभक रहा था!" चिकना बोला।

असमंजस

उसका हाईस्कूल ख़त्म हो गया था। वो पास हो गया था। (वर्मा जी ने सही कहा था। उसकी मार्कशीट में नाटक के ग्रेस मार्क्स भी जुड़े थे।)

अब कॉलेज की खोज जारी थी।

हैमलेट का पेशेवर कलाकार बनने का कोई शौक़ नहीं था। इसलिए आर्ट कॉलेज की सम्भावना शुरू से पहले ही ख़त्म हो गई।

उसका इरादा हिन्दी ऑनर्स करने का था। उसने एम.एल.बी. कॉलेज जाने की इच्छा ज़ाहिर की।

"क्या करोगे हिन्दी लेकर?" प्रभाष बोले।

"अच्छी लगती है।"

"तुम्हें डॉक्टर बनना है। कैरियर सेक्योर्ड रहेगा।"

"मुझे मैडिकल साइंस अच्छी नहीं लगती।"

"अच्छी लगने लगेगी। बिरादरी में सब डॉक्टर्स हैं। साइंस कॉलेज में एडमिशन के लिए एप्लाई करो।"

और बोलकर अपनी जगह से हट गए थे। हैमलेट कसमसाकर रह गया।

उस दिन घर में कोई नहीं था। भोले चाचा और सतवीर चाचा अपनी नौकरी पे गए हुए थे। (वो दोनों इंडियन रोडवेज़ में नौकरी करते थे।) जिद्दा रेवा के साथ किसी सम्बन्धी के यहाँ गई हुई थीं। घर में सन्नाटे वाली दोपहर थी, जब माँ ने उसके कमरे में प्रवेश किया।

वो पलंग पे लेटा हुआ था। सीधा हो गया।

माँ चुप खड़ी थी।

"बोलिए," संताप ने सन्नाटे को तोड़ा था।

"तू पिताजी की बात मान क्यों नहीं लेता?"

"क्योंकि मुझे डॉक्टर नहीं बनना।"

वो चुप रहीं। फिर थोड़ी देर बाद बोलीं—"वो बूढ़े हो रहे हैं संताप।"

"सबको होना है।"

"वो कमज़ोर हो रहे हैं।"

"मेरी ग़लती है?" उसने रूखे स्वर में कहा।

"तो अपनी ज़िद नहीं छोड़ोगे।"

"और मैं अपनी नहीं।"

वो चुप रहीं। फिर बोलीं—"तूने ग़ौर किया है कि वो किसी से ज़्यादा बात नहीं करते? एकाएक अपने कमरे में चले जाते हैं?"

"क्यों?"

वो थोड़ा रुकीं। फिर स्वर डबडबा आया।

"वो अफ़ीम लेते हैं संताप!"

संताप ठगा-सा रह गया।

"परिवार का बोझ भरी जवानी में सर पर आ गया। जब वो डॉक्टर बन सकते थे, तब ट्रक का धंधा सँभाल लिया। वो नहीं सँभला तो सर्विस कर ली। लेकिन अब उनकी ज़िन्दगी में ज़्यादा दिन नहीं बचे हैं। ये ओ.पी.एम. चीज़ ही ऐसी है।"

माँ के मुँह से ओ.पी.एम. शब्द बड़ा ही अजीब लग रहा था।

"अब सब तेरे ऊपर है। या तो उनकी इच्छा पूरी कर दे या क्या बिगड़ रहा है। सब कुछ ऐसे ही चलता रहेगा।"

माँ ने आँसू पोंछे और धीमे से मुड़के बाहर चली गईं। दरवाज़ा फिर बन्द हो गया।

(हैमलेट को एडिक्शन का मतलब सालों बाद समझ में आया...जब वो ख़ुद इसका शिकार हो चुका था। मगर उस वक़्त उसमें बेपनाह नफ़रत पनपी। ग़ुस्सा आया! काश कि न आता।)

उसका ग्वालियर साइंस कॉलेज में पहला साल चल रहा था। और साथ ही कला मन्दिर में भी।

"मैं नाटक तो करूँगा। ये मेरा पैशन है।"

"क्या मिल जाता है तुम्हें स्टेज पर चढ़ के?" वो रूखे स्वर में बोले।

"एक्सप्लेन करना मुश्किल है।"

"इससे पढ़ाई में बाधा नहीं पड़नी चाहिए।" और दरवाज़ा खुला और फिर बन्द हो गया।

उसे 'दिल्ली तेरी बात निराली' में रोल मिल गया था। छोटा सा रोल था। 'हकलू' का। उसे लेफ़्ट विंग से पिटते हुए आना था। और शहर कोतवाल की चाबुक से पिटते हुए राइट विंग से गिरते-पड़ते बाहर निकल जाना था।

"ऐन एक्टर नीड्स वन लाइन इन हिज़ लाइफ़ टू शो दैट ही इज़ ऐन एक्टर!"

सालों बाद राष्ट्रीय नाट्य विद्यालय में डॉ. अनुराधा कपूर उससे बोली थीं।

"ये कर लेगा?" नाटक के लेखक प्रेमचन्द कश्यप सोज़ बी.एम. शाह से बोले थे।

नाटक हुआ था।

"ग़ज़ब हो यार। सिर्फ़ दो मिनट का रोल था।" नाटक के बाद रमाकान्त विश्नोई ने उससे हाथ मिलाया था।

"धन्यवाद सर। आप तो बहुत ही बढ़िया एक्टर हैं।"

"एक जगह चलोगे? किसी से मिलाना है!"

और अगले दिन वो झाँसी रोड स्थित रंग श्री लिटिल बैले ट्रुप में श्री प्रभात गांगुली के सामने बैठा हुआ था।

एल.बी.टी. देश का माना हुआ संस्थान था। वहाँ नाटक का एक अलग विंग था। वहाँ 'कंबलों की परतें' में वो विश्नोई को अभिनय करते देख चुका था।

झाड़ उद्यान से ओत-प्रोत एल.बी.टी. परिसर में कुछ अलग ही बात थी। वहाँ अन्दर कलाकारों के रहने के कमरे बने हुए थे।

दो बड़े हॉल थे जहाँ पर रिहर्सल हुआ करती थी। और दिन-भर आर्ट की बातें। वहाँ के जादू से बच पाना मुश्किल था।

"कला मन्दिर अच्छा संस्थान है। बस पॉलीटिक्स बहुत है।"

अपने कमरे में बैठे हुए प्रभात गांगुली बोले। वो वहाँ के प्रिंसिपल कोरियोग्राफ़र थे। और देश विदेश भ्रमण कर चुके थे। हिन्दुस्तान के जाने-माने लोगों में उनका नाम था। उन्हें 'संगीत नाटक एकेडमी' पुरस्कार मिल चुका था।

"आर्ट सिर्फ़ आर्ट सेक के लिए होना चाहिए। उसमें कुछ और इच्छा जुड़ जाता है...तो वो ख़ड़ाब हो जाता है। ये प्रोफ़ेशनल बैले ट्रुप है। पैसा कमाना हमाड़ा धड़म

है। इससे हम लोगों का फ़ैमिली चलता है। लेकिन नाटक हम शौक़िया तौड़ पर कड़ते हैं। एंड ओनली क्लासिक्स आर परफ़ार्म्ड बाई द बैनर ऑफ़ एल.बी.टी.!"

संताप को उनकी बात अच्छी लगी।

"मुझे तुम्हाड़ा परफार्मेंस बहुत अच्छा लगा। दिल्ली तेड़ी बात निड़ाली में।" उन्होंने अपनी बंगाली मिश्रित हिन्दी में कहा, "इसीलिए ड़माकान्त से बोले कि मिलवाओ कभी। आओ बाहड़ चलते हैं। शाम हो गई है।"

सब कमरे से बाहर आए। दाईं तरफ़ को रिहर्सल रूम में कम-से-कम साठ तरह के संगीत वाद्ययंत्र रखे हुए थे। उसमें से सितार पर हैमलेट की नज़रें गड़कर रह गईं।

"नमस्कार दादा!" एक आवाज़ आई और हैमलेट मुड़ा। और विस्फारित नज़रों से सामने की ओर देखता रह गया। वहाँ एक बीस साल की लड़की खड़ी हुई थी।

"आ जाओ जी। संताप। ये हमाड़ा ट्रुप की प्रोप्राइटर हैं। संगिनी द्विवेदी!" उन्होंने बाँहें फैलाते हुए कहा।

और हैमलेट पलक झपकाना भूल गया था। उस वक़्त उसके दिमाग़ में सिर्फ़ एक ख़याल आया कि इस लड़की की निश्छलता किसी को ज़िन्दगी भर के लिए हतप्रभ कर सकती है।

हैमलेट की ज़िन्दगी बदल चुकी थी। उसने कलामन्दिर आधिकारिक तौर पर छोड़ दिया था। वर्मा जी बहुत नाराज़ हुए थे। और शाह जी बहुत ख़ुश।

"एल.बी.टी. से बढ़िया संस्थान तुम्हें दूसरा नहीं मिलेगा। वहाँ आर्ट बसता है। प्रभात गांगुली से बढ़िया बातें सीखोगे। कलामन्दिर में वाक़ई पॉलिटिक्स है। अपने निर्णय पर क्षोभ मत करना।"

अब वो सुबह साइंस कॉलेज जाता। और तारों की बाढ़ पार करके एल.बी.टी. पहुँच जाता। (एल.बी.टी. साइंस कॉलेज से बिलकुल सटा हुआ था।) फिर वो वहाँ बैठके सितार बजाता। (ये उसका नया शौक़ था।) फिर दोपहर में वहाँ से निकलकर सीधा घर आता। फिर खाना खाता। और फिर ठीक दो बजे चिरन्तन धर्म मन्दिर कन्या विद्यालय के गेट पर खड़ा मिलता। और फिर इन्तज़ार...

संगिनी

"वो अट्ठाईस साल की हैं। लगती बीस की हैं।" रमाकान्त विश्नोई अपने घर में हवन की सामग्री जमाते हुए बोले।

"आठ साल पहले मुरैना हाइवे पर एक कार एक्सीडेंट हुआ था। उसमें उनके पिताजी, भाई और भाभी चल बसे। भरी जवानी में चिरन्तन धर्म मन्दिर कन्या विद्यालय में सर्विस कर ली। दौलतगंज में रहती हैं, अपनी माँ और अपनी छह साल की भतीजी के साथ..."

"इतनी सरल? एकदम शीशे की माफ़िक़?" विश्नोई हँस दिये।

"एकदम पारदर्शक है। जो अन्दर है वही बाहर। उनके आकर्षण से बच पाना निहायत ही मुश्किल काम है।"

और हैमलेट वाक़ई उनके आकर्षण से नहीं बच पाया था।

"मुझे रिहर्सल हॉल में झाड़ू लगाना बहुत पसन्द है। और बैकस्टेज में काम करने के लिए तो मैं मरी रहती हूँ। बस कोई स्टेज पे खड़ा मत करो। वहाँ मेरा दम निकलता है।"

संगिनी झाड़ू एक तरफ़ रखते हुए खिलखिलाईं। उन्हें खिलखिलाने का बड़ा शौक़ था।

"तू मेरे बड़ा क़रीब आ गया है और वो भी बहुत ही कम वक़्त में। तेरे साथ मैं घंटों बैठ सकती हूँ। तू सुनता बहुत अच्छा है। और बात करना मेरी सबसे प्रिय हॉबी है।" वो बाहर पत्थर पर बैठके फिर खिलखिलाईं।

वो हैमलेट की साइकिल के कैरियर के पीछे बैठी थीं। हैमलेट उन्हें घर छोड़ने जा रहा था।

"पापाजी और भैया जब थे तो घर में ख़ूब रौनक़ रहती थी। फिर एक दिन अचानक सब ख़ामोश हो गया।" उनकी डूबी-सी आवाज़ आई। "उस दिन मैंने फ़ैसला कर लिया कि ज़िन्दगी में हमेशा हँसती रहूँगी। भगवान ना करे...मगर कौन कब चला जाए, कुछ नहीं मालूम।" और उनकी खिलखिलाहट फिर चालू हो गई।

हैमलेट ऐसे ही एक दिन उनके स्कूल की छुट्टी के वक़्त उनके स्कूल के गेट पहुँच गया था। फिर दोनों साथ-साथ घर आए। उनके घर में उनकी माँ से मिला। छोटी चाँदनी से भी।

"अपना स्कूल और ट्यूशन पूरी करके मैं रोज़ शाम को एल.बी.टी. पहुँच जाती हूँ। वहाँ मुझे बहुत अच्छा लगता है। एकदम हल्की हो जाती हूँ। दिन-भर की थकन उतर जाती है।" उन्होंने चाय का कप उठाते हुए कहा।

हैमलेट उनमें डूबता जा रहा था।

हाँ प्रिये तुम हो निकट निःशब्द मेरे पास में
श्वास में हो तुम उपस्थित तुम अटल विश्वास में...

वो रुका। सामने पत्थर पर बैठे विश्नोई विभोर से बोले—

"आगे?"

क्यों प्रणय का हो निवेदन
या निमंत्रण दृष्टि भेदन
क्यों रहे आवेग देह में
क्यों रहे ये देह नेह में
मूक बैठें दो ही प्राणी
ना हो स्मरण क्या है वाणी
प्रेम ही बस हो निरन्तर
काल ना बन पाए अन्तर
स्वर्ग ही तो है छिपा
इस अनकहे आभास में...
हाँ प्रिये तुम हो निकट निःशब्द मेरे पास में...

अन्दर रिहर्सल चल रही थी। नाटक था जयवन्त दलवी का 'अरे शरीफ़ लोग!' ये हैमलेट की पहली प्रमुख भूमिका थी।

अभी उसका दृश्य आने में वक़्त था। दोनों बाहर पत्थर पर बैठे हुए थे। सामने एल.बी.टी. का उद्यान लहलहा रहा था।

"बहुत सुन्दर। प्रेरणा कहाँ से मिली?" विश्नोई के स्वर में शरारत थी।

"वो छोड़िए। कैसी लगी?"

वो रुके। फिर बोले—"कम उम्र में भारी लफ़्ज़। क्या सोचा है ज़िन्दगी के बारे में? क्या करोगे कॉलेज के बाद?"

"अभी तो सब कुछ धुँधला है।"

"राष्ट्रीय नाट्य विद्यालय का नाम सुना है?"

और अचानक निर्देशक डी.के. जैन साहब ने रिहर्सल रूम से झाँका।

"संताप! तुम्हारा सीन आ गया। ज़रा ध्यान रखा करो यार।"

" ओह सॉरी," वो उठ गया।

"तू कई बार मेरी तरफ़ देखता रह जाता है। क्यों?" संगिनी ने हवा में आँचल लहराते हुए पूछा।

दोनों मांडरे की पहाड़ी पर पत्थरों पर बैठे हुए थे। संगिनी का परिवार माता के दर्शन करने ऊपर गया हुआ था। शाम का वक़्त था। हवा बहने लगी थी।

"बोल" संगिनी ने उसे ठहोका दिया...वो चौंका।

"मतलब...ऐसे ही।"

"बहुत पसन्द करता है ना मुझे?" वो शरारत से मुस्कराईं।

"अं...वो तो है" वो भी हँसा।

"वो भी बहुत पसन्द करता है।"

"वो कौन?"

"विश्वास।"

"विश्वास?" वो अब भी नहीं समझा।

"विश्वास उपाध्याय। मेरे बचपन का दोस्त, मेरा प्रेमी।"

हैमलेट के दिल में मानो घूँसा लगा।

"मेरे जीवन की धुरी। मेरा सब कुछ।"

हैमलेट अवाक् था।

"तुझसे कहने का पता नहीं क्यों मन कर रहा है। विश्वास मेरे बचपन का दोस्त है। दिल्ली में सी.ए. कर रहा है। अगर ये हादसा नहीं हुआ होता तो हम दोनों की अभी तक शादी हो गई होती।"

हैमलेट के अन्दर मानो घूँसे पड़ रहे थे।

"वो माँ और चाँदनी को साथ रखने को तैयार है। ऐसे लोग आजकल मिलते कहाँ हैं। वो वाक़ई देवतुल्य है मेरे लिए।"

हैमलेट देख रहा था। वो कहीं और देख रही थी।

फिर एक साँस लेके उसकी तरफ़ मुड़ीं।

"तुझसे मैं हर तरह की बात कर जाती हूँ। नहीं?"

हैमलेट चुप था।

"तू अच्छा है। बहुत ही अच्छा!" उन्होंने उसके हाथ पे हाथ रखा।

"बुआ। हम आ गए," नन्ही चाँदनी ने चहकते हुए एंट्री ली।

"अरे मेरी बन्नो," उन्होंने उसे भींच लिया।

अगले दिन रिहर्सल में उसका दिल नहीं लगा।

"मैं ये कर नहीं पा रहा सर।"

"अरे क्या है इसमें?"

"आप करके दिखा दीजिए।"

संगिनी उसे दरवाज़े से बहुत ध्यान से देख रही थी।

बाहर विश्नोई उससे बोले—"मैंने तुमसे राष्ट्रीय नाट्य विद्यालय के बारे में पूछा था।"

"जी मेरी इच्छा नहीं है। मैं यहीं मरूँगा।" उसने खिन्न स्वर में बोला।

संगिनी उसे बहुत ध्यान से देख रही थी।

प्रभात दा की आवाज़ आई।

"संगिनी को कौन ले जाएगा?"

"मैं संताप के साथ जाऊँगी।"

"मुझे कुछ काम है। आप किसी और के साथ चली जाइए।"

"चल।" उन्होंने उसकी बाँह पकड़ी।

महल वाली रोड पर साइकिल चली जा रही थी। वो पीछे बैठी थीं। दोनों चुपचाप थे। थोड़ी देर बाद वो बोलीं।

"अगर मैं ग़लत नहीं हूँ तो तुझे कल वाली बात का बुरा लगा?"

वो ख़ामोशी से साइकिल चला रहा था।

"बोल?"

वो कुछ देर बाद बोला—"मुझे क्यों बुरा लगेगा?"

वो चुप रहीं। फिर बोलीं—"संताप। तू विश्वास के बाद मेरी ज़िन्दगी में आने वाला सबसे क़रीबी पुरुष है। अगर ऐसे बात करेगा तो मैं बात करना छोड़ दूँगी?"

"मत कीजिए बात। मुझे क्या फ़र्क़ पड़ेगा?"

"तुझे कोई फ़र्क़ नहीं पड़ेगा?" उनका स्वर डबडबा गया।

"नहीं।" हवाओं में पैडल की आवाज़ गूँजती रही।

और वो दोनों संगिनी के मकान के बाहर खड़े थे।

वो उतरीं। वो वहीं खड़ी रहीं। हैमलेट भी रुका रहा।

उन्होंने संताप के हाथ में हाथ रखा।

"तू मुझसे आठ साल छोटा है संताप!" उनकी आवाज़ पास के अँधेरे में गूँजी।

"मेरी ग़लती है?" हैमलेट जली आवाज़ में बोला।

"कल स्कूल के बाहर मिलेगा? दो बजे। वादा कर।"

"अब मैं कभी नहीं मिलूँगा।" और ये कहके हैमलेट ने साइकिल आगे बढ़ा दी।

और अगले दिन वो संगिनी के स्कूल के सामने हाज़िर था। वो उसे देखके मुस्कराई।

"चल। आज सुभाष मार्केट की कॉफ़ी पीते हैं।"

बद अच्छा बदनाम बुरा

ग्वालियर वाक़ई बहुत छोटा शहर था। और देखने वालों की निगाहें बहुत ज़्यादा।

"देख संताप। बातें तो हो रही हैं। ग्वालियर छोटा सा शहर है। कल आई ने भी मुझसे पूछा था।" (उसकी माँ पद्मा विद्यालय स्कूल की प्राध्यापिका थीं। शिक्षक समुदाय में ऐसी बातें आग की तरह फैलती हैं।)

कम्पू स्थित मराठे का मकान था। ऊपर पंखा चल रहा था। पास ही प्रमाद दुबे बैठा हुआ था।

प्रमाद उसका नया दोस्त था। भारी शरीर, भोला-भाला और बेवकूफ़ी की हद तक ज़िद्दी।

"अरे। हमारे तो सम्बन्ध नहीं हैं यार।"

"अरे तो जो सम्बन्ध हैं बता क्यों नहीं देते?" प्रमाद की गम्भीर आवाज़ थी।

"अरे क्या बताऊँ? किसको बताऊँ?"

"अपने घर वालों को बताओ? दुनिया वालों को बताओ?"

"अरे कुछ हो तो बताऊँ यार। तुम तो समझो?"

"हमसे अधिक और लोगों का समझना ज़रूरी है। उन्होंने तुम्हें पाला है। क्या ये ही अहसान चुका रहे हो उनकी परवरिश का?"

"तू तरीक़े से बात करेगा?" वो तैश में आ गया था।

"बातें तो चल रही हैं संताप। इससे पहले कि आग की शक्ल लें, इनको दबा दे।" मराठा बोला, "हम तो समझते हैं...लेकिन फ़िलहाल दूसरों का समझना ज़रूरी है।"

"तुम करना क्या चाहते हो ज़िन्दगी में? और उसमें दिक़्क़त क्या है?"

रात के नौ बजे का वक़्त था। मेडिकल कॉलेज की रोड के पास कटोरा ताल की शान्ति थी। ताल के निर्मल जल में चारों तरफ़ लगी नियोन लाइट्स की छाया चमक रही थी।

"मैं बस पढ़ना नहीं चाहता।"

"ग्रेज्युएशन ज़रूरी है, किसी भी काम के लिए।"

"मैं वो भी पूरी नहीं कर पाऊँगा।"

रमाकान्त विश्नोई गुरु का रूप ले चुके थे। उससे बारह साल बड़े विश्नोई का धीर-गम्भीर व्यक्तित्व था। ज्ञान-ध्यान में भरोसा रखने वाले विश्नोई से वो सारी बातें कह देता था।

"उससे पहले तुम्हें कुछ और करना पड़ेगा।"

"क्या...?" उसने सर उठाया।

"ग्वालियर में संगिनी के साथ तुम्हारा मसला गम्भीर रूप ले चुका है। तुम्हें इसका भान है? "

वो सन्न रह गया। ये बात इतनी तूल पकड़ जाएगी इसका उसे एहसास ही नहीं था।

"तुम रोज़ सुबह उनके मकान से उन्हें लेने जाते हो। फिर उन्हें दोपहरी में रोज़ छोड़ने जाते हो। एल.बी.टी. से वापस हुए भी पूरा शहर तुम्हें देखता है।"

वो चुप था। फिर बोला—"आपको भी इसमें कुछ ग़लत लगता है?"

"मेरे लगने ना लगने से कुछ नहीं होता। हम सभ्य समाज में जीते हैं। उसके कुछ मूल्य का पालन करना हमारा कर्तव्य बनता है। ऐसा ना हो कि ये सब कुछ भीषण बन जाए? इन बातों को अन्धड़ बनते देर नहीं लगती।"

और बातें अन्धड़ बन चुकी थीं। उसके घर तक पहुँच चुकी थीं।

"ये कौन लड़की है? इससे इतनी बड़ी है। कम-से-कम उसको तो समझना चाहिए?" जिद्दा बोली थीं।

"मुझे मिल जाए तो मैं कलमुँही का मुँह नोच लूँ।" माँ जलकर बोली थीं।

"तुझे क्या घर बैठे मिल जाएगी? उसके स्कूल जा और उससे पूछ कि मेरे बेटे की ज़िन्दगी बरबाद करने का ठेका ले रखा है?"

और वो भोली-भाली देहातिन औरत वाक़ई जिद्दा की बातों में आके चिरन्तन धर्म मन्दिर स्कूल पहुँच गई थी।

माँ वहाँ खड़े हुए चिल्ला रही थीं।

"बाहर निकालो उस कलमुँही को। फँसाने के लिए मेरा बेटा ही मिला?"

संगिनी अन्दर दुबकी रो रही थीं। उनकी सहयोगी वृंदा मुश्किल से माँ को समझा पाई थीं।

"देखिए। ये कन्या विद्यालय है। आपकी भी कोई बेटी होगी?" उस दिन परिसर में कम लड़कियों की मौजूदगी में बात दब तो गई थी मगर फिर भी फैल गई थी।

हैमलेट आग की तरह संगिनी से मिलकर निकला। साथ में मोटरसाइकिल पे मराठे था।

"मेरी बात सुन। जल्दबाज़ी से काम ना ले।"

"तू मुझे घर छोड़ और वापस जा।"

हैमलेट अपने घर में घुसा था। ड्राइंग रूम में सब लोग बैठे थे।

वो सीधा अपने कमरे में गया था। दरवाज़ा बन्द किया था। अन्दर से ताज़ा ब्लेड निकाला था।

उसके कमरे का दरवाज़ा खुला था। वो ख़ून से लथपथ बाहर आया था। उसके हाथ का ब्लेड रंगा हुआ था।

"अरे," मराठे आगे बढ़ा था!

"बस," उसने हाथ बढ़ाया था। "आज के बाद बाप-बेटे का रिश्ता ख़त्म हुआ। अब ज़िन्दगी भर 'सर' कहूँगा।"

कुर्सी पर बैठे पिताजी भौंचक्के थे।

"और तू सुन रंडी...! तूने ही माँ को भड़काया है ना? वरना उनकी इतनी हिम्मत नहीं हो सकती थी।"

जिद्दा पल्लू में मुँह ठूँसे फफक पड़ी थीं।

"अरे मेरे बेटे को फँसा रही थी? मैं चुप रहूँगी? पूरे स्कूल के सामने बोलकर आई हूँ।"

और 'खच्चाक' उसके हाथ का ब्लेड घुसा था।

उसकी बाँह से ख़ून का फ़व्वारा उठा था।

"भैया प्लीज़।" और पास बैठी रेवा ने एक कपड़ा कसकर सर पर बाँधा था। जिसको अब काफ़ी दिनों तक बँधा रहना था। उसके चेहरे पर तकलीफ थी।

"आप ऐसी बेवकूफ़ी कर कैसे सकती हो माँ?" और वो रोती हुई अन्दर चली गई थीं। मराठे और भोले चाचा चुप खड़े थे। ख़ामोश!

राष्ट्रीय नाट्य विद्यालय

"हर इनडिसिप्लिन में एक डिसिप्लिन होता है। देखने का नज़रिया चाहिए।" विश्नोई बोले थे। "जिसको हम समझते नहीं, उसको चमत्कार बोल देते हैं। आँखें खोलकर देखेंगे तो वही हक़ीक़त होती है।"

वही कटोरा ताल था। वही रात की ख़ामोशी। वही निर्मल जल और वही पानी से झाँकती नियोन लाइट्स।

वो दोनों बैठे थे। फ़रवरी की सर्दी में। पूरा ग्वालियर ठिठुर रहा था।

वो विश्नोई को गुरु मान चुका था। उसने विश्नोई के तत्त्वावधान में पूरा विवेकानन्द पढ़ डाला था। कर्मयोग, राजयोग, भक्ति और वेदान्त। अब भगवद्गीता पर उसकी नज़र थी। ये अध्यात्म से उसका पहला परिचय था।

उस ब्लेड कांड को हुए तीन महीने गुज़र चुके थे।

"तो। क्या सोचा?" विश्नोई बोले।

"ग्वालियर छोड़ना है।"

"कोई तरीक़ा है?"

वो चुप रहा। फिर...

"मालूम नहीं।"

"राष्ट्रीय नाट्य विद्यालय में क्या बुराई है? नाटक तुम करते हो। यहाँ से बाहर निकलने का भी मौक़ा मिलेगा।"

"मैं नाटक को पेशेवर तौर से अख़्तियार नहीं करना चाहता।"

"तुम पढ़ना चाहते नहीं, परीक्षा में बैठ नहीं सकते। अटेंडेंस पाँच परसेंट है। तो क्या ज़िन्दगी भर ब्लेड ले के हाथ-पैर काटते रहोगे?" वो तैश में आ गए।

चारों तरफ़ ख़ामोशी थी।

"एक बार इंटरव्यू दे दो। फिर इच्छा हो तो नहीं जाना।"

"आप क्यों नहीं गए वहाँ? आप तो बहुत बढ़िया एक्टर हो?"

"अरे मेरी दिशा बदल चुकी है यार। मैं किसी और तरफ़ निकल चुका हूँ।"

वो उसे कभी-कभी समझ में नहीं आते थे।

"एन.एस.डी. का फ़ॉर्म घर पर रखा हुआ है। मैंने अपने लिए मँगवाया था। उसको भरते हो?"

वो चुप रहा। फिर बोला—"घर वालों को बता दूँ?"

"बताना ही पड़ेगा। उनसे पूछे बग़ैर जाओगे क्या? इतना डरते क्यों हो?"

"डरता नहीं।"

"तुम्हारे अन्दर बेहद डर है संताप। मैं शुरू से देख रहा हूँ। ये बचपन की घटनाओं की वजह से भी हो सकता है या फिर पूर्वजन्म के संस्कार इसका कारण है। और वो किया जो मैंने बतलाया था?"

उन्होंने उसे साँस साधने की एक यौगिक क्रिया बतलाई थी।

"ये शान्ति उसी से आई है। तभी इतना सन्तुलित हूँ।"

"एक क़दम और आगे लेने की कोशिश करो!"

"क्या?"

"तुम दिमाग़ को धीरे-धीरे विचारहीन अवस्था में लाओ। तुम सिगरेट पीते नहीं, शराब का शौक़ भी अभी तक दूर है। और शायद कुँवारे भी हो अभी तक।" वो हँसे। "और साथ में जिद्दी भी। ये सारी परिस्थितियाँ योग के अनुकूल हैं। इसे करो। ईश्वर सब भली करेगा।"

और उस रात हैमलेट अपने कमरे में बैठ गया था, सुख़ासन में। ध्यान केन्द्रित करने की कोशिश की। पहले तो विचार ही विचार घुमड़ते रहे। फिर धीरे-धीरे वो नियंत्रण में आने लगे, कम-से-कम आंशिक तौर पर ही सही।

एक रात संताप बैठा हुआ था। अचानक उसे अहसास हुआ कि उसकी साँस धीमी पड़ने लगी। फिर उसे अहसास हुआ कि वो साँस ले ही नहीं रहा। हर तरफ़ हर चीज़ रुक गई थी। (सालों-साल बाद उसने जाना कि इसे ही विपश्यना कहते हैं।) उसे धीरे से कॉन्वेंट की लाइब्रेरी के सामने का अनुभव याद आया। उसकी आँखों के सामने रौशनी छाने लगी। उसका पूरा वजूद उस रौशनी से नहा गया था।

उसके दिमाग़ के सारे विचार धुल गए थे। कोई दुख नहीं था, क्लेश नहीं था, तकलीफ़ नहीं थी, परेशानी नहीं थी। वो तरंगित हो चुका था। अचानक उसके चेहरे पर मुस्कान आ गई। उसे अब डर नहीं लग रहा था। और अचानक उसकी आँखें खुल गईं।

कमरे में अँधेरा था। ऊपर सीलिंग फ़ैन चल रहा था। उसकी आवाज़ उसे बड़ी मधुर लग रही थी।

उसने धीमे से दरवाज़ा खोला। और बाहर आ गया।

ड्राइंग रूम में प्रभाष सो रहे थे।

उसने ऊपर का दरवाज़ा खोला और छत पर चला आया।

आज इमली का पेड़ उसे सुहाना लग रहा था। उसके भूत-प्रेत ग़ायब हो चुके थे। चारों तरफ़ चाँदनी छिटक रही थी। अँधेरे कोने में अपनी बनाई हुई पत्थर की मूर्ति चमक रही थी।

उसने अपने माथे को छुआ। इतनी ठंड में भी उसके माथे पर पसीना था। मगर उसे गर्मी नहीं लग रही थी।

लगभग आधे घंटे वो तन्द्रा की अवस्था में रहा।

अगले दिन उसने पूरे परिवार की मीटिंग बुलाई थी। सब इकट्ठा थे ड्राइंग रूम में।

उसने शान्ति से सबको बतलाया कि वो साइंस नहीं पढ़ेगा। वो एन.एस.डी. जाएगा। नेशनल स्कूल ऑफ़ ड्रामा। और ये बताते हुए उसने पाया कि वो ना तो ज़रा भी डरा और ना ही आवेश में आया।

पिताजी ख़ामोश स्वर में बोले—"ये कहाँ है?"

"दिल्ली में। राष्ट्रीय स्तर का संस्थान है। वहाँ नाटक को वैज्ञानिक तौर पर पढ़ाते हैं। नदीम शाह और सोम पुरी यहीं से निकले हैं।" (इन दोनों ने सिनेमा में अपनी ख़ासी पहचान बना ली थी।)

"इसका एडमिशन कैसे होता है?"

"दो इंटरव्यूज़ होते हैं। एक प्रिलिमिनेरी। दूसरा मेन। उसके बाद स्कॉलरशिप। तीन सालों का ख़र्चा गवर्नमेंट उठाती है।"

"क्वालिफ़िकेशन?"

"मेरी है!" उन दिनों एन.एस.डी. की क्वालिफ़िकेशन बारहवीं कक्षा होती थी।

"कितनी सीट्स हैं...?"

"बीस। मध्य प्रदेश से दो का होता है।"

पिताजी फिर बुझ गए थे, "और तुम समझते हो कि तुम्हारा हो जाएगा?"

"कोशिश करने में क्या हर्ज है?" हैमलेट का स्वर सन्तुलित था। उसे ख़ुद पर आश्चर्य हो रहा था।

"करो," प्रभाष बोले। और कोई चारा नहीं था।

उसने डीडवाना ओली स्थित विश्नोई के घर जाकर फ़ॉर्म भरा और पोस्ट कर दिया।

उसको इंटरव्यू का कॉल आ गया था। वो दिल्ली जाकर इंटरव्यू दे आया दोनों!

उसको स्टेट स्कॉलरशिप की ज़रूरत नहीं पड़ी। उसको सेंट्रल की स्कॉलरशिप मिल गई थी। उसने इंटरव्यू में टॉप किया था।

ज़िन्दगी में पहली बार पिताजी स्तम्भित देखे गए। उनकी ख़ुशी का पारावार नहीं रहा। (नदीम शाह और सोम पुरी की वजह से नेशनल स्कूल ऑफ़ ड्रामा की छवि काफ़ी ऊपर पहुँच गई थी।)

अगले दिन उसकी ट्रेन थी।

"अच्छी जगह जा रहे हो। योग-ध्यान करते रहना। सब ठीक होगा," विश्नोई बोले।

प्रभात दा से वो पहले ही आशीर्वाद ले चुका था।

संगिनी बोलीं—"बधाइयाँ। ग्वालियर को भी अफ़वाहों से थोड़ी मुक्ति मिलेगी। लेकिन याद बहुत आओगे।" उनकी आवाज़ छलछला आई थी। "मेरे लिए स्कूल वाली सड़क सूनी हो जाएगी।" उनका गला रुँध गया था।

स्टेशन पर ताज एक्सप्रेस ने सीटी दी।

उसे बहुत सारे लोग छोड़ने आए थे। ग्वालियर के युवा रंगकर्मी। (उन दिनों एन.एस.डी. में एडमिशन बहुत बड़ी चीज़ होता था। आज भी है।)

पिताजी ख़ुशी से विभोर हो रहे थे। काश कि उनकी ख़ुशी को वो समझ पाता।

"अब तुमसे सिलवर स्क्रीन पर ही मुलाक़ात होगी।"

प्रमाद के लिए एन.एस.डी. का मतलब सिनेमा ही था।

"बड़ा अच्छा लग रहा है यार। तुझे लाइन मिल गई।" मराठे बोला।

"तुमने नाम ऊँचा कर दिया यार।" प्रदीप भाई बोले।

प्रवेश साहनी सिर्फ़ हाथ हिलाते हुए मुस्करा दिये।

ये ताज एक्सप्रेस की आख़िरी सीटी थी। हैमलेट अन्दर चढ़ गया था।

ट्रेन ने खिसकना शुरू कर दिया। सब लोग हाथ हिला रहे थे।

हैमलेट के चेहरे पर मुस्कान थी कि अब कुछ मनचाहा करने को मिलेगा।

ज़िन्दगी सँभलने वाली थी या बिखरने वाली थी, इसका तो उसे अहसास नहीं था। हाँ, ये ज़रूर था कि बदलने वाली थी।

उसे नहीं मालूम था कि उससे भयानक भूल हो गई थी।

दिल्ली और स्ट्राइक

एन.एस.डी. में उस वक़्त तहलका मचा हुआ था।

अलक़ाज़ी साहब का स्वर्णिम युग ख़त्म हो चुका था। उसकी जगह सँभाली थी श्री ब.व. कारन्त ने। और इसी साल कारन्त जी की जगह आए थे श्री बी.एम. शाह जो इत्तेफ़ाक़ से हैमलेट की भी ज़िन्दगी के पहले निर्देशक थे।

ये 1983 की बात थी।

उन दिनों किंगफ़िशर बीयर की बोतल बारह रुपए की आया करती थी। गोल्ड फ़्लेक किंग साइज़ का पैकेट छह रुपए का और निरोध कंडोम पैंतीस पैसे का। (हैमलेट का इन तीनों चीज़ों से अब तक कोई वास्ता नहीं था। बाद में ज़रूरत से ज़्यादा हो गया था।)

मुल्क की बात करें तो मुल्क जल रहा था मगर लपटें रसोईघर तक नहीं पहुँची थीं। मगर इनके पहुँचने का इन्तज़ार उतने ही सब्र और हुनर के साथ हो रहा था जितना सन् 1947 के बाद से होता आया था।

पंजाब सुलग रहा था। कश्मीर झुलस रहा था। बाक़ी हिन्दुस्तान की हालत भी कम बदतर नहीं थी।

भारतीय जनता पार्टी अपनी भ्रूणावस्था में थी। कांग्रेस का बोलबाला था। सी.पी. एम. हमेशा की तरह तिलमिला रही थी।

विद्यालय में स्टूडेंट यूनियन खुल चुकी थी। छात्रों की पढ़ाई के अलावा और सब कामों में रुचि बढ़ गई थी जिसमें कक्षाओं का बहिष्कार से लेकर बिना बात की स्ट्राइक भी शामिल था।

अभिनय में रुचि अब भी थी और उसको लेकर ख़ूब बातें होती थीं। लेकिन जब अभिनय के प्रशिक्षक आया करते थे तो सारी मारामारी इस बात की होती थी कि किसको कैसी भूमिका मिली। जिनको छोटी भूमिका मिलती थी वो अपना अलग ग्रुप बनाकर रिहर्सल का बहिष्कार करते थे। परिणाम एक और स्ट्राइक के रूप में होता था।

अक्सर कार पार्किंग के पेड़ के नीचे छात्र बैठे नज़र आते थे। विषय अभिनय होता था मगर बात नदीम शाह और सोमपुरी की महानता से आगे नहीं जा पाती थी।

कक्षाएँ सुबह से लगती थीं जिनमें छह बजे की योगा क्लास का इस्तेमाल छात्र अपने हॉस्टल में सोने के लिए करते थे। वो आते भी थे तो शवासन का इन्तज़ार करते थे क्योंकि उस आसन में 'ऑफ़िशियली' सोने का मौक़ा मिलता था।

उसके बाद नाश्ता करने मैस जाया करते थे जो कि गर्ल्स हॉस्टल के पास था। लड़कों का हॉस्टल स्कूल से कुछ ही दूर वकील लेन में था।

हाँ, लड़कों का हॉस्टल काफ़ी शानदार था। टाइल्स लगे बाथरूम्स थे जिसमें नहाकर छात्रों को आंशिक रूप से अपने अभिनेता होने का नाट्य बोध हुआ करता था। वहाँ से बहावलपुर हाउस का रास्ता वॉकिंग डिस्टेंस था।

प्रथम वर्ष के छात्रों के लिए दो डॉरमैट्रीज़ थीं। दूसरे वर्ष से हर दो छात्र को अपना एक अलग कमरा मिलाता था।

बहावलपुर हाउस में विद्यालय से लगा हुआ कत्थक केन्द्र का गर्ल्स हॉस्टल था। उसमें प्रख्यात नर्तक श्री बिरजू महाराज की शिष्याएँ रहा करती थीं। बिरजू महाराज कत्थक केन्द्र में कत्थक सिखाया करते थे। छात्र बड़ी बेसब्री से कत्थक कक्षाओं

के छूटने का इन्तज़ार किया करते थे। फिर होते थे नैन मटक्के, फिर चुहलबाज़ियाँ, फिर कनखियाँ और ये शृंखला बाहर भगवान दास रोड पर स्थित ओमी की फ्रूट चाट सेंटर के पास लगी अलका चाय वाले की दुकान पर जाकर टूटती थी। किसी की क़िस्मत अच्छी हो तो बात बंगाली मार्केट में नाथू स्वीट हाउस तक भी जाती थी। लेकिन ये तय बात थी कि दोनों विद्यालय से दो-तीन जोड़े हर साल शादी के मंडप तक पहुँचते थे। (इनमें रोज़मर्रा की अठखेलियों को नहीं गिना जा रहा।)

शिक्षक अब भी अच्छे थे। लेकिन मेकअप रूम में कुलकर्णी साहब की कक्षा में मेकअप के बजाय कुलकर्णी साहब के मुखारविन्द से अलक़ाज़ी साहब के युग की महिमा का ऐसा गुणगान होता था कि छात्र अपने माँ-बाप को कोसते कि उन्होंने उन्हें जल्दी पैदा क्यों नहीं किया जिससे उन्हें भी उस युग का रसास्वादन करने का मौक़ा मिलता।

योगा रूम में अक्सर जनरल बॉडी मीटिंग्स हुआ करती थीं। जिसमें "टट्टी में पानी नहीं आ रहा" से लेकर "खाने में मिर्च बहुत पड़ रही है" जैसी बातें हुआ करती थीं। फिर अभिनय शिक्षकों की चर्चा होती। और उसके बाद छात्र विद्यालय के प्रांगण में रंग आन्दोलन करने निकल जाते।

हैमलेट देख रहा था। सुन रहा था मगर बोल कुछ भी नहीं रहा था।

लेकिन एक बात थी। दिल्ली बहुत ख़ूबसूरत थी। और राष्ट्रीय नाट्य विद्यालय उससे भी ज़्यादा।

बहावलपुर हाउस में स्थित राष्ट्रीय नाट्य विद्यालय में रंग ही रंग थे।

उसके मुख्य द्वार पर रिसेप्शन था। हाल ही में मिस अनिता थामस की नियुक्ति हुई थी। अन्दर जाने पर दाईं ओर एक कॉरिडोर चला गया था दूर तक। उसके दाईं तरफ़ निर्देशक का कमरा था और बाईं तरफ़ उनके पी.ए. का। सारे कॉरिडोर के दोनों तरफ़ पिछले नाटकों के प्रदर्शन के पोस्टर्स लगे हुए थे। आगे एकेडेमिक ब्लॉक था। फिर सीढ़ियाँ चढ़कर क्लासेज़ के लिए कमरे।

फिर नीचे पूरे विद्यालय को आपस में जोड़ने वाला ख़ूबसूरत ओपन एयर गलियारा था जो सीधे मैस में जाकर ख़त्म होता था। उसके सामने गर्ल्स हॉस्टल था।

पूरे विद्यालय में तीन स्टूडियोज़ थे।

स्टूडियो नं. 1 यानी कि योगा हॉल। स्टूडियो नं. 2 यानी कि सर्कुलेशन यूनिट और ऊपर स्टूडियो नं. 3 जहाँ कई फ़िज़िकल एक्सरसाइज़ेज़ हुआ करती थीं। सर्कुलेशन यूनिट में नाटकों के प्रदर्शन हुआ करते थे। (राष्ट्रीय स्तर का संस्थान होने के बावजूद राष्ट्रीय नाट्य विद्यालय के पास अपना कोई प्रेक्षागृह नहीं था।)

मैस छात्र ख़ुद चलाते थे।

चारों तरफ़ घास और पौधे थे। (उसको देखते ही संताप को एल.बी.टी. की याद आ जाया करती थी।)

मुख्य द्वार के बाहर कार पार्किंग थी जिसके किनारे एक नीम का पेड़ था। (कालान्तर में उसको 'अंक एक' थियेटर ग्रुप और संताप त्रिवेदी के ओपन एयर ऑफ़िस के नाम से प्रसिद्ध हो जाना था।)

दिल्ली की कहें तो हैमलेट को ग्वालियर से दिल्ली आके ऐसा लगता था जैसे कि वो सहारा मरुस्थल से अचानक रंग-बिरंगे सुहाने-सलोने नख़लिस्तान में आ गया हो।

मंडी हाउस दिल्ली का सांस्कृतिक केन्द्र था। उसमें सात अलग-अलग सड़कें आ के मिला करती थीं। उसी में से एक भगवानदास रोड भी थी जहाँ विद्यालय उपस्थित था।

मंडी हाउस चारों तरफ़ से घिरा हुआ था। एक तरफ़ जनपथ था तो एक तरफ़ कनॉट प्लेस। एक तरफ़ इंडिया गेट था तो एक तरफ़ प्रगति मैदान। यानी कि चहलक़दमी करने की काफ़ी गुंजाइश थी।

दिल्ली उस वक़्त गतिविधियों से ओत-प्रोत था। सांस्कृतिक गतिविधियों के अलावा राजनैतिक गतिविधियाँ भी अपने उत्कर्ष पर थीं। वो शुरू में ही कॉमरेड बलदेव को याद करके जंतर-मंतर का चक्कर लगा आया था, जहाँ धरना और प्रदर्शन आम बात थी।

हर मौसम के साथ गदराई जाती दिल्ली की छटा ही कुछ और थी। गर्मियों में फफोला हो जाती दिल्ली सर्दियों में बहार का दूसरा नाम थी। और पतझड़ की तो बात ही कुछ और थी। टपकते हुए जामुन, झड़ते हुए पत्ते, चारों ओर लगे फ़व्वारे, उन पर लगी नियोन लाइट्स से दिल्ली महकती फिरती।

बाक़ी ऑटो-रिक्शॉज़ उस वक़्त भी किराए के मामले में बेढंगे थे। संताप ने पाया कि लड़कियाँ भी शाम को आठ बजे के बाद में बाहर निकलने के लिए किसी-न-किसी मर्द का सहारा ढूँढ़ती थीं।

लेकिन बक़ौल शेक्सपियर, समथिंग वाज़ रॉटन इन दी स्टेट ऑफ़ नेशनल स्कूल ऑफ़ ड्रामा! यानी एन.एस.डी. नाम की जगह में बहुत कुछ सड़ा-गला था। और उसके बाद अचानक एक ऐसी घटना या दुर्घटना हो गई जिसने हैमलेट के फ्रस्ट्रेशन में चार चाँद लगा दिये।

आज फिर जनरल बॉडी मीटिंग बैठी थी। सुबह से परिसर में गहमागहमी थी। योगा रूम खचाखच भरा हुआ था। नाथू स्वीट्स वाले ने फिर पंगा कर लिया था।

छात्रों का दस्तूर था कि शाम को छह बजे के बाद विद्यालय छूटते ही वो तीन-चार के ग्रुप्स में बंगाली मार्केट में स्थित नाथू स्वीट्स चले जाया करते थे।

वहाँ एक चाय पे घंटों विलियम शेक्सपियर पर चर्चा करना उनका प्रमुख शग़ल था। अब शेक्सपियर भी कमबख़्त कई सौ कीड़े छोड़कर गया था जो दो घंटे की चर्चा के पहले मरते नहीं थे। शाम के इन दो घंटों में नाथू स्वीट्स की दुकानदारी के 'पीक' अवर्स हुआ करते थे। उस वक़्त वहाँ के मालिक लोग रंग-चर्चा में डूबे हुए छात्रों से काफ़ी पीड़ित हो जाया करते थे। और आवेश में आकर चाय बन्द कर दिया करते थे। (चाय का दाम मात्र पचास पैसे था।) चाय और भी जगह मिला करती थी लेकिन छात्रों को नाथू स्वीट्स में पसरकर दो घंटे तक बैठने का ख़ून मुँह से लग चुका था। और पाँच तरह की ताका-झाँकी का भी स्कोप था। बेहद गुहार करने के बाद मालिक दिल पर पत्थर रखकर चाय खोल दिया करता था। लेकिन इस बार वो कटिबद्ध था।

मीटिंग बैठी। गहन विचार-विमर्श करने के बाद पाया गया कि सब कुछ सुनियोजित और शान्ति प्रिय ढंग से होगा। क़रीब सत्तर छात्र दो-दो, तीन-तीन के झुंड बनाकर नाथू स्वीट्स हाउस में प्रवेश करेंगे और एक-एक करके सारी टेबलें हथिया लेंगे। उसके बाद अपनी-अपनी टेबल पर पचास-पचास ग्राम भुजिया का ऑर्डर करेंगे। उसके बाद एक-एक दाना उठाकर चुगना शुरू करेंगे। टेबल पर बैठे ग्राहक को संविधान के हिसाब से कोई नहीं उठा सकता। इस बीच ग्राहकों की भीड़ बढ़ती जाएगी। और ये कार्यक्रम तब तक चलता रहेगा जब तक मालिक लोग चाय नहीं खोल देते।

'ऑपरेशन चाय' शुरू हुआ। धीरे-धीरे पूरा नाथू स्वीट्स छात्रों से भर गया। इतवार के होने से भीड़ भी उस दिन ज़्यादा थी। ग्राहक भी हैरान थे कि इतने लोग पचास ग्राम भुजिया हर टेबल पर खा रहे हैं और भुजिया ख़त्म भी नहीं हो रही। बाहर कारों की लाइन खड़ी हो गई।

अब तक ग्राहक कसमसाने लगे थे। उनमें से कुछ पुरानी दिल्ली के लड़के थे। उनके माथे की त्योरियाँ गहरी हुईं। उनमें से एक ने जनार्दन (प्रथम वर्ष) का कॉलर पकड़कर उठा दिया।

"अरे ख़त्म क्यों नहीं करता? इतनी देर क्यों लगा रहा है?"

और जैसे ज्वार टूट पड़ा। उस लड़के पर जैसे सैकड़ों हाथ और लात बरस पड़े। एक तूफ़ान-सा उठ पड़ा स्वीट हाउस में। वो लड़का अपने साथियों के साथ बाहर भागा। स्कूल के छात्र जैसे इसी मौक़े का इन्तज़ार कर रहे थे। वो उसके पीछे भागे। बाक़ी लोग स्वीट हाउस पर टूट पड़े। छनाक, धड़ाम, उठा पटक। बर्तन टूट पड़े थे, किरचें हवा में उड़ पड़ीं, टेबल उलट गए।

और हैमलेट देख रहा था, सुन रहा था, मगर बोल कुछ भी नहीं रहा था। उसके सामने उड़ती हुई कुर्सियाँ थीं, टूटती हुई टेबिलें थीं, टकराती हुई प्लेटें थीं। और अचानक हैमलेट को लगा कि उसने हँसना शुरू कर दिया है। उसे अपने ही अपने ही अन्दर से एक विद्रूप ठहाका सुनाई दिया और 'छन्नाक्' उसने अपना एक हाथ काँच की अलमारी में घुसा पाया।

बाहर निकाला तो उसमें ख़ून था। और उसने दोबारा हाथ को मारा। फिर तिबारा और उसके बाद वो मारता ही चला गया।

"स्साला कुछ भी नहीं हो रहा! स्साला कुछ तो हो! मारो, काटो, सब कुछ ध्वस्त कर दो।" उसके मुँह से ठहाके उबल रहे थे। और 'तड़-तड़-तड़'। वो मारता ही चला गया।

रात के ग्यारह बजे का वक़्त था। वकील लेन हॉस्टल में पुलिस आई थी। डॉरमैट्री नं. 2 में हैमलेट चुपचाप बैठा हुआ था। उसकी आँखें सामने अँधेरे को घूर रही थीं। उसके हाथ में पट्टी बँधी हुई थी।

शिरीष डोभाल ने झाँका। वो यूनियन प्रेसीडेंट था।

"बाहर पुलिस आई है। चल के गवाही दो।"

"किस बात की गवाही?"

"कि ग़लती हमारी नहीं थी। लड़ाई उनकी पार्टी ने शुरू की थी।"

"मुझे नहीं आना।"

"कल सुबह यूनियन में जवाब देना पड़ेगा। स्टूडेंट यूनिटी का सवाल है।"

"दे दूँगा।"

शिरीष उसे घूरता रहा। फिर दरवाज़ा बन्द हो गया।

उस दिन नाथू स्वीट्स में इत्तेफ़ाक़न टाइम्स ऑफ़ इंडिया का एक फ़ोटोग्राफ़र बैठा हुआ था। अगले दिन टाइम्स के तीसरे पेज पर हैमलेट की उपद्रव करते हुए तसवीर थी।

ग्वालियर से संगिनी की चिट्ठी आई थी।

"देखकर दुख हुआ। तुम्हें वहाँ पर इसलिए नहीं भेजा था।"

हैमलेट चिट्ठी को मुट्ठी में भींचकर रह गया। उसकी आँखें तपी हुई थीं।

ज़िन्दगी में निर्णय का बड़ा तगड़ा महत्त्व होता है। वो बना देते हैं या पूरी तरह नष्ट-भ्रष्ट कर देते हैं।

उसने निर्णय लिया था कि वो कभी ग्वालियर नहीं छोड़ेगा। उसने निर्णय बदल दिया।

उसने निर्णय लिया था कि वो एक्टर बनेगा। इसीलिए दिल्ली आया। जब ये निर्णय उसके ज़ेहन में घुस गया तो सामने अन्धकार आ गया।

मराठे ख़ुश था। उसने अभी तक कोई निर्णय नहीं लिया था। फिर भी उसके चेहरे की आभा बनी हुई थी।

प्रमाद एक प्रैक्टिकल आदमी था। इतने साल पढ़ूँगा। फिर इस उम्र में शादी करूँगा। फिर इस उम्र में बच्चे। फिर रिटायरमेंट के बाद की ज़िन्दगी। उसकी ज़िन्दगी में सब कुछ व्यवस्थित था।

प्रदीप भाई के पिताजी का अपरम्पार धंधा था। उन्हें कुछ भी करने की ज़रूरत नहीं थी।

प्रवेश एम.एल.बी. आर्ट एंड कॉमर्स कॉलेज में गया था। वो भी बिज़नेस करने के मूड में था।

उसके सारे साथी मेडिकल और मिलिट्री लाइन चुन चुके थे।

उनके बीच एक रमाकान्त विश्नोई ही थे जिनका निर्णय वो अब तक समझ नहीं पाया था।

"मुझे मेरी दिशा मिल चुकी है। समय आने पर समझोगे। या हो सकता है कभी ना समझो।"

वो तल्लीन हो चुके थे।

"ये दुनिया मिथ्या नहीं है। सब कुछ सार्थक है। दिशा यहीं से मिलती है। मगर ज़रूरी नहीं कि जिसे तुम दिशा समझो वो वास्तविक दिशा है। आना वहीं है जहाँ मैं जा रहा हूँ। बस रास्ते अलग-अलग हैं।"

"आपको ये सब फ़िज़ूल नहीं लगता?"

"क्या सब?"

"ये ही। रिश्ते, नाते, काम, प्रोफ़ेशन, शराब, लड़की?"

"इस दुनिया में दो क़िस्म के लोग होते हैं। इति-इति और नेति-नेति। नेति-नेति वाले भीषण इच्छा शक्ति के मालिक होते हैं। वो एक क्षण में कोई भी चीज़ त्याग सकते हैं। वो नाम हो, वैभव हो या सम्बन्ध। इति-इति वालों के लिए अलग रास्ता निर्धारित होता है। वो इस दुनिया में घुस के प्रत्येक चीज़ का आनन्द लेके, धीमे-धीमे उससे दूर होते जाने के लिए बने हैं।"

"मगर दूर होने की ज़रूरत क्या है?"

"कब तक सुख लोगे? एक दिन तो मिट जाना है। फिर ज़िन्दगी का प्रयोजन क्या रहा?"

"मतलब सुख कहीं और है?"

"सुख और दुख एक ही सिक्के के दो पहलू हैं। आनन्द एक अलग चीज़ है। वो जब पाओगे तो पहचानोगे। सत् चित् आनन्द!"

संताप को कॉन्वेंट का अनुभव याद आया।

"क्या इसीलिए आपने थियेटर छोड़ दिया? क्योंकि इसमें मोहग्रस्त होने का खतरा था?"

वो हँसे। "समय रहते सब मालूम पड़ जाएगा। अभी तो अपने काम में ध्यान दो।"

"ऐसे में संगिनी जैसी लड़की का उदाहरण लें तो? उसके लिए तो जीवन ही खिलखिलाना है?"

"खिलखिलाने वाले हमेशा रोते हैं। उसमें भी एक निर्मोह चाहिए। साक्षी बन के खिलखिलाओ। अपने आपको खिलखिलाते देखो। सब कुछ साक्षी बन के करो। आनन्द से रहोगे।"

और हैमलेट आनन्द से रह पाता उससे पहले ही राष्ट्रीय नाट्य विद्यालय में स्ट्राइक हो गई। वहाँ की अनियमितताओं के ख़िलाफ़, वहाँ की अव्यवस्था के ख़िलाफ़ और अभिनय संकाय की ग़ैर मौजूदगी के ख़िलाफ़।

"मुझे विश्वास कहते हैं। विश्वास उपाध्याय।"

विद्यालय में स्ट्राइक का बोलबाला था। छात्र नीम के पेड़ के नीचे कार पार्किंग के सामने बारी-बारी से बैठते। दिन-भर थियेटर के गाने होते। तबला-ढोलक बजते। सारे जोश में गाते। झंडे रंगे जाते। पोस्टर लगाए जाते। छात्र यूनियन के ऑफ़िस में गहमागहमी रहती।

छात्र बारी-बारी से टोकन स्ट्राइक पर बैठ रहे थे। संताप अपनी बारी पूरी करके उठा ही था कि उसे रिसेप्शनिस्ट मिस थामस ने एक चिट पकड़ा दी।

"तुमसे मिलने आए हैं। आज दोपहर को फिर आएँगे।"

संताप ने हाथ में ली चिट को ध्यान से देखा। विश्वास नाम के किसी भी व्यक्ति से उसका परिचय नहीं था।

अचानक आँधी की तरह से उसके सामने संगिनी का चेहरा कौंध गया।

दोपहर में विश्वास उसके सामने खड़ा हुआ था। साथ में एक साँवली-सलोनी लड़की भी थी।

"मुझे विश्वास उपाध्याय कहते हैं। मैं संगिनी का दोस्त हूँ।"

हैमलेट विश्वास उपाध्याय के साथ में बंगाली मार्केट में बैठा हुआ था।

"ये मेरी सहयोगी हैं। प्रभा सान्याल।" उसके पास बैठी तीखे नैन की लड़की से उसने परिचय कराया था। हैमलेट ने उससे भी हाथ मिलाया था।

"क्या लोगे?" बंगाली मार्केट में रोज़ की गहमागहमी थी।

"सिर्फ़ चाय!"

"अरे कुछ और भी लो। पहली बार मिल रहे हैं।"

हैमलेट को ये फ़िज़ूल की आत्मीयता पसन्द नहीं आई।

"मसाला डोसा।"

विश्वास ने ऑर्डर किया।

"मैं तुमसे मिलना चाहता था। संगिनी ने बहुत बातें कही हैं तुम्हारे बारे में।"

"आप ग्वालियर गए थे?"

"जाने का मौक़ा ही नहीं मिला यार। बिज़ी हूँ। लेकिन फ़ोन पर बातें होती रहती हैं। बाक़ी ख़तोकिताबत ज़िन्दाबाद।" वो हँसा।

हैमलेट चुप रहा। उसे पता नहीं क्यों लगा कि ये बातें फ़िज़ूल में हो रही हैं। प्रभा उसे लगातार देख रही थी।

"जी बोलिए।"

"बोलना कुछ नहीं है। ख़ाली मिलना चाह रहा था। संगिनी ऐसी है कि एकदम से किसी को पसन्द आ जाती है। लेकिन उसे कोई पसन्द आए ऐसा रेयर ही होता है और वो भी इस हद तक।"

हैमलेट चुप रहा।

"मैं संगिनी को बचपन से जानता हूँ। उस एक्सीडेंट के समय मैं ग्वालियर में ही था। बहुत बुरा हादसा था। बहुत ख़ूबसूरत फ़ैमिली थी।"

हैमलेट अब भी चुप रहा।

"मैं यहाँ किसी से संगिनी के बारे में बात नहीं कर सकता। कोई उसे जानता नहीं है। तुम्हारा नाम मालूम पड़ा तो मिलने आ गया। अब किसी के साथ याद तो कर सकता हूँ उसे।"

उसका डोसा और चाय आ गए थे।

"मैं फिर कभी आ सकता हूँ तुमसे मिलने? मेरा मतलब अगर उसकी याद आए तो मतलब अगर तुम्हें बुरा नहीं लगे तो?"

"जी मैं आपका मतलब अब भी नहीं समझ रहा।"

"मतलब अगर कोई बात करनी हो उसके बारे में या कोई सलाह लेनी हो तो?"

"मुझसे क्या सलाह लेंगे? आप लोगों के अन्तरंग सम्बन्ध हैं। इसमें दूसरे की राय की ज़रूरत नहीं पड़नी चाहिए।"

हैमलेट को विश्वास पसन्द नहीं आया था। अन्दर की जलन थी या शायद कुछ और।

"कई बार अन्तरंग सम्बन्धों में भी दूसरों की राय ज़रूरी हो जाती है। मैं बाद में भी आता रहूँगा।"

प्रभा उसे लगातार देख रही थी।

मीटिंग ख़त्म हो गई थी। हैमलेट की कुछ समझ में नहीं आया था।

रॉबर्ट डी नीरो से मुलाकात

"क्या यार। सारा दिन डॉरमैट्री में बैठे रहते हो। आओ तुम्हें प्रगति मैदान घुमाकर लाते हैं। वहाँ रॉबर्ट डी नीरो का रैट्रोस्पैक्टिव चल रहा है।" एक दिन दिनेश खन्ना ने उसे पकड़ लिया।

ज़िन्दगी बीत रही थी उसे पता नहीं क्यों दिल्ली से विरक्ति होने लगी थी। मगर उसे विरक्ति तो ग्वालियर से भी था।

"छोड़ो ना।" उसने सर झटका था।

उसने डॉरमैट्री से निकलना ही छोड़ दिया था।

हाँ। उसके बैचमेट्स बड़े मज़ेदार थे। सब विशद थियेटर करके आए थे। उसका बैच एक्सैप्शनली छाँट के लिया गया था।

दिनेश खन्ना लखनऊ से था। मैकबेथ और जूलियस सीज़र की सारी स्पीच उसे रटी हुई थीं। दुबला-पतला झुर्रियों वाले चेहरे का दिनेश खन्ना आगे चलकर बेहतरीन अभिनेता साबित हुआ और राष्ट्रीय नाट्य विद्यालय का कार्यकारी निदेशक भी।

विजय दीपक छिब्बर हरियाणा से था। बाँके ख़ूबसूरत दीपक को आते ही संताप ने फ्रेंच नाम दे दिया था, "वोज्यू दी छेबरां।"

बापी बोस कलकत्ता-बंगाल से था। अपने आपको बेहद ख़ूँख़्वार बतलाने वाला बापी अन्दर से मोम था। (उन दिनों हर बंगाली अपने आपको नक्सलाइट कहा करता था। चारू मजूमदार का रिश्तेदार।)

विभा साहोता दिल्ली से थी। बेहद हँसोड़ और अलमस्त। आगे चल के विभा छिब्बर के नाम से टी.वी. में उसने ख़ास नाम बटोरा।

अलका श्रीवास्तव दरभंगा बिहार से थी। उसका रशियन नाम भी संताप की ही देन था। 'ओलोक्या सीरा वास्तानोव।'

लम्बा-चौड़ा हरगुरजीत सिंह पंजाब से था। मिज़ाज से रसिया हरगुरजीत कमाल का रियलिस्टिक एक्टर था। मगर दुर्भाग्यवश उसे उसकी पहचान आख़िरी तक नहीं मिल पाई।

अजय मलकानी राँची से था। 'जय बाबा विश्वनाथ' के उद्घोष से रोज़ सुबह उसकी एंट्री होती।

बाक़ी और लोग भी थे। मैच्योर्ड, पढ़े-लिखे और अनुभवी।

और वो दिनेश खन्ना के साथ शकुंतलम थियेटर पहुँचा था।

संताप को रॉबर्ट डी नीरो का नाम दिल्ली आकर ही मालूम पड़ा था। देखा तो मालूम पड़ा कि उसे वो 'गॉडफ़ादर टू' में भी देख चुका था यादव टॉकीज़ में। बिना ये जाने कि इस अभिनेता का प्रभाव उसकी ज़िन्दगी में ज़बरदस्त होने वाला है।

तीन रुपए का टिकट था। (उसकी स्कॉलरशिप मात्र साढ़े तीन सौ रुपए थी)

फ़िल्म देखी गई—'न्यूयॉर्क न्यूयॉर्क!' उसे रॉबर्ट डी नीरो ठीक-ठाक लगा।

"इसने एक रोल के लिए एक साल तक सैक्सोफ़ोन सीखा था।"

"अरे यार! बड़े लोगों की बड़ी बातें होती हैं। किसने देखा? कल तो तू भी बड़ा बन जाएगा तो तेरे बारे में भी लोग यही बोलेंगे कि दिनेश खन्ना ने लखनऊ की गलियों में पूरे एक साल मूँगफलियाँ बेची थीं।"

"हैं हैं हैं। तुझे क्या लगता है ये मूँगफली वाले का रोल करके बड़ा बनेगा?" सुदर्शन जुयाल ने हँसते हुए कहा।

वो नैनीताल से था। और बापी बोस के बाद बैच में सबसे ज़बरदस्त मिमिक्री करता था। बापी की सबसे ज़्यादा।

अगले दिन उन्होंने 'रेज़िंग बुल' देखी। फ़िल्म शुरू होने के बीस मिनट बाद वो ईशान त्रिवेदी से पूछता हुआ पाया गया कि इसमें रॉबर्ट डी नीरो कहाँ है।

ईशान मुस्कराया, (वो भी नैनीताल से था। जन्म-स्थान मुरादाबाद।)।

दिनेश भी मुस्कराया, "ये तुम्हारे कल पूछे गए प्रश्न का जवाब है।"

और संताप किंकर्तव्यविमूढ़ था। उसकी आँखों के सामने रॉबर्ट डी नीरो था और वो उसको पहचान नहीं पा रहा था। फ़िल्म मशहूर बॉक्सर जेक ला मोता की ज़िन्दगी पर आधारित थी और उसमें रॉबर्ट डी नीरो मुख्य भूमिका में था। 'न्यूयॉर्क न्यूयॉर्क' का दुबला-पतला रॉबर्ट डी नीरो चालीसवें दशक के बॉक्सर में ऐसा परिवर्तित हो चुका था कि संताप को हैरानी के सारे ग़श आ गए।

और तीसरे दिन तो उसकी झक्की खुल गई।

"नहीं यार अभिनय ऐसे नहीं हो सकता। ये असम्भव है।"

उसकी आँखों के सामने 'किंग ऑफ़ कॉमेडी' थी।

दुनिया का सर्वश्रेष्ठ एक्टर दुनिया के सबसे चूतिया एक्टर का रोल कर रहा था। फ़िल्म एक काम पाने के लिए बेक़रार संघर्षरत वाहियात एक्टर के बारे में थी जिसका निर्देशन भी मार्टिन स्कोरसेसी ने किया था। जेरी लुईस के साथ रॉबर्ट डी नीरो ऐसा लग रहा था कि उससे ख़राब एक्टर कोई हो ही नहीं सकता।

वापस लौटे तो वो चुपचाप था।

"क्या बोलते हो?" दिनेश खन्ना ने उसे टहोका दिया।

"क्या बोलूँ यार। ये अभूतपूर्व है।"

"इसकी और भी फ़िल्में हैं।'गॉडफ़ादर पार्ट टू', 'अवेकनिंग'। वो सब भी देखते हैं।"

और अगले दिन गॉडफ़ादर देखी गई। 'पार्ट वन'।

"इसमें क्या ख़ास बात है?" उसका मतलब मारलन ब्रांडो से था।

"तुम्हें ख़राब लगा?" दिनेश खन्ना हैरान हुआ।

"अरे बूढ़ा है तो बूढ़ा है। इसमें हैरानी की क्या बात है?"

"ब्रांडो की कितनी उम्र समझते हो जब उसने ये रोल किया था?"

"कम-से-कम साठ का होगा।"

"चवालीस!"

और हैमलेट ने जाना कि वो सपनों में जी रहा है। उसने ग़लती से दुनिया के सबसे महान प्रोफ़ेशन में क़दम रख दिया था।

उसके अन्दर पौधे ने पनपना शुरू कर दिया था। वो चुप रहने लगा।

"मैं अभिनय नाम के लफ़्ज़ को माइक्रो लेवल तक समझना चाहता हूँ।"

केवल उसका मिज़ाज उसके अनुकूल था। बाक़ी सारी परिस्थितियाँ प्रतिकूल!

पहला पैग

उस रात डॉरमैट्री में पार्टी थी फ़र्स्ट ईयर की। वकील लेन में स्थित बॉयज़ हॉस्टल में फ़र्स्ट ईयर को डॉरमैट्रीज़ आवंटित की गई थीं। संताप डॉरमैट्री नं. 2 में था।

"चियर्स!"

गिलास खनके। "नाट्य विद्यालय में हमारे पहले साल के पहले सत्र के नाम और रॉबर्ट डी नीरो के नाम जिसके जैसा बनने का हमें संकल्प ठानना है।"

"नहीं यार! मैं नहीं पीता।" संताप ने मना किया।

"अरे बियर तो ले लो। ये शराब नहीं होती।" हरगुरजीत बोला।

"तो क्यों पीता है?"

"अरे ये जौ का पानी है। मामूली तरंग देता है। ऐल्कोहॉलिक परसेंटेज पाँच है इसका।"

और संताप ने ले ली।

"ऐल्कोहॉलिक के लिए पहला पैग ज़हर होता है। बाक़ी काम बची हुई बोतल कर दती है।" सालों-साल राज भाई उससे बोलते थे।

और हैमलेट ने वो ज़हर चख लिया था।

पार्टी पूरे ज़ोरों पर थी। रात के दो बज रहे थे।

"अरे तुमने शेक्सपियर नहीं पढ़ा? तुमने टेनिसी विलियम्स नहीं पढ़ा? तो क्यों आए हो नाट्य विद्यालय में?" दिनेश खन्ना बोला।

"ये ही सब पढ़ने के लिए।" संताप झूमता हुआ बोला। वो बीयर के बाद व्हिस्की के दो पैग भी चढ़ा चुका था।

"मैं एक्टिंग के बारे में हर चीज़ जानना चाहता हूँ।"

"अबे हर कोई जानना चाहता है। यहाँ अपनी मराने आए हैं?"

दीपक ने ठहाका लगाया। उसे चढ़ चुकी थी।

"मैं तुम सबसे ज़्यादा चाहता हूँ। इस रॉबर्ट डी नीरो ने दिमाग़ ख़राब कर दिया।"

"तूने और एक्टर्स को नहीं देखा है। रॉबर्ट ड्यूवाल, मारलन ब्रांडो, एन्थोनी क्विन, डस्टिन हॉफ़मैन। एल पचीनो को देख लेगा तो पागल हो जाएगा!" जुयाल बोला। वो एल पचीनो का दीवाना था।

"यार तू कैसे करता है एक्टिंग? मतलब कोई तो 'मोडस औपरैंडी' होगा?"

"पहले तो पढ़ाई करो। स्पीच याद करो। जितना पढ़ोगे उतना ही खुलोगे। उसके बाद इमैजिन करो। इमैजिनेशन में हर चीज़ है। वो भी जो स्क्रिप्ट में नहीं है।" दिनेश खन्ना आते ही धाक जमा चुका था।

"ओ दिनेशलोवस्की। इमैजिनेशन के साथ विजुअलाईज़ेशन भी करना ज़रूरी है।" बापी बोला। "शम्भू दा को ही देख लो।"

दिनेश की विराट जानकारी की वजह से बाई ने उसे नाम दिया था दिनेशलोवस्की। स्टैनेसलोवस्की की तर्ज़ पर।

उसे हर बंगाली की तरह से अपने बंगाली होने का बड़ा गर्व था।

"ओ बापी। तुम बंगाली हमेशा शम्भू दा में ही रहोगे। एक्टिंग और ज़िन्दगी उनके आगे भी जाती है।" जुयाल चहका।

"ओये बंगाल ही नहीं हिन्दुस्तान का माना हुआ एक्टर है। बड़े-बड़े पैर छूते हैं उसके।"

"पुराना पड़ गया यार। ये ज़माना नदीम शाह और सोम पुरी का है।"

और एकदम सन्नाटा छा गया। ये दो नाम बड़े करारे थे।

"वाक़ई यार। मैंने 'आक्रोश' देखी! मैं तो पागल हो गया।"

"आज में यक़ीन करो। कल बीत गया। एक्टिंग कहाँ की कहाँ पहुँच गई है। भूली-बिसरी यादों में जकड़े रहोगे तो पुराने ही कहलाए जाओगे।" जुयाल बोला।

"ये विद्यालय में सब कुछ ठीक क्यों नहीं चल रहा?"

"अभिनय को अय्याशी मानने वाले लोग आ गए हैं। अनुशासन है नहीं। अलक़ाज़ी साहब का ज़माना था तो हर बन्दा हर चीज़ को गम्भीरता से लेता था।" दिनेश खन्ना गम्भीर होते हुए बोला।

"अलक़ाज़ी साहब के ज़माने में वाक़ई सब ठीक था?" संताप कहीं खो गया था।

"उनके स्टूडेंट्स को देख लो। नदीम और सोम उन्हीं के युग की पैदाइश हैं। उनमें अलक़ाज़ी साहब की झलक झलकती है।"

"और भी तो टीचर्स हैं। अनुराधा मैम, कीर्ति मैम, रॉबिन दास, एच.वी. शर्मा?"

"ये भी उन्हीं के ज़माने के हैं, उन्हीं के अपाइंट किये हुए।" दिनेश बोला।

"बस हमें सँभल के चलना है। ये स्ट्राइक-विस्ट्राइक से कुछ नहीं होता। ख़ाली वक़्त की बरबादी होती है। ये यूनियन ऑफ़िस को तो तोड़कर उसकी जगह सार्वजनिक मूत्रालय बना देना चाहिए। सारा ज़हर इसी ने फैला रखा है।"

संताप ने एक साँस ली।

"काश कि सब कुछ पहले जैसा हो जाए!"

"ओये।" दरवाज़ा पीटा जा रहा था। अलका की आवाज़ थी, "सबने कपड़े पहन रखे हैं?"

"अरे ये कहाँ से आ गई!" दीपक अपनी लुंगी की ओर झपटा।

"आ जाओ!"

अलका अन्दर घुसी। "स्ट्राइक वापस ले ली गई। मैनेजमेंट क़रीब-क़रीब हर चीज़ मान चुका है। हमें अगले सत्र में अलखनन्दा समर्थ मिल रही हैं।"

"क्या?"

"सेकेंड ईयर और थर्ड ईयर से भी कुछ वादे किये गए हैं। उनको भी एतराज़ नहीं है।"

"ओ जियो। अबे दारू पिएगी?" जुयाल ने गिलास उठाया।

"मैं निकलती हूँ। डॉरमैट्री नं. 1 में भी ख़बर देनी है।" और ये कहके अलका मुड़ गई थी।

और संताप का प्रथम वर्ष का प्रथम सत्र गुज़र गया था। सूखा, सुनसान और उदास।

शाम, बर्फ़ और सन्नाटा

ठंड आ चुकी थी। दिसम्बर का महीना लग चुका था।

हैमलेट छुट्टियों में घर नहीं गया था।

सारा हॉस्टल ख़ाली हो चुका था। उसके सारे साथी अपने-अपने घर जा चुके थे। डॉरमैट्रीज़ सुनसान हो चुकी थीं। हैमलेट को पता नहीं ये वीराना क्यों अच्छा लग रहा था।

वो सुबह उठ जाता। दिल्ली की दिसम्बर की सर्दी में नहाने का मन नहीं होने के बावजूद नहाता। फिर रिफ़्यूजी मार्केट जाके सुबह का नाश्ता करता। (छुट्टियों में मैस बन्द हो जाया करता था।) फिर एक चक्कर ख़ामोश पड़े एन.एस.डी. का लगाता। कभी कार पार्किंग के पास नीम के पेड़ के नीचे बैठता।

ग्वालियर से दो ख़त आए थे।

पहला रेवा का था।

"प्रिय भैया। मैंने सुना आप सर्दियों में घर नहीं आ रहे? आ जाओ भैया। आप के जाने से घर ख़ामोश हो गया है। सब तरफ़ सन्नाटा बिखरा रहता है। माँ और पिताजी और बूढ़े लग रहे हैं। जिद्दा के पास भी बोलने के लिए अब कुछ नहीं बचा। अब बीती बातों पर धूल डालो। आपको अपनी दिशा मिल चुकी है। अब ग़ुस्सा काहे का। सबको माफ़ कर दो और साथ में ख़ुद को भी।

आपकी बहन, रेवा।"

संताप ने एक गहरी साँस भरी।

दूसरा ख़त खोला। संगिनी का था। उनकी चहक ख़त में सुनाई पड़ रही थी।

"मैंने सुना विश्वास से मिले? कैसा लगा? जानने के लिए मरी जा रही हूँ।

कल टेम्पो में तुम्हारे पिताजी मिले थे। उतरने पर मुझे किराए के पैसे नहीं देने दिये। मैंने ज़िद की तो डाँट दिया। 'कुछ हक़ बिना बात के होते हैं। पैसे मैं दूँगा।'

वो बहुत अच्छे हैं संताप। उनका कोई दोष नहीं है। उन्हें माफ़ कर दो। अब वो बूढ़े हो रहे हैं। तुम्हारे अलावा और कौन है उनका।

रेवा को भी मैंने एक बार सड़क पर देखा था। नज़रें मिलीं तो मुस्करा दी। भली लड़की है। अब मैच्योर्ड भी हो रही है।

जल्दी आ जाओ। तुम्हारे बिना चिरन्तन धर्म मन्दिर वाली सड़क सूनी पड़ गई है।

विक्टोरिया मार्केट में एक नई चाट की दुकान खुली है। पहली बार तुम्हारे साथ ही वहाँ जाऊँगी।

और मैं सच बोलती हूँ कि विश्वास के बाद मेरी ज़िन्दगी में आने वाले तुम दूसरे मर्द हो।

दोबारा पूछ रही हूँ कि विश्वास कैसा लगा। अपने नाटकों की नई जानकारियों के साथ आना।

इन्तज़ार में...संगिनी।"

संताप कुछ देर तक ख़त को देखता रहा। फिर जेब में रख लिया।

दिनेश खन्ना ने बोला था कि इन छुट्टियों में लखनऊ आजा। 'मैकबेथ' करेंगे।

कुछ सोचकर उसने अपना सामान बाँधा। स्कॉलरशिप के पैसे साथ में थे ही। और पाया कि वो अन्तर्राज्यीय बस टर्मिनल पर खड़ा हुआ है।

लखनऊ की बस सामने तैयार थी। वो नहीं बढ़ा।

उसके क़दम हिमाचल रोडवेज़ की बस की तरफ़ मुड़ गए।

"कहाँ जाएगी?"

"चम्बा" कंडक्टर ने कहा।

"कितनी देर लगेगी?"

"अट्ठारह घंटे।" इस बार कंडक्टर ने उसे ध्यान से देखा।

"एक टिकट दे दो!" और वो अन्दर चढ़ गया।

और अट्ठारह घंटे बाद वो चम्बा बस स्टेशन पर उतर रहा था। ठंड से आत्मा कड़कड़ा रही थी। उसे पता नहीं क्यों ये टॉर्चर अच्छा लग रहा था।

"ये आगे नहीं जाएगी? और ऊपर?"

"और ऊपर कुछ नहीं है। बस पहाड़ हैं और वीराना है। और ऊपर जाके क्या करोगे?" स्वर में हैरानी थी।

"ऊपर जाने का दूसरा ज़रिया क्या है?" उसके स्वर में ठहराव था।

"प्राइवेट गाड़ियाँ चलती हैं। मगर ऊपर बेशुमार बर्फ़ होगी। सुन्न कर देने वाली सर्दी होगी।"

"वही चाहिए।"

और उसने एक प्राइवेट गाड़ी का टिकट लिया।

"ऊपर है बामकोट, सुरई और लग्गां।"

"लग्गा।" वो ख़ामोशी से बोला।

गाड़ी जाके लग्गा में रुकी। वो उतरा। सब तरफ़ सन्नाटा पसरा हुआ था। शाम थी, मगर रात का अहसास होने लगा था। सब तरफ़ बर्फ़ की चोटियाँ नज़र आ रही थीं।

उसने एक छोलदारी में शरण ली। ठंड के कपड़े उसने चम्बा स्टेशन पर ही ले लिए थे।

चारों तरफ़ ख़ामोशी थी। सुनसान। वीरान।

और उसने पाया कि इस वीराने को वो बहुत एन्जॉय कर रहा है। छोलदारी में काँपते हुए भी उसे बड़े अनिर्वचनीय आनन्द का अहसास हुआ। उसे सारी प्रकृति अपनी लगी। "शायद मैं यहाँ पहले कभी आया था। पिछले जन्म में।"

वही अनुभव दूसरी बार

वो लौटा तो प्रथम वर्ष का दूसरा सत्र शुरू हो चुका था।

अलखनन्दा समर्थ की कक्षाएँ भी उनके नाम के अनुरूप ही बेहद समर्थ थीं।

"आज एक वॉक लेंगे। इस वॉक में तीन अलग-अलग एक्सप्रेशन चेंज करने हैं। ये सिर्फ़ अन्दर से महसूस करने की एक्सरसाइज़ है। देखें कितना बदल सकते हो अपने आपको बिना मेकअप और स्क्रिप्ट के।"

"अपने-अपने हाथ और शरीर को एक चादर से ढककर कुर्सी पर पसर जाओ। अब अपने पैरों और सिर्फ़ पैरों से एक्सप्रेस करो। तीन अलग-अलग एक्सप्रेशंज़। एक्टिंग पूरे शरीर से होती है।"

"एक रस्सी को पकड़ो। दो बन्दे उसे मिलके अपनी-अपनी तरफ़ खींचो। अब रस्सी को एक तरफ़ रख दो। अब रस्सी नहीं है। अब ख़ाली इमैजिन करना है। अब रस्सी को इमैजिन करके खींचो। उसका वेट उसकी लेंग्थ और शरीर में ज़ोर उतना ही रहना चाहिए जितना कि वास्तविक रस्सी के वक़्त था। इसे एक्शन रिएक्शन की एक्सरसाइज़ कहते हैं।"

ख़ूबसूरत कक्षाएँ थीं। संताप को मज़ा भी आ रहा था। मगर वो पन्द्रह दिन में ख़त्म हो गई। अलखनन्दा समर्थ कक्षा में संताप को बहुत ध्यान से देखा करतीं।

जाते हुए संताप से सिर्फ़ इतना बोलकर गईं।

"तुम भरे हुए हो संताप। देखना किसी ग़लत दिशा में मत छूट जाना। तुम्हारे जैसे बन्दे अक्सर 'एक्सट्रीम सिंड्रोम' के शिकार होते हैं। और एक्टिंग कभी मत छोड़ना। इसी से राहत मिलेगी। गुड लक।"

उसके बाद आए श्री राम गोपाल बजाज। शाह साहब की ग़ैर मौजूदगी में अक्सर विद्यालय का कार्यभार वो ही सँभालते थे। (शाह जी अक्सर सिक लीव पर रहा करते थे। उन्हें यूनियन स्ट्राइक वग़ैरह से ख़ासा डर लगता था।)

विचित्र किन्तु सत्य, बजाज साहब में एक ग़ज़ब का टीचर छुपा हुआ था। उनके साथ संताप के बैच ने मोहन राकेश का लघु नाटक 'बहुत बड़ा सवाल' किया था।

"दूसरे एक्टर के बहुत क़रीब नहीं जाना चाहिए। उससे तुम्हारे और उसके 'ऑरा' के ख़त्म होने का डर रहता है।"

"आवाज़ में इतनी गूँज होनी चाहिए कि आख़िरी दीर्घा में बैठे दर्शक तक पहुँच जाए। स्टेज पर कभी धीमा नहीं बोला जाता। पिच नीचे, वॉल्यूम ऊँचा!"

"सध के एक्टिंग करो। बह के नहीं।"

इन सबके बीच अब हैमलेट को दिल्ली अच्छी लगने लगी थी। डर क़रीब-क़रीब चला गया था। अभी ढाई साल और हैं। कुछ तो मिलेगा यहाँ।

भगवानदास रोड के छोर पे वर्किंग विमेंस हॉस्टल पड़ता है। फिर सुप्रीम कोर्ट और फिर मथुरा रोड।

संताप का प्रिय शग़ल था मथुरा रोड तक घूमना। लोगों के बीच से संताप उठकर टहलने निकल जाता। दिमाग़ में ना जाने क्या-क्या विचार आते। अपने सर को लगातार झटकता हुआ वो अपनी दुनिया में घुसने की कोशिश करता। उसकी दुनिया। जहाँ वो था। सिर्फ़ वो। हाँ। आजकल रॉबर्ट डी नीरो भी साथ में रहने लगा था। कभी-कभी विश्नोई की गम्भीरता और संगिनी की खिलखिलाहटें उसे प्रमुदित कर देतीं।

आख़िर जीवन में जाना कहाँ है? ये प्रश्न उसके ज़हन में बहुत पहले आ चुका था। अब वो अंकुरित होने लगा था। क्या अर्थ है जीवन का। जीना, जीना और जीना! और फिर एक दिन मर जाना? तो आख़िर उत्पत्ति ही किसलिए हुई है मानव की? शायद काम और बहुत सारा काम करने के लिए। तो क्या मैं काम कर रहा हूँ? क्या है मेरा काम या कर्म? अभिनय करना या यूँ कह लूँ कि क्रिएट करना तो क्या मैं क्रिएट कर रहा हूँ? इस विद्यालय का अर्थ क्या है?

कई ऐसे अनुत्तरित सवाल उसके ज़हन में घूमते। जवाब मिलेगा। कभी तो मिलेगा! और एक दिन।

उस दिन वो सुप्रीम कोर्ट से वर्किंग विमेंस हॉस्टल की तरफ़ आ रहा था। उसने तिलक रोड क्रास ही की थी कि अचानक उसके क़दम जम गए। उसने हाथ हिलाने की कोशिश की थी लेकिन हाथ नहीं हिले। मगर उसे कुछ अजीब नहीं लग रहा था। कहीं दर्द नहीं रह गया था। इससे स्वाभाविक अवस्था की वो कल्पना भी नहीं कर सकता था। उसका शरीर थम गया था। श्वास थम गई थी। या यूँ कहें कि अजीबोग़रीब तरीक़े से सन्तुलित हो चुकी थी। माथे पे पसीना चुहचुहा आया था।

आसपास का सब कुछ रुक गया था। कहीं कोई रंज नहीं, कोई ग़म नहीं, कोई शोर नहीं। सब कुछ शान्त था। उसे तिलक नगर रोड पर गुज़रने वाली बसों और गाड़ियों की आवाज़ें सुनाई दे रही थीं। सब ख़ुश थे ऐसा लग रहा था। बेहद सन्तुलन की स्थिति में वो एक जगह खड़ा हुआ था।

"एक्सक्यूज़ मी?"

कोई हाथ उसको छू रहा था। वो चौंका।

"आर यू ऑल राइट?" कोई लड़की थी शायद फ़ाइन आर्ट कॉलेज की।

"म...मैं...। ओह!" और वो होश में आ गया।

उसके पास ही दो लड़कियाँ खड़ी थीं। उनके चेहरे पे हैरानी थी।

"आप दो मिनट से ऐसे ही खड़े हैं। आपकी तबीयत तो ठीक है?"

"जी...मैं...। अ...कुछ नहीं। मैं ठीक हूँ। थैंक्स।"

वो दोनों लड़कियाँ उसे हैरत से देखते हुए वहाँ से चली गईं।

वो तो एक पल को वहीं खड़ा रहा। फिर एकदम बस पकड़ी। और कर्ज़न रोड की तरफ़ आया। एस.टी.डी. बूथ वहाँ ईस्टर्न कोर्ट में था।

"मुझे आज फिर वही अनुभव हुआ। वो कॉन्वेंट वाला।" वो फ़ोन पर था।

"क्या अहसास होता है?" विश्नोई का शान्त स्वर गूँजा।

संताप ने ब्योरे से सब कुछ बतलाया।

"हूँ!" कुछ देर फ़ोन पर ख़ामोशी छाई रही। फिर...

"चलते चलो। अभी बहुत मुक़ाम हैं पार करने को?"

"मगर ये क्या है? ये मुझे दूसरी बार हुआ है।"

"ये तो मैं भी नहीं समझ पा रहा। मगर अगर शान्ति देता है तो कुछ ग़लत नहीं। कुछ अनुभव एकदम से समझ में नहीं आते।"

उस रात संताप खुली नींद सोया। कोई तकलीफ़ नहीं, कोई तनाव नहीं। बन्द आँखों से वो सब कुछ देख पा रहा था। जली हुई ट्यूबलाइट, बाहर बैठे छात्रों की भनभनाहट और वकील लेन में गुज़रती गाड़ियों की इक्का-दुक्का आवाज़ें। मगर उसके अन्दर कोई आक्रोश नहीं था। सब तरफ़ शान्ति थी। सब तरफ़ ख़ामोशी।

पहला गाना

और अगले दिन विद्यालय में सनसनी थी। बी.एम. शाह जी ने अपने पद से इस्तीफ़ा दे दिया था।

"अब आराम से थियेटर करूँगा। अब स्कूल सँभाला नहीं जाता!"

भोले-भाले शाह जी एडमिनिस्ट्रेटर चाहे कैसे भी हों लेकिन छात्रों में बेहद लोकप्रिय थे। उनके जाने से सब स्तम्भित थे और चिन्ताग्रस्त भी। अगला निदेशक कौन आएगा। सभी के होंठों पर ये सवाल था।

"जाने से पहले मैं अपने कार्यकाल का आख़िरी प्ले करवा के जा रहा हूँ।"

उन्होंने प्ले चुना था—'मशरिक़ी हूर'

वो राधेश्याम कथा वाचक का लिखा हुआ मशहूर पारसी प्ले था। शाह जी पारसी रंगमंच के मास्टर माने जाते थे।

संताप हैरान था साथ में फ्रस्ट्रेटेड भी। अभी पूरे दो साल बचे थे। राष्ट्रीय नाट्य विद्यालय का निदेशक पद सँभालने के लिए किसी का तैयार होना सम्भव नहीं दिख रहा था। ऐसे में सबका भविष्य अधर में था।

"अब बहुत हो लिया यार। अब ज़िम्मेदारी नहीं चाहिए। सेंट कोलम्बस की नौकरी तो है ही। अब एक्टिव थियेटर ही मेरी ज़िन्दगी है। इस नाटक का संगीत निर्देशन मोहन उप्रेती करेंगे।"

मोहन उप्रेती राष्ट्रीय नाट्य विद्यालय के संगीत विभाग के एच.ओ.डी. थे और गढ़वाली लोक संगीत के विशेषज्ञ माने जाते थे।

नाटक की तैयारियाँ शुरू हुईं। संताप को प्रमुख निगेटिव भूमिका मिली थी। सारे बोझ से मुक्त शाह जी बहुत ख़ुश थे। नाटक प्रोग्रेस कर चुका था।

मगर तभी धमाका हुआ। रिहर्सल के पन्द्रहवें दिन मोहन जी का सन्देश आया कि वो संगीत नहीं कर पाएँगे। उन्हें किसी काम से नैनीताल जाना पड़ रहा था।

"अरे ऐसे कैसे? मेरे प्ले का क्या होगा? पारसी नाटक और वो भी बिना म्यूज़िक के? और इतनी जल्दी कौन म्यूज़िक डायरेक्टर म्यूज़िक करेगा?"

ग़ुस्से में शाह जी तोतला बोलने लगते थे। मगर उनकी शक्ल से उनके अन्दर चल रहे भूचाल का पता चल रहा था।

सरकुलेशन यूनिट में यानी स्टूडियो नं. 2 में मीटिंग हुई।

"भई मैं माफ़ी चाहता हूँ। सोचा था जाने से पहले एक नाटक तो फ्रेशर्स के साथ करवा के जाऊँगा। मगर ये हादसा हो गया। बिना म्यूज़िक के पारसी थियेटर के क्या मायने। मैं ये प्रोडक्शन ड्रॉप कर रहा हूँ।"

छात्रों की भीड़ में से एक हाथ उठा। वो हाथ हैमलेट का था।

"सर। मैं करूँ?"

शाह जी चौंके।

"क्या?"

"म्यूज़िक।" संताप बोला।

"अरे पारसी प्ले है। चौदह गाने हैं। तुम्हारी उम्र ही अभी इक्कीस की होगी। बहुत दम लगेगा।"

"सर! कोशिश करता हूँ।"

कोई चारा नहीं था। शाह जी अपने चेहरे पर धब्बा लगवा के नहीं जाना चाहते थे। मन्द आवाज़ में उनके मुँह से निकला—"करो!"

और अगले ही दिन गाना तैयार था—

...ई रुक्शे महे ख़ूबाँ
ई शीश बो पैमाना
ई इशरते बेपायां
ई रौनक़े मयखाना...

हैमलेट हारमोनियम पर सुना रहा था। सारी क्लास बैठी थी। शाह जी सुन रहे थे।

"ये तुमने किया है?"

"जी सर।"

"हूँ। दूसरा करो।"

और अगले दिन हैमलेट दूसरा गाना ले आया—

है हम कमाल हैं हम जमाल
दोनों दिलावर बड़े बहादुर
लासानी और बेमिसाल...

शाह जी उसकी तरफ़ देखते रहे। फिर बोले—"इसको कोरियोग्राफ़ करते हैं।"

और सात दिन में 'मशरिक़ी हूर' का म्यूज़िक तैयार था।

और हैमलेट को मालूम पड़ चुका था कि वो ये भी कर सकता है।

प्ले हुआ और ख़ूब हुआ। बहुत ख़ूब हुआ।

"ये लड़का कमाल है। ये बहुत आगे जाएगा।"

क्लास के सहपाठियों के उसके प्रति सम्बोधन बदल गए थे। उससे अधिक उम्र के सुदर्शन जुयाल और बापी बोस ने उसे संताप भाई बुलाना शुरू कर दिया था। वो पूरे विद्यालय में मशहूर हो चुका था। और हैमलेट को ये ही सन्तोष था कि इस सत्र में उसकी कम-से-कम एक उपलब्धि तो रही।

फिर से ग्वालियर

वो पूरे एक साल बाद ग्वालियर लौट रहा था।

राष्ट्रीय नाट्य विद्यालय में उसका एक वर्ष ख़त्म हो चुका था। साथ में कोई उपलब्धि थी तो 'मशरिक़ी हूर' का म्यूज़िक जिसको आगे ले जाने का उसका कोई इरादा नहीं था।

ज़ेहन में रॉबर्ट डी नीरो घुस चुके थे। और भी बहुत सारे एक्टर्स जिनकी फ़िल्में वो बचे हुए वक़्त में देख चुका था।

दिमाग़ सुन्न था। अगले वर्ष क्या होगा। फिर उससे अगले वर्ष। और फिर उसके बाद। ये सोच के वो सिहर उठा था।

ऑटो ने जयेन्द्रगंज से दाईं तरफ़ गली का रुख़ किया तो उसे मालूम पड़ा कि जिंसी नाला आ चुका है।

ऑटो रुका। उसने पैसे दिये। सामने उसका मकान था।

उसने जाके डोर बेल दबाई। दरवाज़ा भोले चाचा ने खोला। जो उसे देखके खिल गए।

"अरे!"

संताप नें उनके पैर छुए। पिताजी की कुर्सी ख़ाली थी। ज़ाहिर है कि नौकरी पर गए हुए थे।

भोले चाचा मुड़े।

"भाभी...देखो। कौन आया है?"

किचन से माँ हाथ पोंछती हुई आईं।

"अरे! घर की याद नहीं आई? इतने दिन बाद आया है?"

उसने झुककर उनके भी पैर छुए। घर में वही चिर-परिचित ख़ामोशी थी जो उसके आने से भी नहीं टूटी थी।

जिद्दा का पैर छूना उसने गवारा नहीं समझा, ना ही उनसे बात करना। वो सीधा जाकर अपने कमरे में बैठ गया। माँ आई।

"अब तेरे पिताजी ड्राइंग रूम में सोते हैं। वहीं उनका बिस्तर लगा दिया है। कहने लगे कि अब लड़का बड़ा हो गया है। उसको अपना कमरा लगेगा।" उन्होंने चाय टेबल पर रख दी।

संताप ने ख़ामोशी से चाय की चुस्की ली।

घर में सन्नाटा था। उसने चाहा कि कोई बात करे। मगर कोई बात नहीं सूझी।

वो चुपचाप अपने बिस्तर पर लेट गया।

इस घर में उसका बीस साल का जीवन बीता था। ना जाने कितने हादसे उसने झेले थे। उनकी मार भी। मार की कसक थी, कसक की फिर याद थी और वो याद वहीं की वहीं थी।

आराम करने के बाद वो मराठे के घर चला गया। कम्पू में उसने अपने मकान के नीचे एक अलग कमरे में अपना ऑफ़िस खोल लिया था। उसने फ़ैक्स मशीन वितरित करने का काम शुरू किया था जो इत्तेफ़ाक़ से अच्छा चल पड़ा था। मतलब मराठे भी व्यवस्थित हो चुका था।

थोड़ी देर बाद प्रमाद भी वहीं आ गया।

"तो...क्या चल रहा है बे?"

"ठीक है यार। बढ़िया स्कूल है। कट रही है।"

"ऐसे मरा-मरा सा बोल रहा है। चेहरे पे उदासी झलक रही है। मरघट से आ रहा है क्या?" प्रमाद बोला।

"और क्या बतलाऊँ। स्कूल के अन्दर की गतिविधियाँ हैं। तुझे समझ नहीं आएँगी!"

"हम तो जैसे चूतिए हैं। हम तो कुछ जानते ही नहीं।"

प्रमाद की बात में व्यंग्य था। उसे हमेशा लगता था कि वो सब कुछ जानता है।

"और ये बात हमेशा याद रखना कि तुम ग्वालियर से नौटंकी करने नहीं निकले थे। तुम्हें पिक्चर में देखना है।" हैमलेट चुपचाप सामने देखता रहा। फिर बोला, "हूँ"।

"क्या हूँ?"

"नहीं कुछ नहीं। दो महीने बाद फिर ज्वाइन करना है। अब दो महीने क्या करूँ...ये ही सवाल है।"

"घर में रहो। घर वालों से बात करो। और क्या।" प्रमाद बोला।

"हाँ" उसने एक गहरी साँस छोड़ी। "तेरा क्या चल रहा है?" उसने मराठे से पूछा।

"बढ़िया चल रहा है यार। ये धन्धा चल निकला। उम्मीद नहीं थी।"

"मतलब तू भी सैटल्ड हो गया।"

"हो तो गया एक तरह से। लेकिन तू इतना बुझा-बुझा सा क्यों है?"

"समझ नहीं आ रहा यार। ये राष्ट्रीय नाट्य विद्यालय जाके ग़लती तो नहीं कर दी।"

"क्यों? बढ़िया जगह है, तेरे पसन्द की जगह है। यहाँ भी क्या कर रहा था।" मराठे बोला।

"सही बात है। तेरा बैंक ठीक चल रहा है?" उसने प्रमाद से पूछा।

"एकदम मज़े में। बस तू फिट रह।"

थोड़ी देर बाद प्रमाद चला गया। फिर कुछ देर बाद वो भी उठ लिया।

घर आया तो पिताजी आ चुके थे।

उनके पैर छुए। फिर वो अपने कमरे में चला गया।

दरवाज़ा अन्दर से बन्द कर लिया। (रेवा अपने कॉलेज के टूर पर गई हुई थी।)

रात को खाने के लिए बाहर निकला तो पिताजी ड्राइंग रूम में बैठे हुए थे। अपनी चिर-परिचित कुर्सी पे।

"और भई...बैठो...क्या चल रहा है?"

तो मन ना होते हुए भी बैठ गया।

"अब कितने साल बचे हैं तुम्हारे?"

"आपको मालूम तो है?"

"हाँ हाँ! मैंने ऐसे ही पूछ लिया। बाहर निकलकर क्या करने का इरादा है?"

"थियेटर करूँगा।"

"हाँ-हाँ, मगर कहीं नौकरी-वौकरी...मतलब कहीं जॉब वग़ैरह के भी प्रास्पैक्ट्स हैं?"

"हमारे यहाँ जॉब नहीं होता।"

"तो फिर क्या होता है? खाना कमाना कैसे होगा...?"

"देखिए मैंने आपसे पूछकर तो फ़ॉर्म भरा नहीं था सर?" उसके स्वर में तलख़ी आ गई थी। "थियेटर करूँगा, काम करूँगा। और क्या?"

"वही मैं पूछ रहा हूँ कि काम क्या करोगे?"

"समझाना मुश्किल है।" वो उठ गया था।

"अरे यार बतलाओ तो सही। मैं तुम्हारा बाप हूँ।"

"बतला दिया।" और उसने बाहर जाने के लिए क़दम बढ़ा दिये।

"कमाल है यार...! बाहर कोई पूछे तो मैं क्या जवाब दूँ?"

"बोल दीजिएगा कि मुझे आवारगी पसन्द आ गई।" और वो दरवाज़े से बाहर निकल गया था।

उसके एन.एस.डी. में प्रवेश की ख़ुशी पिताजी के चेहरे से उड़ चुकी थी। उन्हें अब इस बात की चिन्ता थी कि आगे क्या होगा।

उसने महसूस किया कि उम्र के साथ पिताजी में कुछ सनक सी आ गई है।

अगले दिन सुबह छह बजे वो घर से बाहर था। सबको मालूम था कि वो कहाँ जा रहा है। मगर उसको रोकने की हिम्मत किसी में नहीं थी। अब वो उनसे काफ़ी दूर जा चुका था।

पाटनकर बाज़ार में संगिनी उसे दूर से देखकर खिल गईं। उन्होंने घूँसा तान लिया।

अब वो भी थोड़ा हल्का हो चुका था। वो हँस पड़ा।

"बदतमीज़। पन्द्रह ख़त लिख चुकी हूँ। जवाब सिर्फ़ दो का आया। क्यों?" वो पास आते हुए बोलीं।

"और वो फ़ोटोग्राफ़ कैसा था? झगड़ा करने गए थे वहाँ?"

"अरे बाबा। एक साथ इतने सवाल? अभी स्कूल भी तो चलना है।" उसने हँसते हुए कहा।

"भाड़ में जाए स्कूल। पहले मेरे सवालों का जवाब दो। यहाँ चिन्ता में मरी जा रही हूँ और वहाँ साहबज़ादे ऐश कर रहे हैं। कोई लड़की पसन्द आ गई क्या?"

"अरे बाबा। ये तो बताओ। आज रूट कौन सा लेना है?"

"लोहिया बाज़ार से चलेंगे। लेकिन स्कूल के बाद तुम्हारा सारा वक़्त मेरा।"

और वो दोनों लोहिया बाज़ार की तरफ़ मुड़ गए थे।

संगिनी लहर थीं। संगिनी बहार थीं। संगिनी रौशनी थीं। रास्ते में जो भी मिलता, उसे देखके खिलखिलाना उनका धर्म था। वो हँसी के बिना रह ही नहीं सकती थीं। रास्ते में उन्होंने ढेर सारे सवालों की बौछार लगा दी। वो कुछ के ही जवाब दे पाया। बाक़ी सब उसने टाल दिये। इतने में स्कूल आ गया।

"मैं स्कूल के बाहर मिलूँगी। गेट पे मिल जाना। वो विक्टोरिया मार्केट की दुकान का उद्घाटन करना है। फिर घर चलेंगे।"

और वो अन्दर चली गई।

संताप दोपहर दो बजे तक भटकता रहा। इस सड़क से उस सड़क। बीच में टेम्पो भी लिया। एक चक्कर बिरलानगर और मुरार का भी लगा लिया। निष्प्रयोजन। दोपहर दो बजे तक समय काटना था।

ठीक दो बजे वो चिरन्तन धर्म मन्दिर स्कूल के सामने खड़ा था।

पहले छात्राओं की भीड़ निकली। कुछ-कुछ टीचर्स के साथ संगिनी।

"बॉय।" टीचर्स की तरफ़ हाथ हिलाते हुए वो संताप के पास आईं।

"अब बोल कहाँ चलना है?"

"आपने विक्टोरिया मार्केट कहा था।"

"चल। घोड़ा चौक से टेम्पो लेते हैं। या ऑटो ही कर लेते हैं ना। आज तो स्पेशल डे है।"

और वो विक्टोरिया मार्केट में 'नवयुग चाट भंडार' पर बैठे हुए थे। संगिनी ने दो समोसा चाट और दो कोल्ड ड्रिंक्स का ऑर्डर दिया था।

"अब सुना। कैसा है?"

"ठीक हूँ। अच्छा लग रहा है। कम-से-कम ग्वालियर में नहीं हूँ।"

"ग्वालियर के प्रति ऐसी भावना क्यों? यहाँ तुम पले-बढ़े हो।"

"बस पला-बढ़ा ही हूँ। कैसे? ये आप जानती हैं।"

उसक स्वर में छाया आ गई।

"भूल जा उन बातों को। अब सब कुछ नया है। नई ज़िन्दगी है। अब सब कुछ बदल जाएगा। नहीं...?"

वो चुप रहा। "मैं कहीं फँस गया। मैं एक्सप्रेस नहीं कर सकता।"

"क्या हुआ? वहाँ अच्छा नहीं लग रहा?"

"वैसा नहीं है। मैं..." उसके मुँह से रॉबर्ट डी नीरो का नाम आते-आते रह गया। मैं क्या बोलूँगा और क्या समझाऊँगा। और क्या समझा पाऊँगा। और कोई क्या समझ पाएगा।

"कैसे बतलाऊँ। यहाँ था तो प्रादेशिक अभिनेता था। प्रादेशिक मूल्य थे। प्रादेशिक कसौटी थी। वहाँ सब कुछ बदल गया है। वहाँ का स्तर राष्ट्रीय है। मूल्य भी बड़े हो गए हैं। हसरतें भी बढ़ चली हैं। और उनको पूरा करने की इच्छा भी बढ़ चली है। मगर कैसे? ये ही समझ नहीं आ रहा।"

"क्या डर लगता है? कम्पीटीशन बहुत है?"

"वो तो है ही। और उसी में अपनी जगह बनानी है।"

"कोई बात नहीं। समझ आ जाएगा। अभी गए हुए एक ही साल हुआ है। आगे वक़्त पे छोड़ दे। भगवान सब सही करेगा।"

चाट आ गई थी। दोनों ने खाना शुरू कर दिया था।

फिर संगिनी ने खाते-खाते नज़रें उठाईं। उसकी तरफ़ देख रहा था। फिर धीमे से मुस्कराईं। वो भी मुस्कराया।

"क्या?"

"क्या?"

"तू क्यों मुस्कराया?"

"आप क्यों मुस्कराईं?"

"तू बतला।"

"आप कुछ पूछना चाहती हैं।"

"गुड। मतलब मुझे ख़ासा समझता है।"

"वो अच्छा है। मतलब ठीक है। चलेगा।" और वो ज़ोरों से हँस पड़ा।

"ये चाट की प्लेट फेंक के मारूँगी। और बतला उसके बारे में।"

"अरे एक चटपटी लड़की के साथ मिलने आया था। बड़ी नमकीन थी। 'मेरा नाम विश्वास है। विश्वास उपाध्याय।' अब है तो है। नाम को क्या शहद लगाके चाटूँ?"

"ओ बदतमीज़। कैसा लगा?"

"क्या सुनना चाह रही हैं?"

"अच्छा।" वो कोल्ड ड्रिंक का सिप लेते हुए मुस्कराईं।

"अच्छा है। मगर अजीब सी बातें कर रहा था। मैं तुमसे दोबारा मिल सकता हूँ...?"

"हाँ तो क्या ग़लत बोल दिया?"

"मुझसे मिलके क्या करेगा? जिससे मिलना है, उससे मिलने की कोशिश करे ना।"

"वही करने की कोशिश कर रहा है। अगले साल हम लोग शादी कर रहे हैं। फिर देखना। दिल्ली आऊँगी...और तेरे सीने पे बैठके मूँग दलूँगी।"

संताप थ्ोडा़ सीरियस हो गया। उसे पता नहीं क्यों ये बात अच्छी नहीं लगी।

"कुछ बात हुई है क्या आगे?" उसने पूछा।

"बातों की हद से रिश्ता आगे गुज़र गया है संताप। अब बातें नहीं होतीं। अब बातें महसूस की जाती हैं। मूक रहकर भी बहुत कुछ बोल दिया जाता है।" वो गम्भीर हो चुकी थीं।

"एक वो ही तो सहारा है मेरा। और दूसरा तू।" और हँसी लौट आई थी। "जल्दी-जल्दी नाम कर ग्वालियर का और हमारा भी। और देख। कोई अच्छी सी लड़की मिलती है तो उसे पटा। फिर मुझसे मिला। उससे बोल कि घर से पहले ये एप्रूव करेंगी। और फिर...बात ख़त्म।"

और वो खिलखिला उठी थीं। संताप उनको देखता ही रह गया।

"इस भोली निश्छलता के सामने कैसे कहूँ कि विश्वास मुझे पसन्द नहीं आया।" उसने एक गहरी साँस ली।

"अब चल। घर चलते हैं। माँ से मिलते हैं। चाँदनी भी कई बार पूछ चुकी है।" वो खड़ी हो गई थीं।

फिर वो संगिनी के घर गए। वहाँ वो सबसे मिला। संगिनी ने विश्वास के ख़त दिखाए। बड़े लम्बे ख़त थे। जैसे पूरे एक महीने की दास्तान लिखी हो। उसके बाद वो घर लौट आया।

नाट्यशास्त्र

विश्नोई पहले से अधिक शान्त हो गए थे। डीडवाना ओली में स्थित अपने घर में वो अकेले थे। पूरा परिवार बाहर गया था।

"आप कभी गुस्सा नहीं होते?"

"होता हूँ ना। वही तो इकलौता तम है मेरा।"

"मैंने कभी देखा नहीं।"

"तुम आए कितने दिन हो मेरे घर में। और क्या चल रहा है वहाँ?"

"रूटीन क्लासेज़ हैं। अभी तक तो ऐसा कुछ ख़ास हुआ नहीं जिस पर गर्व कर सकूँ। छोड़ 'मशरिक़ी हूर' के। वो मैं आपको बताता हूँ।"

"हूँ। नाट्य शास्त्र पढ़ा?"

"देखा है लाइब्रेरी में। अब पढ़ूँगा।"

"उससे तुम्हें नाट्य की सही परिभाषा मालूम पड़ेगी। पात्र के बारे में मालूम पड़ेगा। नाटक कैसे करते हैं, ये तो है ही! नाटक क्यों करते हैं, ये भी मालूम होना चाहिए।"

"क्यों करते हैं?"

"नाट्य शास्त्र को पाँचवाँ वेद कहा गया है। अलग-अलग पात्रों को अपने अन्दर समेटना और फिर बाहर फेंक के दोबारा साफ़ हो जाने को भी अभिनय कहते हैं। पात्र समझते हो?"

"क्या?"

"पात्र का मतलब है बरतन। और नाट्य में पात्र कहते हैं चरित्र को। बरतन में ज़हर भर दो तो वो ज़हर का पात्र हो जाता है। शराब भर दो तो शराब का और दूध भर दो तो दूध का। मगर उसमें से सब फेंक दो तो वो ख़ाली पात्र हो जाता है। न्यूट्रल। बिना किसी चरित्र के। साफ़-सुथरा, सादा-निष्काम। योग में भी ऐसी ही अवस्था का चित्रण किया गया है। जहाँ ध्यान से पहुँचा जा सकता है वहाँ तुम अभिनय से पहुँच सकते हो। अभिनय करने के लिए सिर्फ़ विधि ही नहीं कारण भी चाहिए। अभिनेता निष्पाप, निष्कलंक और अनासक्त होता है जैसे कि योगी। ये ही दिशा पकड़ो।"

"कैसे?"

"कर्मरत रहो। कर्म ही जीवन है। एक बार किया गया कर्म बिना अपना फल दिये नष्ट नहीं होता।"

वापस आते हुए हैमलेट ध्यानपूर्वक सोच रहा था।

कबिरा खड़ा बाज़ार में

अगले दिन उसने प्ले उठा लिया था—'कबिरा खड़ा बाज़ार में'

भीष्म साहनी का नाटक था। गर्मियों की छुट्टियाँ काटने का भी इससे बढ़िया ज़रिया और कुछ नहीं हो सकता था।

उसके विज्ञापन में स्पष्ट था 'कोई भी सीनियर आर्टिस्ट आवेदन ना करे। आप लोगों को निर्देशित करने की मेरी औक़ात नहीं।'

सीनियर आर्टिस्ट को इसकी ज़रूरत भी नहीं थी।

"जुमा जुमा एक साल हुआ है एन.एस.डी. गए हुए और प्ले भी निर्देशित करेंगे।" (ग्वालियर के नाट्य समुदाय में उस वक्त पार्टी पॉलिटिक्स बहुत थी।)

एल.बी.टी. एक साल पहले भोपाल जा चुका था। जो आर्टिस्ट नहीं गए थे उन्होंने 'कला समूह' के नाम से नई संस्था खोली थी। नाटक उसी के बैनर तले होना था।

प्ले म्यूज़िकल था। हैमलेट का हौसला सातवें आसमान पे था। 'इसका म्यूज़िक भी मैं ही दूँगा।' बाक़ी कला समूह के रानू दा तो थे ही। (संताप कभी रानू दा से सितार सीखता था।)

नौजवान जुट गए थे। सन्तोष गुप्ता और अरविन्द भदौरिया उसे विशेष रूप से पसन्द आए थे। (उनसे काफ़ी आगे तक सम्बन्ध होने थे।)

संगिनी रोज़ स्कूल का काम ख़त्म करतीं। फिर घर जातीं। उसके बाद रिहर्सल पर आ जातीं। बैक स्टेज की पूरी ज़िम्मेदारी उन्होंने ले ली थी।

संताप-संगिनी के क़िस्से अब पुराने हो चुके थे। ग्वालियर उन्हें भूल चुका था। स्मृतियाँ भी कितनी धोखेबाज़ होती हैं।

उसने फ़ोन किया था। ईशान त्रिवेदी उसका हाथ बँटाने मुरादाबाद से आ चुका था।

संताप ने महसूस किया कि निर्देशक से ज़्यादा उसमें टीचर बनने के गुण भरपूर भरे पड़े हैं। नाटक की रिहर्सल चल पड़ी थी।

ऐसे ही एक दिन वो ब्रेक में संगिनी के साथ पत्थर पर बैठा हुआ था। एल.बी.टी. का कैम्पस अब कला समूह के पास आ चुका था। श्री माधवराव सिंधिया उसके संरक्षक बन चुके थे।

"आज मैंने एक निर्णय ले लिया।"

"शादी करेगा?" संगिनी चाय की चुस्की भरते हुए मुस्कराई।

"आज से आपको संगिनी कहूँगा। नाम से पुकारने से सम्बन्ध मज़बूत होते हैं।"

"अभी क्या कहता है?" वो फिर मुस्कराईं।

"अभी कुछ नहीं। या बहुत करके संगिनी जी। उसमें मज़ा नहीं आता।"

"विश्वास को बुरा लगेगा। संगिनी बुलाने का हक़ सिर्फ़ एक ही मर्द को है।" उनके स्वर में शरारत थी।

"विश्वास की ऐसी-तैसी। मेरे सामने उस शख़्स का नाम मत लिया करो।"

"ढीठ" वो खिलखिलाईं, "ठीक। आज से ये ही रही।"

प्ले पूरी परवान पर था। म्यूज़िक कम्पोज़ हो चुका था। रिहर्सल पूरे ज़ोरों पर थी। अचानक संगिनी का आना बन्द हो गया।

चार दिन हो गए थे। उनका कोई अता-पता नहीं था। संताप ने ख़बर भेजी।

"आज आती हूँ।" लड़का जवाब लाया।

और उस दिन संगिनी आईं। सारा काम भी किया। थकी नज़र आ रही थीं।

"क्या बात है? तबीयत तो ठीक है?" संताप ने माथे पर हाथ रखा।

"नहीं ठीक है। थोड़ी थकन है। सही हो जाऊँगी।" ये बोलके वो उठ गईं। संताप को अजीब लगा।

उस दिन के बाद संगिनी के व्यवहार में थोड़ा बदलाव आ गया। हमेशा चहकने वाली संगिनी कुछ उड़-सी गईं। ख़ामोश भी।

"क्या हुआ तुमको?"

"मैं ठीक हूँ। तू अपनी रिहर्सल कर।"

आख़िर शो का दिन भी आ गया।

ग्रांड रिहर्सल चल रही थी। संताप उसमें लगा हुआ था। उसे कुछ होश ही नहीं था। अचानक सन्तोष भागता हुआ आया।

"संगिनी दीदी गिर पड़ीं!"

सारे भागे। संगिनी ग्रीन रूम में कुर्सी पर बैठी थीं। और अरविन्द उनको पंखा झल रहा था। एक लड़का पानी का गिलास थामे खड़ा था।

"क्या हुआ?" संताप धड़धड़ाता हुआ अन्दर घुसा।

"अरे तुम लोग बेकार ही चिन्ता कर रहे हो। कमज़ोरी की वजह से चक्कर आ गया था।"

संताप चुप रहा। फिर बोला।

"तुम लोग जाओ। मैं आता हूँ।"

सारे लोग ग्रीन रूम से चले गए। अब वो अकेले थे।

"क्या बात है संगिनी?" वो पास ही बैठ गया।

"देख, तुझे मेरी क़सम। शो कर ले। फिर मैं तुझे सब बतला दूँगी।" उनकी आँख में आँसू थे।

"इसका मतलब कुछ बात है?"

"तुझे मेरी क़सम।" उन्होंने उसके हाथ पर हाथ रखा। वो उनकी तरफ़ देखके उठ गया।

शो बढ़िया रहा। अख़बारों में ख़ूब तारीफ़ हुई। ख़ास तौर पर म्यूज़िक की।

अगले ही दिन संताप संगिनी के घर पर था।

"क्या बात है?" वो चुप रहीं।

"बोलो ना।" उसने उनके हाथ पर हाथ रखा।

उनकी आँख में आँसू झिलमिला गए।

"अरे!" संताप ने उनका हाथ अपने हाथों में ले लिया।

"आख़िर बात क्या है?"

"एक महीने से विश्वास का कोई ख़त नहीं आया।"

"ऐ तेरे की। खोदा पहाड़ निकली चुहिया। इतनी बात थी? अभी जाके उसका कॉलर पकड़ता हूँ।"

"छोटी बात नहीं है संताप। वो बिना नाग़ा मुझे हर हफ़्ते ख़त लिखता था। फ़ोन करती हूँ तो मालूम पड़ता है कि टूर पर है।"

"तो होगा टूर पर। ऑफ़िस की ज़िम्मेदारी भी तो निभानी पड़ती है ना?"

"एक फ़ोन तो कर सकता था ना।" फिर वो चुप हो गईं।

"तुम नम्बर दो उसका। मैं अभी फ़ोन करता हूँ।" वो पछताया कि वो विश्वास का पता और फ़ोन नम्बर लेना भूल गया था।

संगिनी ने नम्बर दे दिया।

"अब आँसू पोंछो। और पुराने फ़ॉर्म में आ जाओ। आज कला समूह में कास्ट पार्टी है। सब लोग इन्तज़ार कर रहे होंगे।"

वो घर आया तो राष्ट्रीय नाट्य विद्यालय का ऑफ़िशियल लैटर उसका इन्तज़ार कर रहा था।

"आपको सूचित किया जाता है कि इस बार विद्यालय का सत्र एक महीना बाद यानी कि 3 सितम्बर को खुलेगा।

उसने दिल्ली फ़ोन किया तो मालूम पड़ा कि स्कूल में नए निर्देशक एप्वाइंट हो चुके हैं। मोहन महर्षि। उन्हीं के आदेश से सत्र आगे किया गया था।

उसने फ़ोन रखा। एक गहरी साँस ली। नए निर्देशक चंडीगढ़ से आ रहे थे।

विश्वास का फ़ोन अगले एक महीने तक नहीं आया। और ना ही कोई ख़त। संताप के सारे प्रयास बेकार गए थे।

संगिनी बिलकुल चुप हो गई थीं।

एक महीने बाद संताप दिल्ली पहुँचा।

स्कूल की सचमुच कायापलट हो चुकी थी। वो नए सिरे से झाड़-पोंछ दिया गया था। हर तरफ़ चमक विद्यमान थी। सारे टीचर्स और कर्मचारी वक़्त पर काम पर आ रहे थे। सबका कहना था कि अलक़ाज़ी साहब का ज़माना लौट आया। मोहन महर्षि अलक़ाज़ी साहब के ही स्टूडेंट थे।

मगर संताप को होश नहीं था। कक्षाएँ अगले दिन से शुरू होने वाली थीं। उसके पास विश्वास का पता था संगिनी का दिया हुआ। उसने ऑटो लिया और सीधा पहुँच गया—डी-40 न्यूफ्रेंड्स कॉलोनी।

उसने डोर बैल बजाई। दरवाज़ा विश्वास ने ही खोला।

"आपने संगिनी को फ़ोन तक नहीं किया? वो कितनी परेशान है?"

वो एकदम भरा हुआ था। रोष से उसकी आवाज़ थरथरा रही थी।

"अरे अन्दर तो आओ संताप। देखो प्रभा। कौन आया है।"

अन्दर प्रभा सान्याल बैठी हुई थी।

वो धड़धड़ाते हुए अन्दर घुसा।

"ऐसी क्या बात हो गई कि उसे ख़त तक लिखना भूल गए? कम-से-कम फ़ोन तो कर लेते?" उसका आक्रोश सँभल ही नहीं रहा था।

"अरे बाबा। रुको तो एक मिनट।" विश्वास हाथ उठाते हुए हँसा। संताप को उसकी हँसी अच्छी नहीं लगी।

"अरे मैं दो महीने से नॉर्थ ईस्ट के टूर पर था। आज ही पहुँचा हूँ। वहाँ फ़ोन लाइन्स नहीं मिलतीं। ख़त पता नहीं कैसे नहीं पहुँचे? प्रभा मुझे पहले ही डाँट चुकी है। लो। अभी तुम्हारे सामने फ़ोन करता हूँ।"

और उसने फ़ोन उठा लिया। उसमें एस.टी.डी. की सुविधा थी।

"हैलो।"

शायद दूसरी तरफ़ से जवाब नहीं आया था।

"हैलो संगिनी। मैं बोल रहा हूँ।"

और बिना सुने ही संताप को अन्दाज़ा हो गया कि दूसरी तरफ़ से रुलाई फूट पड़ी है।

"अरे भई सुनो तो। मेरी बात तो सुनो। मैं नॉर्थ ईस्ट के टूर पर था पिछले दो महीने से। इसीलिए फ़ोन नहीं कर पाया। लेकिन मैंने ख़त तो लिखे थे। तुम्हारा जवाब ही नहीं आया।"

अगली तरफ़ से शायद कुछ बोला नहीं गया था।

"अच्छा अब ग़ुस्सा थूक दो। अब मैं तुम्हें हर हफ़्ते ख़त लिखूँगा। ये वादा है। प्लीज़ हँस दो प्लीज़। अच्छा लो। संताप से बात करो। ये बेचारा मंडी हाउस से न्यू फ़्रेंड्स कॉलोनी आया है तुम्हारे लिए।"

उसने फ़ोन संताप की ओर बढ़ा दिया।

"हैलो। संताप बोल रहा हूँ।"

फ़ोन पर सिसकी आई।

"अरे अब हो गया। अब वो रोज़ फ़ोन करेंगे। अब चुप हो जाओ। लो बात करो!" उसने फ़ोन विश्वास की ओर बढ़ा दिया।

"कल फ़ोन करता हूँ। एस.टी.डी. का टाइम ख़त्म हो रहा है। अब रखता हूँ।" और उसने फ़ोन रख दिया।

"अरे बैठो यार। मैं वैसे भी तुमसे बात करना चाह रहा था।"

"मेरे पास वक़्त नहीं है विश्वास साहब। वैसे भी मेरा काम पूरा हो गया। अब मुझे इजाज़त दीजिए।" उसने हाथ जोड़ लिए।

"अरे बैठो तो सही। एक कप चाय तो पीके जाओ।"

"अब चलूँगा सर। वैसे देवी पाई है आपने। इसको सजा के रखिएगा अपने घर में।" और ना मालूम क्यों उसकी आँखों में आँसू आ गए। प्रभा उसे लगातार देख रही थी।

वो मुड़ा और एकदम फ़्लैट से बाहर आ गया। ऑटो में बैठकर वो सारे रास्ते ये ही सोच रहा था कि वो रोया क्यों था।

फ़्रिट्ज़ बेनेविट्ज़

मोहन महर्षि ने निदेशक पद सँभाल लिया था। पूरे विद्यालय में सनसनी थी। सब लोग सधे हुए थे। एक तो लम्बे-चौड़े मोहन महर्षि जी की शख़्सियत का प्रभाव था कि आदमी उनके सामने चूँ बोल जाया करता था। दूसरे उनकी कार्यनीति ऐसी रंग लाई थी कि स्कूल में हर बन्दे ने ढंग से काम करना शुरू कर दिया था।

"हर हफ़्ते लाइब्रेरी से कम-से-कम दो किताबें इश्यू करवाना ज़रूरी है।" छात्रों को फ़रमान मिल चुका था।

"सुबह की योगा क्लास में जो नहीं आएगा उसकी स्कालरशिप काट ली जाएगी।" छात्र सुबह दौड़कर आने लगे थे।

"अगर क्लास में किसी की आँखें लाल दिखीं तो मैं उसे स्ट्रेटअवे बाहर कर दूँगा।" छात्र नौ बजे तक शराब आदि का सेवन निपटाकर बिस्तर पर पसरने लगे थे।

"अगर कपड़े मैले-कुचैले पाए गए तो कक्षा में आना ही मत। मैं ख़ुद विजिट पर रहूँगा।" हॉस्टल में धोबी की अहमियत बढ़ गई थी।

"इस साल थर्ड ईयर और सेकेंड ईयर को फ़्रिट्ज़ बेनेविट्ज़ मिलेंगे। ये उनकी च्वाइस है कि कौन सा प्ले करवाया जाए।"

नोटिस बोर्ड में इबारत चमक रही थी।

और फ़्रिट्ज़ बेनेविट्ज़ आए थे। पूरी गर्जना के साथ। जी.डी.आर. से। उस वक़्त ईस्ट जर्मनी को जी.डी.आर. कहा जाता था यानी जर्मन डेमोक्रेटिक रिपब्लिक!

फ़्रिट्ज़ बेनेविट्ज़ वाक़ई जल्लाद थे।

उनके आने मात्र से अभिनय समुदाय में दहशत फैल जाती। शेक्सपियर, गेटे और ब्रेख्त के विशेषज्ञ फ़्रिट्ज़ बेनेविट्ज़ हिन्दुस्तान की हर भाषा में नाटक कर चुके थे जिनमें उर्दू, कन्नड़, हिन्दी, छत्तीसगढ़ी और बुन्देलखंडी शामिल थे। हिन्दी का एक लफ़्ज़ ना जानने वाले फ़्रिट्ज़ को थियेटर की वास्तविक भाषा का ऐसा ज्ञान था कि उन्हें रंगमंच में धोखा देना असम्भव था।

दूसरे विश्वयुद्ध में वो हिटलर की फ़ौज में नाज़ी सिपाही रह चुके थे जिसने पेरिस इन्वेज़न में भरपूर हिस्सा लिया था। विश्वयुद्ध ख़त्म हो जाने के बाद वो थियेटर की तरफ़ आकर्षित हुए थे और उन्होंने जर्मनी के मशहूर नाटककार और निर्देशक बर्टोल्ट ब्रेख़्त और उसकी बीवी हेलेना वाइगल को ज्वाइन कर लिया था और आजकल बर्लिनर एनसेम्बल (वहाँ की राष्ट्रीय रैपरट्री कम्पनी।) में कार्यकारी निर्देशक थे और एशियन एक्टर्स के इश्क़ में गिरफ़्तार थे।

वो हबीब तनवीर के छत्तीसगढ़ी एक्टर्स का दीवाने थे और पंडवाणी को दुनिया का सर्वश्रेष्ठ परफ़ार्मिंग आर्ट फ़ॉर्म मानते थे।

अपनी एक आँख कार एक्सीडेंट में गँवाने के बावजूद उनकी दृष्टि इतनी पैनी थी कि उनकी नज़र से एक्टर्स की ग़लतियों का बच पाना नामुमकिन था।

सत्तर साल के फ़्रिट्ज़ बेनेविट्ज़ में बीस साल के नौजवान का जोश था। लम्बे-लम्बे डग भरते हुए वो चलते तो जैसे ज़मीन डगमगा जाती।

"एक्टर्स एशिया में ही होते हैं ख़ास तौर पे हिन्दुस्तान में। जितना फ़ोक आर्ट फ़ॉर्म में वैरियेशन हिन्दुस्तान में मिलता है उतना और कहीं नहीं।"

एक आँख गँवाने के बाद उससे एक इंटरव्यू में पूछे गए सवाल का जवाब बाक़ायदा 'कोट' किया जाता था।

"डू यू फ़ील सैड टू लूज़ युअर वन आई?"

"नो। आई फ़ील हैप्पी टू सेव माई वन आई।"

उनका रिहर्सल करने का तरीक़ा बड़ा ख़तरनाक था। उन्हें अपने प्ले का एक-एक शब्द रटा होता था।

वो अंग्रेज़ी में नाटक करना पसन्द नहीं करते थे। उन्होंने इस बार तय किया था कि वो थर्ड ईयर के साथ में ब्रेख़्त का 'लाइफ़ एंड टाइम्स ऑफ़ गैलीलियो' और सेकेंड ईयर के साथ विलियम शेक्सपियर का 'हैमलेट' करवाएँगे।

नाट्य विद्यालय में सनसनी थी। सारे छात्र बेसब्री से उसके आने का इन्तज़ार कर रहे थे।

और फ्रिट्ज़ आए।

ऊपर ऐकेडेमिक क्लास में पहली मीटिंग हुई। मोहन महर्षि साथ बैठे थे।

वो बारी-बारी से हर एक्टर को घूर रहे थे। उनका कास्टिंग करने का ये ही तरीक़ा था। वो चेहरा देखकर कास्टिंग किया करते थे।

और अगले दिन कास्टिंग हो भी गई। (बिना किसी रीडिंग के। हाँ। बाक़ी टीचर्स की राय भी उसमें शामिल थी।)

स्टूडियो नं. 3 में उनकी उँगली उठी। 'यू।' दिनेश खन्ना उँगली की ज़द में आया—'पोलीनियस', 'यू' अलका श्रीवास्तव की ओर उँगली उठी—'गर्ट्रूड', 'यू' विभा की तरफ़ उँगली उठी—'ओफ़िलिया', 'यू' मलकानी की तरफ़ उँगली उठी—'ग्रेव डिगर', 'यू' छिब्बर को उन्होंने कहा—'क्लाडियस', 'एंड यू' और उनकी उँगली संताप की ओर घूम गई—'हैमलेट'

कइयों के चेहरे पर ख़ुशी थी तो कइयों के चेहरे पे मायूसी। (एन.एस.डी. में कास्टिंग जीवन-मरण का सवाल हुआ करता था।)

"रिहर्सल फ्रॉम टुमॉरो। रीड द प्ले प्रापरली।"

कह के वो उठ लिये थे।

और अगले दिन से रिहर्सल शुरू हुई थी। और पहले ही दिन संताप को अपनी सही हैसियत का अनुमान हो गया था।

संताप अपनी ज़िन्दगी के सबसे ख़तरनाक टार्चर चेम्बर में घुस चुका था।

"हैमलेट कुट्टा नहीं है। यू स्पीक लाइक ए डॉग" वो अपनी अंग्रेज़ी मिश्रित हिन्दी में बोले।

फ्रिट्ज़ ने पहले दिन से ही उसकी बॉडी लैंग्वेज़, स्पीच, जेस्चर, पोस्चर और आवाज़ पर इतने आमूल-चूल सवाल खड़े कर दिये कि संताप को लगा कि वो नाज़ी कॉन्संटेंशन कैम्प में है।

"व्हाई डू यू स्पीक लाइक ए मशीनगन? नो सेंस ऑफ़ पोस्चर्स ऐब्सोल्यूटली। हू टोल्ड यू-यू आर एन एक्टर? गो। ज्वाइन सम बैंक सर्विस।"

और संताप पागल हो गया।

वो दिन-भर एन.एस.डी. में डकारता घूमता। उसके वश में कुछ नहीं रहा था। वो पूरी तरीक़े से अवश हो चुका था। उसका सोच-विचार, घर, दोस्त, विश्नोई, संगिनी—सब दूर की बात हो चुके थे।

वो रात में अपने कमरे में सर पकड़ के रोता। (दूसरे वर्ष में उसे कमरा मिल चुका था।) फिर सोते-सोते जाग पड़ता। एन.एस.डी. का चक्कर मारता, ख़ाली गलियारों और कॉरिडोर में घूमता, स्टूडियो नं. 3 में जाता जहाँ अगले दिन उसका फिर से दोहन होना था। अलका की दुकान पर चाय का गिलास हाथ में लेके घंटों खड़ा रह जाता और सबकी तरफ़ उड़ी-उड़ी नज़रों से देखता।

और इसी बीच एक और हादसा हो गया जिसने संताप को बुरी तरह से तोड़ के रख दिया।

थर्ड ईयर में किरण कुलकर्णी को गैलीलियो का रोल मिला था। रोल ना कर पाने की असमर्थता में उसने अपने-आपको इलेक्ट्रिक शॉक देकर मारने की कोशिश की थी। (एन.एस.डी. में क्लासिकल प्ले में मुख्य भूमिका मिलना और उसे ना कर पाना नारकीय यातना भोगने के समान था।)

संताप दहल गया था। ये बात सितम्बर 1984 की थी। रिहर्सल शुरू हुए दो महीने हो चुके थे।

ग्वालियर से विश्नोई का फ़ोन आया—"ध्यान करो। उससे शायद कुछ हो जाए।"

संगिनी का कहना थ, "देखना। हैमलेट बहुत अच्छा होगा।"

दिन 25 दिसम्बर, 1984

उस दिन संताप को सुबह से लग रहा था कि कुछ होने वाला है। उसकी तबीयत बिलकुल ठीक थी। लेकिन फिर भी अजीब लग रहा था।

उस दिन रिहर्सल थोड़ा लेट शुरू होनी थी।

फ्रिट्ज़ बेनेविट्ज़ को जर्मन ऐम्बेसी जाना था किसी काम से।

उस दिन उसने खाना जल्दी खा लिया। फिर वो आराम करने हॉस्टल चला आया। वो यूँ ही लेटा हुआ कमरा नं. 16 की दीवारों को देख रहा था कि उसे लगा कि कुछ हो रहा है।

वो सुन्न था। चुप था। अचानक आँखों के सामने रौशनी सी फैलने लगी। उसने सर को झटका। मगर उसे कहीं दर्द नहीं था ना ही कोई दिक़्क़त। एकदम उस कमरे में सन्नाटा हो गया। उसने फिर सिर को झटका। मगर सन्नाटा और पसर गया। और उसने पाया कि उसे वही अजीबोग़रीब अनुभव तीसरी बार हो रहा है। (बिना ये जाने कि अब उसे ये अनुभव कभी नहीं होने वाला है।)

उसकी साँस थम गई। और थोड़ी देर में वो बिलकुल शान्त था।

रिहर्सल चल रही थी। देवेन्द्रराज अंकुर प्ले के लोकल कोऑर्डिनेटर थे। फ़्रिट्ज़ अभी तक नहीं आए थे।

संताप ने अपनी स्पीच बोली।

"रहना है या नहीं रहना है यही सवाल है।" (टू बी ऑर नॉट टू बी दैट इज़ द क्वेश्चन।)

और फिर वो बोलता चला गया। उसके आसपास सब कुछ ग़ायब हो गया था। सर्कुलेशन यूनिट की दीवारें पिघल चुकी थीं। (रिहर्सल अब स्टूडियो नं. 2 में होती थी जहाँ फ़ाइनल प्रदर्शन होना था।) संताप उन्माद में था। उसके मुँह से शब्द निकल रहे थे। नहीं। उसका पूरा शरीर बोल रहा था। वो परवश अवस्था में था। उसने अपनी स्पीच ख़त्म की।

सन्नाटा था। सारे बैचमेट्स सधे खड़े थे।

अचानक किसी के ताली बजाने की आवाज़ सन्नाटे को तोड़ गई।

सबने मुड़कर देखा। दरवाज़े पे खड़े फ़्रिट्ज़ बेनेविट्ज़ तालियाँ बजा रहे थे।

वो आगे बढ़े और संताप के चेहरे को अपने हाथों में भर लिया।

"दिस इज़ लाइक ऐ क्रिसमस गिफ़्ट टू मी। थैंक यू फ़ॉर टॉलरेटिंग मी फ़ॉर सो लॉन्ग।"

संताप ख़ामोश था।

और 01 जनवरी, 1985 को हैमलेट हुआ।

और दिल्ली का तहलका बम्बई तक पहुँच गया था। केतन मेहता, सईद अख़्तर मिर्ज़ा, बासु भटाचार्य देखने आए थे। 'हैमलेट' की अपार सफलता को देखते हुए

शोज़ की संख्या में इज़ाफ़ा कर दिया गया था। अब हैमलेट के नौ शोज़ बढ़ चुके थे। मनोहर सिंह (रंगमंच के महान एक्टर), कविता नागपाल (दिल्ली की सबसे बड़ी नाट्य समीक्षक) के मुँह खुले हुए थे। और देखने वालों में एक शख़्स और भी था। रंजीत कपूर।

अंकुर जी संताप से बोले, "तुमने ऐसा क्या कर दिया? रंजीत तो पूरे प्ले में रो रहा था।"

संताप गुमसुम-सा देखता रह गया था। रंजीत कपूर हिन्दुस्तान के माने हुए निर्देशक थे।

ना जाने क्या सोचकर संताप ने ग्वालियर फ़ोन कर दिया था। पिताजी ख़ुद शो देखने आए थे।

देखने के बाद बहुत देर तक उसका हाथ अपने हाथ में पकड़कर काँपते स्वर में बोले थे, "बहुत बढ़िया। यार बहुत ही बढ़िया।" उनकी आवाज़ थरथरा रही थी।

संताप ने उन्हें मोहन महर्षि से मिलवाया। कठिनता से शब्द निकले, "सर! मेरे पिताजी प्रभाष शर्मा।"

उनका हाथ थामकर मोहन जी बोले—"ज़्यादा बड़ी बात नहीं कर रहा प्रभाष साहब जी। अगर इसके पैर ज़मीन पर रहे तो ये आसमान तक जाएगा।"

संताप सिहरकर रह गया था।

रात को वकील लेन के बॉयज़ हॉस्टल के सोलह नं. कमरे में पिताजी सो रहे थे। संताप पास ही बैठा था। कमरे में सन्नाटा था।

सीलिंग फ़ैन की आवाज़ खड़-खड़ करके आ रही थी। कमरा ख़ामोश था। वकील लेन ख़ामोश थी, दिल्ली ख़ामोश थी।

और अचानक संताप डर से सिहर उठा था। उसे बेतरह डर लगा था। ये सफलता अकस्मात् थी। अचानक।

"मेरे साथ कॉफ़ी पियोगी?"

"मेरे साथ सेक्स करोगे?" हरजोत ने अपनी कुर्ती का ऊपर वाला बटन खोलते हुए कहा था।

उसकी ज़िन्दगी बदल चुकी थी। वो बाहर निकलता तो सैकड़ों आँखें उसका पीछा करतीं। कत्थक केन्द्र की लड़कियों की आँखों में अनुराग आ गया था। टीचर्स उसे हाथों-हाथ लेते। सब तरफ़ 'हैमलेट हैमलेट' की आवाज़ें लगतीं। "ए स्टार इज़ बॉर्न।" और मेकअप के टीचर सुधीर कुलकर्णी अपने चिर-परिचित अन्दाज़ में कहते पाए गए—"जॉनी। संताप तो गया काम से। अब संताप हैमलेट की तरह चलेगा और हैमलेट की तरह सूँघेगा। हैमलेट की तरह हगेगा और हैमलेट की तरह मूतेगा। बाईस साल की उम्र में क्लासिकल कैरेक्टर को सफलतापूर्वक करने का मतलब राष्ट्रीय नाट्य विद्यालय में ये ही होता है। मनोहर भाई को देख लो। अभी तक तुग़लक़ ही बने घूम रहे हैं।" (जो कि सही नहीं था। 'संध्या छाया' देखने के बाद मनोहर सिंह के बारे में हैमलेट की राय बिलकुल बदल चुकी थी।)

अब वो और ज़्यादा गुमसुम रहने लगा था। फ्रिट्ज़ उनके सामने थे। वो अभिनय कर पा रहा था। फ्रिट्ज़ चले जाएँगे। वो क्या तब भी अभिनय कर पाएगा? हैमलेट उसने 'किया' नहीं था। ये परफ़ॉर्मेंस फ्रिट्ज़ ने उससे 'करवाया' था। हाँ। उसे ये ज़रूर महसूस हो गया था कि रॉबर्ट डी नीरो का सपना पालकर उसने कुछ ग़लत नहीं किया।

वो घंटों नाथू स्वीट हाउस में बैठा रहता अपने सहपाठियों के साथ। एक्टिंग पर चर्चा चलती रहती। हैमलेट के बाद सब उसकी अधिकांश बातें मानने लगे थे। दिनेश खन्ना से उसकी लम्बी बहस होती। दिनेश और छिब्बर। दोनों अभिनय में उसके प्रतियोगी थे और प्रतिद्वंद्वी भी।

शाम का वक़्त था। सात बज रहे होंगे। कार पार्किंग का पेड़ था। नीचे बेंच पर दिनेश खन्ना और हैमलेट बैठे हुए थे। कभी-कभी सामने से स्कूल की तरफ़ गुज़रते हुए छात्र दिख जाया करते थे।

"एक बात बताऊँ? मुझे कभी-कभी डर लगता है।" हैमलेट ने सच बात बोली।

"डर किस बात का? अब तो तुम्हारा कैरियर जम चुका। बाहर निकलोगे तो लोग हाथों-हाथ लेंगे। रेपर्टरी में भी सेलेक्शन कहीं नहीं गया।" (रेपर्टरी एन.एस. डी. की व्यावसायिक कम्पनी थी जो पास आउट होने के बाद एक्टर्स को मासिक सैलरी पे रख के काम देती थी। उसमें सेलेक्शन होना गौरव की बात थी।)

"नहीं, वो बात नहीं है। मेरे अन्दर बचपन से ही डर है। खाली तुमसे बोल रहा हूँ। नामालूम किस बात का डर। मुझे सफलता से भी डर लगता है। मैं ये ख्याति सँभाल नहीं पाऊँगा। और फिर फ्रिट्ज़ भी तो चले गए हैं। उनके अभाव में क्या मैं एक्टिंग कर पाऊँगा?"

"अरे फ्रिट्ज़ ने ठेका ले रखा है तुमसे एक्टिंग करवाने का? और फिर फ्रिट्ज़ के आगे भी तो दुनिया है। राष्ट्रीय नाट्य विद्यालय फ्रिट्ज़ का नाम सुनके आए थे? अपनी ज़िन्दगी भी तो कुछ होती है। अपने आप पे भरोसा रखो। सब ठीक होगा।"

अगला प्रोडक्शन रंजीत कपूर करवाने वाले थे। प्ले का नाम था—'नेक्रासोव'। ज्याँ पॉल सार्त्र का लिखा हुआ इकलौता फ़ार्स था। कॉमेडी।

पहला सम्भोग

हरजोत कौर उसकी ज़िन्दगी में आँधी की तरह से आई थी और तूफ़ान की तरह से चली गई।

"तुमने हैमलेट किया था?"

उसने किताब के ऊपर से झाँका था। हैमलेट लाइब्रेरी में बैठा हुआ था।

"जी।" उसने निगाहें ऊपर उठाई थीं।

"बाहर आओ। मुझे तुमसे बात करनी है।"

और वो दोनों बाहर थे।

"ज़्यादा बात नहीं करूँगी। नाम है हरजोत कौर। लोग मुझे सेक्सी सरदारनी भी कहते हैं। मैं हूँ भी। आजकल डाइवोर्स का केस चल रहा है। हसबैंड चूतिया है। वो मुझे समझ नहीं पाता। ग्रेटर कैलाश में रहती हूँ। घर में स्वीमिंग पूल से लेके स्क्वैश कोर्ट तक सब कुछ है।"

हैमलेट कुछ समझ नहीं पाया। एकदम से इतनी सारी जानकारियाँ एक साथ अन्दर बैठाने में उसे दिक़्क़त महसूस हो रही थी।

"मैं कुछ समझा नहीं।"

"ज़्यादा समझने की ज़रूरत भी नहीं है। मेरा दिल तुम पे आ गया है। बुरी बात तो नहीं?" उसने सीधे कहा।

वो धीरे से बात को समझा। वो मुस्कराया।

"मेरे साथ कॉफ़ी पियोगी?"

"मेरे साथ सेक्स करोगे?" अब उसने अपनी कुर्ती का ऊपर वाला बटन खोलते हुए कहा।

"अरे!" हैमलेट ने उसका हाथ रोका। वो इतने उन्माद में लग रही थी कि कुर्ती वहीं उतार देगी।

और उस रात हरजोत के साथ ग्रेटर कैलाश के उसके घर गया। बहुत ही वैल फ़र्निश्ड मकान था।

"मेरा हसबैंड दुबई में है। तीन महीने में एक बार आता है। अपनी अय्याशियों और पैसा कमाने से उसे फ़ुरसत नहीं। मर्द कुत्ते होते हैं ना?"

"तुम बहुत बेबाक हो।" वो जाके खिड़की के पास खड़ा हो गया था। सूरज डूब रहा था। उसकी रौशनी में स्वीमिंग पूल नहा गया था।

"मैं और भी बहुत कुछ हूँ।" हरजोत की आवाज़ आई।

वो पीछे मुड़ा। तब तक वो कपड़े उतार चुकी थी। सिर्फ़ दो कपड़ों में वो तन के खड़ी थी।

"मैं दो ही जगह ग़ज़ब हूँ। एक किचन में, दूसरे बिस्तर पर।"

और उस रात उसने हैमलेट को झंकृत कर दिया। ये हैमलेट का प्रथम सम्भोग था।

रंजीत कपूर

रंजीत कपूर आ चुके थे। नेक्रासोव की तैयारियाँ ज़ोरों पर थीं। उसने विश्नोई को ख़त लिखा।

"ये मेरे अभिनय के कैरियर का दूसरा सोपान है। हैमलेट से बिलकुल अलग और उलट प्ले है ये। क्लासिकल कॉमेडी। फ़ार्स। रंजीत साहब की क़लम में जादू है। ग़ज़ब स्क्रिप्ट ट्रांसलेट की है। देखते हैं आगे क्या होता है।"

संगिनी का ख़त आया था।

"तुम ऐसा क्या कह आए विश्वास से। हर हफ़्ते ख़त लिखता है। फ़ोन भी लगातार आते रहते हैं। अगले नाटक के लिए शुभकामनाएँ।"

रेवा का ख़त भी आया था।

हैमलेट के लिए बधाइयाँ भैया। पिताजी तो पागल हो रहे थे। मेरा बेटा तो लड़कियों से घिरा रहता है। बतलाने में चहक ही चहक थी। इस बार पिताजी के साथ मैं भी प्ले देखने आऊँगी। आपके इन्तज़ार में।

आपकी
छोटी बहन
रेवा।

हैमलेट सबको भूलकर तैयारियों में जुट गया था।

इस नाटक में दम भर भी साँस लेने की गुंजाइश नहीं रखी गई थी। हर एंट्री और एग्ज़िट आग की लपट की तरह होनी थी। टाइमिंग का ग़ज़ब सेंस रखना था। हैमलेट ने साँस बढ़ाने के लिए सुबह दौड़ना शुरू कर दिया था। उसका स्टैमिना पहले से ही अच्छा था। अभी तक शराब और सिगरेट ने ज़िन्दगी में क़दम नहीं रखा था। बस एक ही दिक़्क़त थी। रंजीत कपूर रिहर्सल और स्क्रिप्ट के मामले में काफ़ी लेट-लतीफ़ थे।

"सर अगला सीन चाहिए। रोज़ वो ही सीन्स दोहरा रहे हैं।"

"आ जाएगा। कल कर दूँगा। अरे मलकानी। मेरे लिए बाहर से दस पान बँधवा लाना। उससे बोलना कपूर साहब के हैं। वो दे देगा।"

मलकानी बाहर पान वाले के पास जाता तो पान वाला बोलता, "कपूर साहब से बोलना। चार हज़ार हो गए हैं। अब पान नहीं दूँगा। पहले पिछला हिसाब चुका दें।"

रंजीत साहब अगले दिन पान वाले से मिलकर आते। ना मालूम क्या बात कहते कि वो फिर से पान देना शुरू कर देता बिना पुराना हिसाब चुकाए। रंजीत साहब की ज़ुबान में सरस्वती थीं।

रिहर्सल होती। रंजीत साहब बैठके क्रासवर्ड खेलते रहते।

"सर ये सीन नहीं हो रहा है। मोटीवेशन नहीं मिल रहा है।"

"अरे राष्ट्रीय नाट्य विद्यालय में पढ़ रहे हो यार। सैकेंड ईयर के स्टूडेंट हो। मोटीवेशन तुमको मैं दूँगा।" वो सिगरेट पीते हुए बोलते।

"सर कास्ट्यूम नहीं आई अभी तक।"

"अरे मैं सीन लिख रहा हूँ। मुझे अभी डिस्टर्ब मत करो। ख़ुद सँभाल लो।" कहके वो लिखने में जुट जाते।

शो का दिन आ गया था। आख़िरी के सोलह पेज अब भी आने थे।

"अबे शुरू तो कर देंगे। ख़त्म कहाँ करेंगे प्ले को? क्लाइमैक्स तो है ही नहीं।" छिब्बर बोला।

शो के दिन हॉल खचाखच भरा हुआ था। रंजीत कपूर योगा हॉल में बैठके आख़िरी के सीन्स लिख रहे थे।

जनार्दन प्रोडक्शन मैनेजर था। उसे ये ज़िम्मेदारी दी गई थी कि वो योगा हॉल से सीन्स लेके एक-एक पन्ना लाके बोर्ड पे चिपकाए। और एक्टर्स को ये हिदायत दी गई थी कि वो एंट्री और एग्ज़िट के बीच में दौड़ते हुए उन पन्नों को पढ़ने की कोशिश करें जिसमें क्लाइमैक्स लिखा था और चलते हुए प्ले में जा के परफ़ॉर्म कर दें।

रंजीत साहब का हर नाटक में ये ही रवैया था। लेकिन "ही वाज़ ए डायरेक्टर विद मिडास टच।" उन्हें नाटकों के चयन और कास्टिंग से ले के दर्शकों की नब्ज़ की ज़बरदस्त जानकारी थी।

और नेक्रासोव हुआ और ग़ज़ब हुआ और ख़ूब हुआ।

हैमलेट का कैरियर बन चुका था।

रंजीत कपूर बड़ा नाम था। प्रेक्षागृह में ज़बरदस्त भीड़ थी। तिल रखने की जगह नहीं थी। लोग बेसब्री से हैमलेट की एंट्री का इन्तज़ार करते।

और हैमलेट अपने आपको दूसरी ही दुनिया में बैठा हुआ महसूस करता!

और पंडित आ गया

ज़िन्दगी में कुछ लोग बिना दरवाज़ा खटखटाए घुस जाते हैं और फिर लाख कहने पर भी जाने का नाम नहीं लेते। पंडित ऐसे ही आया था।

नाटक के अन्त में हैमलेट सर्कुलेशन यूनिट के बाहर खड़ा हुआ लोगों की बधाइयाँ ले रहा था। उसने देखा कि एक दुबला-पतला लड़का उसे घूर रहा है।

फिर उसने अपने क़दम बढ़ाए। हैमलेट के ठीक सामने आके वो रुका।

"मुझे शर्मा कहते हैं। लोग पंडित के नाम से ज़्यादा जानते हैं।"

हैमलेट ने उसे ध्यान से देखा।

"आप तो हैमलेट देखने भी आए थे ना?"

"मैंने तुम्हारे सारे नाटक देखे हैं। सीन वर्क भी। लॉन्ग वे टू गो मैन, लॉन्ग वे टू गो। गुडलक।"

और वो मुड़ा और लम्बे डग भरता हुआ सीधे वहाँ से चला गया।

हैमलेट ने महसूस किया कि उसकी बोली और चाल में ग़ज़ब का आत्म-विश्वास है।

आने वाले वक़्त में दुनिया उनकी दोस्ती और काम की मिसालें देने वाली थी।

और यहाँ हैमलेट रुककर एक साँस लेता है।

कश्मकश

ज़िन्दगी ठीक चल रही थी। ये उसके जीवन का स्वर्णिम समय था। नाम था, शोहरत थी। वो समीक्षकों का दुलारा बन चुका था। उसका नाम सुन के लोग-बाग दूसरे शहरों से रेल का टिकट ख़रीद के नाटक देखने आने लगे थे। (पैसा कमाने के लिए उसे पूरे सत्ताईस साल का इन्तज़ार करना पड़ा था।)

उसके अन्दर आवेश था, उन्माद था। उसके अन्दर आग धधकना शुरू हो चुकी थी। रॉबर्ट डी नीरो उसके सपनों में पास और पास आने लगा था।

"देखो बॉब डी नीरो। मैं तुम्हारे बताए नक़्शे-क़दम पर चल रहा हूँ। ग़लत तो नहीं कर रहा? अगर अभिनेता बनना है तो तुम्हारे जैसा, वरना कुछ नहीं।"

फिर भी क्या था जो उसे चैन नहीं लेने दे रहा था।

वो दिन-रात बेचैन रहता। वो एक जगह खड़ा नहीं हो पाता। उसे हमेशा चलायमान ज़िन्दगी चाहिए थी। वो अचानक उठ खड़ा होता और मथुरा रोड की तरफ़ निकल जाता। चलते हुए ना मालूम क्या-क्या सोचता।

वो विचलित था। अन्दर से। या दूसरे शब्दों में कहीं अजीबोग़रीब तरफ़ से डरा हुआ था। अब किस बात का डर? अब वो प्रादेशिक स्तर का अभिनेता नहीं

रहा था। राष्ट्रीय समाचार-पत्रों में उसका नाम और फ़ोटो छपते। "संताप आने वाले कल में थियेटर और सिनेमा की उम्मीद है।"

अस्सी का दशक चल रहा था। अमिताभ बच्चन सिनेमा में स्क्रिप्ट का दूसरा पर्याय बन चुके थे। फ़िल्म के चलने के लिए उनका एक कॉमेडी सीन भी पर्याप्त होता।

धरने और प्रदर्शन दिल्ली में आम बात थे। वो ख़ुद आर्टिस्ट्स की माँगों के सिलसिले में जंतर-मंतर के चक्कर लगा आया था। कामरेड बलदेव रात में आँखों के सामने आ के नाचा करते।

मुल्क थोड़े वक़्त के लिए सँभला था। मगर पायलट से प्रधानमंत्री बने राजीव गांधी को हिन्दुस्तान की राजनैतिक हलचलों की शायद पर्याप्त जानकारी नहीं थी जितनी एक देश के प्रमुख को होनी चाहिए। सत्ता एक बार फिर से डाँवाँडोल होने लगी थी।

वो अपने आपको गतिविधियों में लगाए हुए था बिना ये जाने कि वो बहुत अकेला होता जा रहा है। वो दूसरों से बात करते हुए भी अपने आपको अकेला महसूस करता। रात में हॉस्टल की छत पर लेट के तारों से भरे रंगीन आकाश को देखके सोचता कि इसे किसने बनाया होगा। ये सवाल उसके दिमाग़ में उमड़ते रहते, घुमड़ते रहते। फिर थककर आँख बन्द कर लेता। इस बेचैनी का सबब वो खोजने की कोशिश करता। नहीं खोज पाता। ऐसे में उसको विश्नोई याद आते। वो उनको ख़त लिखता।

"आप इतने अविचलित कैसे रहते हैं? मैंने आप में कभी भी अव्यवस्था नहीं देखी। आप क्या चीज़ों से प्रभावित नहीं होते? क्या परिस्थितियाँ आपको संकट में नहीं डालतीं? हर स्थिति में आपका सन्तुलन बना रहता है। कैसे?"

उनका ख़त आता। शुरुआत हँसी से होती।

"अपने जीवन के स्वर्णिम काल से गुज़र रहे हो। सँभलना। यहीं लोग भटकते हैं। तुम जातिगत तौर पर एक्सट्रीमिस्ट हो। जिधर भी निकले छूटके निकलोगे। तुम्हारा सन्तुलन बड़ा कमज़ोर है। ध्यान करो। वो ही जीवन है। वहीं सब कुछ मिलेगा।"

वो ध्यान करने की कोशिश करता। मगर लड़की उसके जीवन में आ चुकी थी। आ के जा भी चुकी थी।

("मेरा पति फिर वापस आ गया है। बोलता है ग़लती पर था। अब कहीं नहीं जाऊँगा। हालाँकि मर्द कुत्ते होते हैं लेकिन फिर भी एक आख़िरी बार विश्वास करके

देखती हूँ। देखें ज़िन्दगी कहाँ ले जाती है।" हरजोत ग्रेटर कैलाश के स्वीमिंग पूल और स्क्वैश कोर्ट को छोड़ के कहीं जाना नहीं चाहती थी।)

सम्भोग के आनन्द को चख चुका था।

मन उसका चलायमान था। दुनिया के भोग-विलास उसे बुला रहे थे। ध्यान में उसका मन नहीं लगता था। मगर उसका मन तो कहीं भी नहीं लगता था।

समय बीत रहा था कि हॉस्टल में अचानक एक दिन संगिनी का फ़ोन आया।

"हैलो।"

"सुनो। मेरा दिल डूब रहा है। अजीब-सा महसूस कर रही हूँ।"

"क्या मतलब?"

"मैं दिल्ली आना चाहती हूँ। तुमसे मिलना चाहती हूँ। विश्वास से भी।"

"तो आ जाओ। ताज एक्सप्रेस चलती है शाम को पाँच बजे।"

उस दिन हैमलेट पता नहीं किस मूड में था।

"ऐसे बातें मत करो प्लीज़।" डूबा सा स्वर आया।

"तो कैसे बातें करूँ यार? वहाँ तुम्हारा मन लगता नहीं। यहाँ आना चाहती हो तो आ जाओ।" वो झल्ला गया।

"देखो। अगर ऐसे बातें करोगे तो मैं फ़ोन रख दूँगी।"

"अरे रख दो यार और बोर मत करो।"

और उधर से फ़ोन रख दिया गया।

एक्टिंग

राष्ट्रीय नाट्य विद्यालय में नया बैच आ चुका था। इरफ़ान ख़ान, आलोक चटर्जी, इदरीस मलिक, मीता वशिष्ठ आदि। एक नई हलचल शुरू हो चुकी थी।

"अबे एक साल पहले आ गए। एक साल बाद में आते तो बैच में भरपूर लौंडियाँ मिलतीं।" हरगुरजीत बोला।

रात के नौ बजे का वक़्त था। ड्रामा स्कूल के लड़के आई.टी.ओ. पे परांठे वाले सरदार जी की दुकान पर बैठे हुए थे।

"मैं फिर कहता हूँ सर। एक्टर की प्रक्रिया अन्दर से ही शुरू होती है। बाहरी जेस्चर्स-पोस्चर्स पर तो वो बाद में आता है।" छिब्बर ने ज़ोर देते हुए कहा था।

मोहन महर्षि जी की एक्टिंग क्लास चल रही थी। विषय था—स्टेनेस्लोवस्की और उनकी अभिनय प्रक्रिया।

"ऐसी बात नहीं है। कई बार बाहरी जेस्चर्स भी एक्टर को अन्दर ले जाने में मदद करते हैं।" दिनेश बोला।

"मैंने 'नेक्रासोव' में जेस्चर्स से ही शुरुआत की थी। अन्दर तो मैं बाद में पहुँचा।" संताप बोला।

"वो एक ख़ास कैरेक्टर था। मोहन राकेश के नाटक में क्या जेस्चर्स करोगे?"

"जेस्चर्स खाली हाथ हिलाने को नहीं कहते। वो सटल भी हो सकते हैं। मगर मुझे स्टेनेस्लोवस्की की सार्थकता नए एक्टर्स पर तो होती नहीं दिखती। कम-से-कम दस साल एक्टिंग करो। स्टेनेस्लोवस्की अपने आप समझ में आ जाते हैं। मतलब उनको पढ़कर तो एक्टिंग नहीं सीखी जा सकती।"

"वो सिर्फ़ एक्सरसाइज़ेज़ का ज़िक्र करते हैं संताप। उन्होंने कभी नहीं कहा कि इनसे एक्टिंग सीख जाओगे।" महर्षि जी बोले।

"मगर मेरा सवाल है कि क्या एक्टिंग सीखी जा सकती है?" संताप बोला।

"मतलब?"

"एक्टर हमेशा जन्मजात होता है। वो ग्रो कर सकता है। मगर किसी नॉन एक्टर को कोई वर्कशॉप या कोई ड्रामा स्कूल एक्टर बना दे ये असम्भव है। हर बैच में ऐसे कई लोग होते हैं जो एक्टिंग नहीं कर सकते। क्या स्कूल उन्हें एक्टर बना सकता है?"

"नदीम शाह का प्रसिद्ध कथन है कि एक्टिंग सिखाई नहीं जा सकती पर सीखी ज़रूर जा सकती है।"

"नहीं सर। एक एक्टर में घनत्व आ सकता है। मगर उसका निर्माण नहीं हो सकता। दुनिया की ऐसी कोई पाठशाला नहीं है जो नॉन एक्टर को एक्टर बना दे।"

"फिर एक्टिंग का मेथड तो कुछ रहा ही नहीं।?" बापी बोला।

"हर एक्टर का अपना मेथड होता होगा। उसी को मेथड एक्टिंग कहते होंगे शायद। ये टर्म्स बड़े कनफ़्यूज़्ड करते हैं सर। कभी-कभी तो मरवा भी देते हैं। इससे बेहतर है कि गट फ़ीलिंग में यक़ीन करो। वो ही सच है।"

"अबे तू बात को कहाँ से कहाँ ले जाता है बे संताप? पक गए बे!" बाहर निकलते ही हरगुरजीत बोला।

"ये ही बातें करने के लिए तो ड्रामा स्कूल आते हैं साले।"

"मैं फिट था पंजाब में। मस्ती से एक्टिंग कर रहा था। यहाँ तो ये मेथड और वो मेथड। और ऊपर से रोल मिलते हैं भूत के।"

"अबे वो भूत नहीं था बे चूतिये। तूने हैमलेट के फ़ादर का रोल किया है हैमलेट में। बड़े-बड़े करने को तरस जाते हैं।"

"मेरा बस चले तो शेक्सपियर को चौराहे पर खड़ा करके जूते से मारूँ। चैन से जीने दो यार। चैन होगा तो एक्टिंग भी हो जाएगी। अबे दारू पियोगे बे?"

और उस रात दारू पी गई थी। और फिर सारे परांठे खाने पहुँचे थे आर.टी.ओ. पर। इरफ़ान का बैच भी।

रात को सरदार जी की दुकान पर बहुत भीड़ हो जाया करती थी। एन.एस. डी. मौलाना आज़ाद मेडिकल कॉलेज, स्कूल ऑफ़ प्लानिंग एंड आर्किटेक्चर, सबका वो प्रिय अड्डा था।

"अबे एक साल पहले आ गए। एक साल बाद में आते तो बैच में भरपूर लौंडियाँ मिलतीं।" हरगुरजीत बोला।

इरफ़ान के बैच में चार ख़ूबसूरत लड़कियाँ थीं।

"यहाँ तो ले-दे के दो थीं। वो भी आते ही सेट हो गईं।" विभा का छिब्बर से इश्क़ चल रहा था और अलका का ईशान से।

"अबे अपनी क़िस्मत को रो बैठके। जलने की क्या ज़रूरत है।" ईशान हँसते हुए बोला।

"एन.एस.डी. में माहौल तो रोमांचक है।" जुयाल बोला।

"ये तब और याद आएगा जब यहाँ से निकल जाओगे। इसीलिए भरपूर मज़ा ले लो इसका।" दिनेश का ब्रह्मवाक्य था।

"तुम्हारा क्या चल रहा है?" संताप इरफ़ान की तरफ़ मुड़ा।

"प्रसन्ना आ रहे हैं 'फ़ूजियामा' करने। सुना बहुत एक्साइटिंग नाटक है।"

"हमको भी फ़्रिट्ज़ बेनेविट्ज़ मिल रहे हैं दोबारा। इस बार वो ब्रेख़्त कर रहे हैं हमारे साथ। 'मैन इक्वल्स मैन'।"

"क़िस्मत वाले हो यार संताप भाई। दो बार फ़्रिट्ज़ मिल गए।" आलोक चटर्जी बोला।

"डायरेक्टर्स तो बढ़िया मिल गए हमें। आख़िरी में कारन्त जी भी हैं। हमारा थर्ड ईयर का टूर भी भोपाल जा रहा है। माच और पंडवाणी शैली में नाटक करने।"

"यार फ़िल्म क्लब का करो कुछ। उसकी बड़ी ज़रूरत है यहाँ।" इरफ़ान खोया-खोया सा बोला। वो अक्सर कहीं और ही रहता था।

"इसने जब से 'द मिशन' देखी है, तब से जेरेमी आयरन्स उसके दिमाग़ से ही नहीं निकल पा रहा।" आलोक बोला।

"सच कहता हूँ संताप भाई। एक्टर्स अच्छे लगने बन्द हो गए। मालूम नहीं ये एन.एस.डी. की पढ़ाई का दोष है या कुछ और।" इरफ़ान का कहना था।

"अपने हिन्दुस्तान में ही तलाश करने की कोशिश करो ना। बहुतेरे मिल जाएँगे।"

"सिनेमा में तो अकाल पड़ा हुआ है।" इरफ़ान का कथन था।

"क्यों? मोतीलाल, बलराज साहनी, जयन्त, रहमान, याक़ूब। सब एक से एक थे। हमारी नज़र ही बाहर के एक्टर्स पर जाती है।" दिनेश बोला।

'अरे पाँच उँगलियों में ख़त्म हो जाएँगे दिनेश भाई। सच में अकाल पड़ा हुआ है। ये तो ग़नीमत मानो कि नदीम और सोम आ गए वरना ये प्रथा कभी नहीं टूटती।"

"ये बात तो है यार। ये दोनों हवा के ताज़े झोंके की तरह आए हैं।" ईशान बोला।

"और हमको ये प्रथा आगे बढ़ानी है। कितना बिल हुआ?" दिनेश ने आवाज़ लगाई।

"एक्सक्यूज़ मी। यू डिड 'हैमलेट'?" एक लड़की सकुचाई-सी आगे बढ़ी।

"यस मैम!"

"इट वॉज़ वंडरफुल। आई एम ए रेगुलर ऑडियंस ऑफ़ एन.एस.डी..."

"वेरी गुड। यू आर फ्रोम...?"

"एस.पी.ए. स्कूल ऑफ़ प्लानिंग एंड आर्किटेक्चर।"

पता नहीं ये नाम सुनकर हैमलेट को क्यों झुरझुरी-सी हुई। शायद उसकी छठी इन्द्रिय जाग पड़ी थी। क्योंकि इस नाम को आने वाले कल में हैमलेट की ससुराल बन जाना था।

हादसा

'फ़ूजियामा' और 'मैन इक्वल्स मैन' ये दोनों नाटक हिट रहे। फ़्रिट्ज़ तो हैमलेट का दीवाना हो गया।

"व्हाट एन एक्टर। ऐट इज़ इन ऐनी रोल।"

और हैमलेट अपने ईश्वर का लाख-लाख शुक्र मना रहा था कि नदीम शाह की जोधपुर की फ़्लाइट मिस हो गई।

'मैन इक्वल्स मैन' में संताप अपनी पहली एंट्री ले रहा था कि ईशान ने उसका कंधा पकड़कर खींचा।

"अबे आज अपना प्ले देखने के लिए नदीम आया है।"

हैमलेट का दिमाग़ ख़राब हो गया।

"अबे तुझे ये बात एंट्री के पहले ही बतानी थी?"

और प्ले के बाद में नदीम ने हैमलेट को हाथों-हाथ उठा लिया।

"क्या बात है यार। एक्सीलेंट।" वो ग्रीन रूम में ख़ुशी से लहलहा रहा था।

और हैमलेट के पाँव ज़मीन पर नहीं थे। नदीम उसका आइडियल था। उसे लगा कि उसने सातवाँ आसमान छू लिया। अगले ही पल वो ईस्टर्न कोर्ट से फ़ोन घुमा रहा था।

विश्नोई ने फ़ोन उठाया।

"अरे आपको मालूम है आज प्ले देखने कौन आया था?"

"संगिनी को फ़ोन किया?" विश्नोई का ख़ामोश स्वर गूँजा।

"अरे आप मेरी बात तो सुनिए। आज मेरी ज़िन्दगी सफल हो गई।"

"संगिनी को फ़ोन कर लो। उसे तुम्हारी ज़रूरत है।" और फ़ोन कट गया।

संताप थोड़ी देर तक रिसीवर को घूरता रहा। फिर उसने संगिनी को फ़ोन मिलाया। उधर से आवाज़ आई, "हैलो।"

"क्या बात हो गई। मैंने रमाकान्त को फ़ोन मिलाया तो कहने लगे कि मैं..."

"तुम्हें अब तक मेरा ख़त मिल चुका होगा। मुझे दोबारा फ़ोन करने की कोशिश मत करना।" और फ़ोन कट गया। हैमलेट कुछ भी ना समझ सका। वो सीधा लैटर रूम में भागा। सामने संगिनी का ख़त पड़ा हुआ था। उसने ख़त खोला।

"जब तक तुम्हें ये ख़त मिलेगा मैं जा चुकी होऊँगी संताप। और मुझे ढूँढ़ने की कोशिश भी मत करना।" हैमलेट बिना पलक झपकाए पढ़े जा रहा था।

"विश्वास अपनी सहयोगी प्रभा सान्याल से शादी कर रहा है। उसका फ़ोन आया था। कम-से-कम शर्म थी उसकी आवाज़ में।" उसे उनकी डबडबाई आँखें दिखीं।

"ग्वालियर के हर मोड़ सड़क से उसके आसंग थे। यहाँ रहूँगी तो भूल नहीं पाऊँगी।

मैंने भिलाई में जॉब की अर्ज़ी दी थी। वो आज मंज़ूर हो गई। मैं जा रही हूँ माँ और चाँदनी के साथ। मेरा पता सिर्फ़ वृंदा को मालूम है। वो तुम्हें देगी नहीं। सख़्त ताकीद है उसे।"

फिर कुछ शब्द धुँधले थे। शायद कोई आँसू टपका था वहाँ पर।

कभी मैं ही ताल्लुक़ करूँगी तुमसे अगर वो वक़्त आया तो। मैं पूरी तरह से अपनी गुज़री हुई ज़िन्दगी को दफ़न करके जा रही हूँ। कहने की ज़रूरत नहीं कि याद बहुत आओगे तुम। विश्वास के बाद ज़िन्दगी में आने वाले दूसरे मर्द हो तुम।

शुभकामनाएँ
संगिनी।

और हैमलेट मूक खड़ा था। अवाक्, ख़ामोश, विस्मृत।

उसने संगिनी के लफ़्ज़ पढ़े थे। वो संगिनी को जानता था।

उसकी ज़िद और निश्चय पत्र में साफ़ झलक रहा था। दोबारा कॉन्टेक्ट करने का कोई फ़ायदा नहीं था।

वो धीमे क़दमों से बाहर आ गया।

उस शाम वो नीम के पेड़ के नीचे बैठा रहा। फिर रात हो गई।

धुँधलके में दिनेश खन्ना स्कूल से बाहर निकला।

"अरे क्या कर रहे हो वहाँ बैठे हुए। आओ। हॉस्टल चलते हैं।"

"तू जा अभी।" वो कठोर स्वर में बोला।

"अरे?"

"मैंने कहा ना, जा।" उसका स्वर और कठोर हो गया।

दिनेश उसे कुछ देर देखता रहा। फिर मुड़के चला गया।

रात के बारह बजे तक वो बैठा रहा। फिर उठा। बहावलपुर हाउस से बाहर आया।

फिर उसके क़दम वर्किंग विमेंस हॉस्टल की तरफ़ मुड़ गए। उसने सुप्रीमकोर्ट क्रास किया। अब वो प्रगति मैदान के सामने था।

सड़क सुनसान हो चुकी थी। अक्तूबर का महीना था। ठंड बढ़ गई थी।

फिर उसने चलना शुरू किया। चलते-चलते पुराने क़िले तक पहुँचा।

पास ही पुलिस की पी.सी.आर. वैन आके रुकी।

"कहाँ जा रहा है भाई?"

"कहीं नहीं।"

"अरे कहीं तो जा रहा होगा। कहाँ काम करता है?"

"स्टूडेंट हूँ। ड्रामा स्कूल में।"

"अरे तो यहाँ क्या ड्रामा कर रहा है। वापस जा।" और वैन आगे बढ़ गई।

वो वापस लौटा। चुपचाप जाकर अपने कमरे में घुस गया। बत्ती बन्द की। साथ में आँखें भी। उनमें से एक-एक आँसू चू पड़ा। वो चुपचाप अपने बिस्तर पर लेट गया। आँखें खोलीं। खट-खट करता सीलिंग फैन उसके सामने था।

मुँहफाड़े ज़िन्दगी

और वो ड्रामा स्कूल से बाहर था।

उसके तीन वर्ष ख़त्म हो चुके थे।

सामने ज़िन्दगी खड़ी हुई थी। ख़ूँख़्वार, ख़तरनाक और ख़ूँरेज़ी ज़िन्दगी। लपलपाती हुई।

उसे ड्रामा स्कूल की अहमियत अब मालूम हुई। वो अन्दर स्वर्ग में था।

बस एक ही राहत थी। उसका सलेक्शन एन.एस.डी. रेपर्टरी में हो चुका था।

घर पर ख़बर पहुँच चुकी थी। घर वालों की ख़ुशी का पारावार ना रहा था। चार हज़ार उस वक़्त बहुत हुआ करते थे।

और वो ओमी की दुकान के सामने लगे फ़व्वारे पर पंडित के साथ बैठा हुआ था। आँखें तप रही थीं।

"फिर सोच ले," पंडित बोला। वो उसका हमसाया, हमप्याला, हमनिवाला बन चुका था।

"सोच लिया," वो ख़ामोश स्वर में बोला।

"चार हज़ार बहुत होते हैं। रोल्स भी पसन्द के करने को मिलेंगे।"

"पसन्द के ही मिल रहे हैं। 'मशरिक़ी हूर' मैं एन.एस.डी. के पहले साल में कर चुका हूँ।"

रेपर्टरी ने इस सत्र का पहला नाटक उठाया था—'मशरिक़ी हूर'।

"इतने कम समय में रेपर्टरी छोड़ने वाला तू पहला शख़्स होगा।"

"पहले शख़्स भी होते हैं, कभी-न-कभी...।"

और उसने आठ दिन में रेपर्टरी छोड़ दी थी।

दिल्ली के नाट्य समुदाय में हैरत थी। जमी-जमाई नौकरी (और वो भी रेपर्टरी की) छोड़ने का मतलब किसी की समझ में नहीं आ रहा था।

"तू उस लड़की का ग़ुस्सा ज़माने पर क्यों उतार रहा है?"

"वो ख़ाली लड़की नहीं थी। और ज़माना भी कम हरामी नहीं है।"

"अब क्या करेगा?"

"तेरे साथ घूमूँगा।"

और उन्होंने वाक़ई घूमना शुरू कर दिया।

पंडित सुबह-सवेरे आ जाता। फिर वो मिलते। फिर घूमने निकल जाते। कभी बंगाली मार्केट, तो कभी इंडिया गेट, तो कभी कनॉट प्लेस। बातें होतीं। और ख़ूब होतीं। पॉलीटिक्स, रिलीजन, सोसाइटी, थियेटर, सिनेमा।

फिर आख़िर में कार पार्किंग के सामने पेड़ के नीचे बैठे पाए जाते।

"पंगा है। पंगा है। इस देश को किसी और चीज़ की ज़रूरत है।" पंडित कसमसाता हुआ बोलता।

वो कम्युनिस्ट था। सी.पी.एम. से उसके गहरे सम्बन्ध थे। उसी के ज़रिये हैमलेट को कम्युनिस्ट पार्टी की सेंट्रल कमेटी और पोलित ब्यूरो के बारे में पता चला था।

"रशिया में देख। क्या सरकार थी। ये पेरेस्त्रोइका और ग्लासनोस्त से पहले। पहले कम्युनिस्टों के राज में सब एकदम सधा हुआ था। ब्लादिमीर लेनिन और बाद में जोसेफ़ स्टालिन ने रशिया को बना दिया। किताबों के अम्बार लगे रहते

थे सड़क पर और अनुशासन ऐसा कि चील भी पर ना मार सके। उसी वक़्त रशिया एक वर्ल्ड पॉवर के रूप में उभरकर आया था। ये गोर्बाचेव ने रशिया की माँ चोद दी।"

हैमलेट ध्यान से सुनता।

"अमेरिका ने कितने ज़ुल्म किये हैं दुनिया पर? अरे क्यों पड़ा रहेगा तुम्हारा सातवाँ बेड़ा बंगाल की खाड़ी में? तुम्हारे बाप की ज़मीन है?"

बातें अलका चाय वाले की दुकान की मुँडेर पे बैठके हो रही थीं। चारों तरफ़ चहल-पहल थी।

"इस साले अमेरिका को तो नीचे बम लगाके उड़ा देना चाहिए। हरामी बसते हैं वहाँ पर। यहाँ अगर कास्टिज़्म है तो वहाँ रेसिज़्म।"

और हैमलेट सुन रहा था। वो पंडित के साथ चौदह नम्बर अशोका रोड का भी चक्कर लगा आया था सी.पी.एम. के हेड ऑफ़िस में।

"आज फ़िल्म चलते हैं। प्रगति मैदान में कोस्टा गावरास का रेट्रोस्पैक्टिव लगा हुआ है।"

वो दोनों प्रगति मैदान चले जाते।

"शुरू-शुरू की रशियन फ़िल्में देखनी चाहिए। स्साली क्या फ़िल्में हैं। आइज़ेंस्ताइन, बोंडार चुक। एन.एस.डी. में तो देखी होंगी तूने?"

"यार हबीब तनवीर थियेटर तो जानते हैं।" वो विश्वास से बोलता। "उनमें बात तो है। 'जिस लाहौर नहीं देखा' और 'चरनदास चोर' क्लासिक हैं।"

और बातों में दिन निकल जाता।

रात को उसके रहने का ठिकाना नहीं था। कभी हॉस्टल में सो जाता। (उन दिनों हॉस्टल में एक्स स्टूडेंट्स के रहने का रिवाज था) तो कभी किसी दोस्त के पास। कभी आर.के. पुरम चला जाता जहाँ सेक्टर पाँच में उसकी मौसी रहा करती थीं।

हाँ। शराब उसके हाथ में आ चुकी थी और पिलाने वाले बहुत लोग थे।

शाम को अलका भगवान की दुकान के पीछे शराबियों की महफ़िल जमती। उसे सब मंडी हाउस का ओपन एयर बार कहा करते थे। वहाँ आर्किटेक्ट्स, पेंटर्स, एक्टर्स, जर्नलिस्ट्स, सभी बैठते थे। और शराब पीने के बाद वो देखता कि वो अक्सर ख़ामोश हो जाता है।

पैसे क़रीब-क़रीब ख़त्म हो चुके थे। एक पंडित ही सहारा था और दूसरे यार लोग। काम के नाम पर अधिकतर रंजीत कपूर थे। उनका वो प्रिय एक्टर बन चुका था। मगर पैसे वहाँ भी नहीं मिलते थे।

"कल रिहर्सल है। 'आर्सेनिक एंड दी ओल्ड लेस' की। आई.आई.टी. पहुँच जाना।"

उसके जूते नीचे से घिसके टेढ़े हो चुके थे। अपनी मौसी के बेटे की रेसिंग साइकिल उसके हाथ लग चुकी थी। उसमें वो आई.आई.टी. जाता रिहर्सल करने। रात को थक के आता तो नींद के मारे होश ना रहता।

लड़कियाँ उससे बोलतीं—"तुम बिस्तर पर अचानक अन्यमनस्क क्यों हो जाते हो? एकदम विरक्त? क्या तुम सेक्स एनजॉय नहीं करते?"

"शायद!" वो गुर्राता।

वो बदला ले रहा था। ना जाने किसका, किससे। और बेतरह असहनीय हो रहा था। सबसे ज़्यादा अपने आपके प्रति।

समय गुज़र रहा था। राष्ट्रीय नाट्य विद्यालय से निकले उसे तीन साल हो चुके थे। गर्मियों के दिन थे। नीम के पेड़ की छाँव थी। सुबह ग्यारह बजे का वक़्त हुआ था। वो और पंडित पेड़ के नीचे बैठे हुए थे।

"मेरी बात सुन। और ध्यान से सुन। तुझमें दिक़्क़त आती जा रही है भई।" पंडित बोला।

"कैसे?"

"देख। तेरा एन.एस.डी. का गोल्डन फ़ेज़ अब निकल चुका है। अब और लोग भी आ चुके हैं पीछे से। इरफ़ान और आलोक भी बढ़िया कर रहे हैं। लोग कुछ दिनों बाद उनको याद रखना चाहेंगे।"

"तो?"

"कब तक हैमलेट, नेक्रासोव और मैन इक्वल्स मैन की धमक में जिएगा? वो अब पुराने पड़ चुके हैं। आगे कुछ करने को क्यों नहीं सोचता?"

"थियेटर कर तो रहा हूँ।"

"ये रंजीत भाई के साथ चार-पाँच नाटकों को तू थियेटर कहता है? कितनी पहचान है इनमें?"

"तो क्या करूँ?"

"बम्बई क्यों नहीं जाता? नदीम बोलकर तो गया है ना?"

और संताप ने एक गहरी साँस छोड़ी। बम्बई जाने का एक मौक़ा वो ठुकरा चुका था। और ये बात उसने पंडित को भी नहीं बतलाई थी।

क्या ज़िन्दगी बदल जाती?

ड्रामा स्कूल से निकलने में दो महीने बाक़ी थे। संगिनी प्रसंग अभी होकर चुका था।

उसे क्लास में मैसेज मिला। मि. महर्षि ने याद किया है।

मि. महर्षि के केबिन में घुसने के साथ ही उसे अहसास हुआ कि मामला कुछ गम्भीर है। वहीं कुर्सी पर एक और सज्जन बैठे हुए थे, अधेड़ उम्र के।

मि. महर्षि ने परिचय कराया।

"ये बम्बई के बहुत बड़े प्रोड्यूसर हैं। अपने बेटे को बतौर निर्देशक लांच कर रहे हैं। फ़िल्म का नाम क्या बताया आपने?"

"मैंने प्यार किया।" वो बोले।

"हीरोइन की खोज पूरी हो चुकी है। हीरो खोजने एन.एस.डी. आए हैं। मैं इसकी बात कर रहा था।" वो उनकी तरफ़ मुड़े।

हैमलेट ने हाथ मिलाया।

वो उसे बहुत ध्यान से देखते रहे। फिर अपनी जेब से एक पर्स निकाला। उसमें कुछ काड्‌र्स थे।

उन्होंने एक कार्ड निकाला। उसमें हस्ताक्षर किये। और कार्ड उसको दिया।

"ये मेरे ऑफ़िस का कार्ड है। ये प्रभा देवी में पड़ता है। राजकमल कला मन्दिर। स्कूल से कब निकलने वाले हो?"

"जी दो महीने।" वो ख़ामोशी से बोला।

"दो महीने बाद सीधे पहली ट्रेन पकड़कर मुम्बई आ जाओ। कोई फ़ोटो तो होगा तुम्हारे पास अपना?"

"वो मैं दे दूँगा।" मि. महर्षि बोले।

"मैं इन्तज़ार करूँगा। धन्यवाद!"

"जी थैंक यू।"

और वो मुड़ा और सीधे बाहर निकल आया। पीछे से उसने उन्हें कहते हुए सुना—"व्हॉट फ़ीचर्स!"

दस दिन बाद मि. महर्षि दोबारा मिले कॉरिडोर में।

"बम्बई से फ़ोन आया है। तुम्हें सीधे निकलना है।"

"जी सर।" वो अनमना-सा बोला।

(वो बम्बई ठीक तीन साल बाद पहुँचा था। तब तक वो फ़िल्म बनके रिलीज़ हो चुकी थी। उससे एक स्टार ज़िन्दगी भर के लिए स्थापित हो चुका था।)

और उसे इसका कोई अफ़सोस नहीं हुआ था।

संगिनी उसकी ज़िन्दगी से हमेशा के लिए जा चुकी थी।

पहला मुम्बई प्रस्थान

सन् 1989 चल रहा था।

दिन बीत रहे थे। पैसे ख़त्म हो चुके थे।

रंजीत साहब के प्लेज़ अक्सर कॉमेडी होते। उसे मज़ा आता मगर उतना नहीं। वो एक्टिंग करने को तरस जाता। इस बीच उसने एक टी.वी. सीरियल भी किया। 'क़िले का रहस्य'। तारीफ़ मिली मगर उसे चैन नहीं था। कम करके ज़्यादा रिवार्ड मिल जाने वाली बात थी।

हैमलेट की ख्याति मद्धम पड़ने लगी थी। समीक्षक उसे भूलने लगे थे। वो लोगों के ज़ेहन से धीमे-धीमे उतर रहा था।

उसने ग्वालियर जाना छोड़ दिया था। ग्वालियर से उसे नफ़रत हो चुकी थी।

रॉबर्ट डी नीरो धुँधले पड़ने लग गए थे। कभी-कभी उनकी फ़िल्म देख लेता तो कसक जाग पड़ती।

उसके बम्बई जाने का प्रबन्ध शायद ईश्वर ने ही करवाया था।

अपने संकट काल में वो एक बार चौदह अशोका रोड पहुँच गया था। उसे मालूम पड़ा था कि सईद अख्तर मिर्ज़ा वहाँ आए हुए हैं।

अन्दर घुसते ही वो बोल पड़ा।

"मैं एक्टर हूँ। आप मुझे हैमलेट में देख चुके हैं। मुझे काम चाहिए।" आवाज़ कर्कश थी।

उसकी हालत ख़राब थी। अन्दर की अस्त-व्यस्तता ऊपर झाँक रही थी। कपड़े तितर-बितर थे। चेहरे पर सख़्ती थी।

सईद अख़्तर मिर्ज़ा को शायद उसका ये अन्दाज़ पसन्द आया था। परिणाम बज्जू भाई के घर आई फ़ोन कॉल के रूप में हाज़िर था। (श्री रामगोपाल बजाज बज्जू भाई के नाम से प्रसिद्ध थे)

"मैं 'इन्तज़ार' सीरियल बना रहा हूँ। उसके आख़िरी एपिसोड में मुझे वो लड़का चाहिए।"

नीम के पेड़ के नीचे बातें चल रही थीं।

"जा।" पंडित बोला था।

"पैसे?"

"हो जाएँगे।"

"तुझसे कब तक लेता रहूँगा?"

"जब तक मेरे पास में हैं। शूटिंग कहाँ पर है?"

"कसारा करके कोई जगह है। दादर से ट्रेन लेनी पड़ेगी।"

और वो कसारा पहुँचा था। 'इन्तज़ार' की शूटिंग में।

शूटिंग हुई थी। उसके काम को पसन्द किया गया था। उसका निर्णय था कि उसने औसत किया है।

वापस लौटते हुए वो बम्बई रुका। नदीम से मिला। नदीम उसे देखके बहुत ख़ुश हुए।

"यहाँ शिफ़्ट कर जाओ। साथ में प्ले करेंगे।" वो मुसलसल प्ले करते थे। उनके ग्रुप का नाम था—'मौट्ली।'

और वो बम्बई शिफ़्ट हो गया था। ये जाने बग़ैर कि उसके साथ अभी बहुत बुरा होना था।

वहाँ उसे नदीम ने गुलज़ार साहब से मिलवाया। उन दिनों 'मिर्ज़ा ग़ालिब' की शूटिंग चल रही थी।

"तुम पहले एक्टर हो जिससे नदीम ने मुझे मिलवाया है..."

"...और श्याम बेनेगल से भी।"

वो हँसते हुए बोले।

"आई हैव टू गिव यू वर्क।"

प्ले हुआ। 'ऐंड गेम।' सैमुएल बैकेट का लिखा हुआ मशहूर एब्सट्रैक्ट नाटक था।

उसने बहुत बुरा किया। उसकी आवाज़ जा चुकी थी। कॉन्फ़ीडेंस क़रीब-क़रीब ख़त्म हो चुका था। प्ले में मंच पर सिर्फ़ दो ही लोग थे। वो और नदीम। प्रेक्षागृह में से आवाज़ आई।

"प्लीज़ स्पीक लाउडली।"

वहाँ अपने एक साल के प्रवास में उसने श्याम बेनेगल के साथ 'डिस्कवरी ऑफ़ इंडिया' के तीन एपिसोड और नन्दू धाड़ेकर के साथ एक डॉक्यूमेंट्री की। 'डिस्कवरी ऑफ़ इंडिया' में उसके साथ शबाना आज़मी थीं और डॉक्यूमेंट्री में मोहन गोखले।

वो किसी का ना हो सका। नदीम का भी नहीं। हाँ उसे इस बात का अहसास ज़रूर था कि उसके साथ कुछ समस्या शुरू हो चुकी है। शराब की।

वो मनीष नगर चार बँगला की बिल्डिंग नं. 12 के पाँचवें फ़्लैट में रहता था, पेइंग गेस्ट के तौर पर। एक कमरे के तीन बेड में से एक बेड उसका था। किराया था पाँच सौ रुपए। उसे अपना कपबोर्ड बन्द करने की मनाही थी। उसे सुबह नौ बजे घर से निकलकर शाम को नौ बजे तक वापस आना पड़ता था। उसके मकान मालिक का नाम था—सी.डी. दलाल।

मकान मालिक को उसकी ग़ैर मौजूदगी में उसका सारा सामान इस्तेमाल करने की इजाज़त थी। उस दिन तो हद हो गई जब उसने अपना टूथ ब्रश भी गीला और नरम पाया।

"हो हो हो। मेरा टूथ ब्रश टूट गया था एक्चुअली!" मकान मालिक हिनहिनाते हुए बोला।

उस दिन 'डिस्कवरी ऑफ़ इंडिया' से मिले पैसे उसके जेब में थे। उसने एक बीयर पीने की ठानी। वो अँधेरी में अपना बाज़ार के रेस्तरां 'हाउस ऑफ़ फ़ूड' में गया। उसने देखा वो एक बीयर नहीं पी रहा था। उसने छह बीयर हज़्म कर ली थीं और साथ में दो पैग व्हिस्की भी।

"तुम एक पियोगे तो पीते जाओगे। ये एक मानसिक और शारीरिक बीमारी है। हर सौ बन्दों में से बीस ऐल्कोहॉलिक होते हैं। ऐल्कोहॉलिक के अन्दर शराब टूटती नहीं है। वो इकट्ठी होती रहती है। जिसका परिणाम होता है अकाल मृत्यु या धीमा पागलपन।" राज भाई बोले थे मगर बहुत साल बाद।

उस रात वो सड़क पे सोया था।

वो धीमे-धीमे दिमाग़ से सरक रहा था। वो हर उस जगह जाता जहाँ शराब मिलने की उम्मीद होती। पीने के बाद उसके व्यवहार पर लोगों को आपत्ति होने लगी थी।

वो किसी के यहाँ बैठता तो बैठा ही रह जाता। उठने में डर लगता। उठूँगा तो व्यक्ति क्या समझेगा। और नहीं उठ पा रहा तो भी क्या समझ रहा है।

उसके दिलो-दिमाग़ पे धुँधलका छाने लगा। वो अक्सर अपने सर को हाथ में पकड़कर बैठ जाता। दलाल आके उससे पूछता, "भई नौ बज गए। बाहर कब निकलोगे?"

धीमे-धीमे पैसे ख़त्म होने लगे। बेड के पाँच सौ रुपए जुटा पाने भी मुश्किल हो गए। मन का अन्धड़ बढ़ चुका था। नदीम का ग्रुप वो छोड़ चुका था।

फिर एक घटना घटी जिसने उसे मुम्बई छोड़ने के लिए मजबूर कर दिया।

वो हाउस ऑफ़ फ़ूड में बैठा हुआ था। जेब में आख़िरी पैसे थे। अगले दिन खाने के पैसे का भी अकाल पड़ चुका था।

उसने एक क्वार्टर वोदका मँगवाया। फिर दूसरा, फिर तीसरा। खाने की इच्छा मिट गई थी। उसने बार मालिक को अगले दिन पैसे देने का वायदा किया। उसके बाद वो झूमता हुआ चार बँगला स्थित अपने मकान मनीष नगर पहुँचा। उसे इतनी चढ़ चुकी थी कि उसके पैर ज़मीन नहीं पकड़ पा रहे थे।

दलाल की बीवी ने दरवाज़ा खोला। उसे देखते ही वो चीख़ पड़ी। दलाल भी दौड़ता हुआ आया।

"तुम्हारी हिम्मत कैसे हुई इस हालत में घर आने की? विवेक? कुमार?"

उसने आवाज़ लगाई। उसके बाक़ी रूममेट्स दौड़ते हुए आए।

"नहीं ग़लत है। ऐसा नहीं करना चाहिए संताप भाई।"

उसने सबको एक तरफ़ धकेला। अन्दर घुसा। सामने क्रिकेट का बैट पड़ा हुआ था। उसने उठाया और—"छन्नाक"

दरवाज़े के ड्राइंग रूम की अमूल्य पेंटिंग नीचे बिखर पड़ी।

उसने फिर बैट उठाया और फिर—"छन्नाक, छन्नाक, छन्नाक।"

ड्राइंग रूम का फ़र्श काँच के टुकड़ों से सराबोर था।

"कल सुबह ये घर छोड़ दूँगा। तब तक के लिए रहने दो।" वो गुर्राया। और जाके अपने बिस्तर पर पसर गया।

दलाल की बिल्डिंग में पेइंग गेस्ट रखना जुर्म था। सोसाइटी का रूल था। दलाल ज़्यादा चीख़-पुकार नहीं मचा सका।

"रहने दीजिए अंकल। वो ख़ुद कह रहा है कि वो कल घर छोड़ देगा।" विवेक के स्वर में दयनीयता थी।

और अगले दिन उसने मनीष नगर छोड़ दिया।

उसने विवेक से सुबह दो सौ रुपए लिये।

"मर्द का बच्चा हूँ। कभी-न-कभी वापस कर दूँगा।"

और वो दादर स्टेशन पर था।

दादर वेस्ट में उन दिनों रहने की कमाल की व्यवस्था थी। सड़क की पटरियों पे बहुत सारे लोग लाइन से सोते थे। लेकिन लग्ज़री रूम पटरी के एक फ़ीट ऊपर फ़ुटपाथ पर था।

नीचे के पाँच रुपए प्रति रात्रि के लगते थे और ऊपर के दस रुपए। ये फ़र्क़ सोच-समझकर रखा गया था। दारू पीके चलाने वाले वाहनों की गाड़ियाँ दस रुपए वालों को नहीं कुचल सकती थीं। उसके बम्बई प्रवास का दूसरा अध्याय शुरू हो चुका था जिसको बहुत ही भयानक तरीक़े से ख़त्म होना था।

फ़ुटपाथ पर बहुत से लोग सोते थे। उन्हीं में से एक सींकिया भी था।

सींकिया स्मैक का ग़ुलाम था। संताप से उसकी गहरी निभ गई थी। क्योंकि उसके पास एक गुदड़ी या चादर थी जो संताप के रोज़ काम आ जाती थी।

"मैं खाने के बिना रह सकता हूँ संताप भाई। मगर स्मैक के बिना नहीं। मुझे इसकी लत लग चुकी है।"

वो रोज़ रात को संताप से रोते हुए बोलता। उसका अपना नाम होने के बावजूद लोग उसके अस्थिपंजर हो चुके शरीर को देखकर सींकिया कहके बुलाया करते। उसमें हड्डियों के अलावा और कुछ नहीं बचा था।

उस फ़ुटपाथ पर रात को बारह बजे तक सोना मुमकिन नहीं था। क्योंकि रात को इलाक़े का 'भाई' ठोकर मार जगा दिया करता था।

"भेड़ू।"

और भेड़ू को खुल्ला दस का नोट उसे देना पड़ता। फिर नींद को बुलावा देके बुलाना पड़ता। भूखे पेट की लोरी बड़ी दर्दनाक होती है।

और बीसवें ही दिन कुछ हो गया।

हैमलेट की रूह फ़ना थी। उसके होश फ़ाख़्ता थे।

उस रात सींकिया लुढ़कता-पुढ़कता आया। रात के बारह बज चुके थे। नवम्बर का महीना था। उन दिनों दादर वेस्ट में रात को ठंड बढ़ जाया करती थी। हैमलेट लेटा हुआ था। नींद कोसों दूर थी। कुछ ठंड के मारे। कुछ भूख के मारे। उसने तीन दिन से कुछ खाया नहीं था।

"संताप भाई...संताप भाई।"

सींकिया ने झिंझोड़ा। हैमलेट जागा हुआ था। रात के आख़िरी दस रुपए 'भाई' लेके जा चुका था।

"सो जा। और थोड़ी चादर दे।"

और सींकिया पसर गया। कहीं तगड़ी स्मैक पीके आया था। मुँह और शरीर से दुर्गंध आ रही थी।

हैमलेट ने उसकी तरफ़ करवट बदली और आँख बन्द कर ली।

दोनों सो रहे थे।

सुबह क़रीब छह बजे हैमलेट की नींद टूटी। उसकी नज़र एकदम सींकिया पर गई। उसकी आँखें सिकुड़ गईं।

उसने गौर से देखा। सींकिया आँख-मुँह खोले एकटक पड़ा हुआ था। अपलक... आसमान की तरफ़ देखता हुआ...। हैमलेट कुछ समझ न सका। उसने उसकी नाक पे हाथ रखा। फिर मुँह पे।

सींकिया मर चुका था। हैमलेट सारी रात एक लाश के सान्निध्य में सोया था।

हैमलेट ने अँधेरी लोकल पकड़ी। उसका जिस्म सुन्न था। उसकी साँस धौंकनी हो रही थी। उसका गला बार-बार सूख रहा था। उसने ये यात्रा बिना टिकट के की थी।

और वो हरगुरजीत के मकान पर हाज़िरी दे रहा था।

"मैं तुझे एक-एक पैसा भेज दूँगा दिल्ली से। बस मेरा टिकट करा दे।"

वो गिड़गिड़ा रहा था।

"अबे इतनी सी बात? पागल है? कितने चाहिए?"

और हैमलेट अगली ही पंजाब मेल में सवार था दिल्ली की ओर। ये प्रतिज्ञा लेके कि वो बॉम्बे वापस कभी नहीं जाएगा।

उसे ज़िन्दगी बतलाना भूल गई थी कि उसका सबसे सुनहरा वक़्त उसका इन्तज़ार कर रहा है।

'अंक एक' उर्फ़ एक्ट वन

दिल्ली में 'अंक एक समूह' यानी कि 'एक्ट वन थियेटर ग्रुप' खुल चुका था। पंडित ने पहले ही नाटक में कमाल कर दिया था।

1/6 पन्त नगर भोगल के अपने दस बाई बारह फ़ीट के कमरे में हैमलेट ने अपना सामान रखा था और बिस्तर पर साँस ली थी।

(बम्बई में सी.डी. दलाल के यहाँ जयन्त का फ़ोन आया था—"पन्त नगर में एक कमरा मिल रहा है। ले लूँ क्या?" जयन्त मराठे का छोटा भाई था और उसका नया दोस्त। मगर वो दोस्त साँपों को घर में लाने वाला था।)

"ले ले। किराया कितना है?"

"पाँच सौ। आधे-आधे करेंगे।" और कमरा ले लिया गया था।

हैमलेट ने अँगड़ाई लेने की कोशिश की। हड्डियों में से कड़-कड़ की आवाज़ आई। वो आज क़रीब छह महीने बाद पेट भर खाना खाने वाला था।

उसने ग्वालियर रेवा को फ़ोन करके अपना नया पता दे दिया था।

"अब दिल्ली में हूँ। दिल्ली में ही रहूँगा।"

दो दिन बाद रेवा का ख़त भी आ गया था।

भैया घर आ जाओ। आप तीन साल से घर नहीं आए। यहाँ स्थिति अच्छी नहीं है। जिद्दा आपके जाने के बाद अब और बिफर गई हैं। पिताजी बूढ़े हो रहे हैं। उनकी सनक बढ़ चुकी है। माँ के हाथ में कुछ नहीं है। भोले चाचा की हालत अब देखी नहीं जाती। यहाँ मेरी शादी की बात चल रही है। लेकिन घर में कोई भी इतना समझदार

नहीं दिखता जो बात को आगे बढ़ा सके। प्लीज़ आ जाओ। आपकी भी कुछ ज़िम्मेदारी है।

आपके इन्तज़ार में...

आपकी बहन
रेवा।

हैमलेट ने ख़त को देखा था। फिर मोड़कर जेब में रख लिया।

मंडी हाउस में सब कुछ सुहाना था। पहले जैसा। वैसी ही चहल-पहल और वैसी ही भीड़।

हैमलेट को मालूम था कि वो जब तक यहाँ है, उसे खाने और पीने की चिन्ता नहीं होने वाली। वो जैसे अपने घर लौट आया था।

'अंक एक' ने नेटुआ किया था। रतन वर्मा की एक बिहार की कहानी का नाट्य रूपान्तर था। पंडित ने उसे निर्देशित किया था। समर बाजपेयी ने मुख्य भूमिका निभाई थी। नाटक ज़बरदस्त हिट रहा था।

दिल्ली के नाट्य जगत में समर और पंडित छा गए थे।

ये वो वक़्त था जब बाबरी मस्जिद प्रकरण उबल रहा था। अयोध्या पर चढ़ाई की सम्भावना नज़र आने लगी थी। उत्तर प्रदेश में तब कल्याण सिंह की सरकार थी।

पंडित कमाल था। उसमें चुम्बक था। जगह-जगह से लोग आके 'अंक एक' में जुड़ गए थे। वो समूह ग़ज़ब हो गया था।

हैमलेट का गर्जता हुआ थियेटर का दौर शुरू हो गया था। और साथ में कम्युनिज़्म का भी।

दिल्ली में सफ़दर हाशमी की हत्या को एक साल हो गया था। सहमत (सफ़दर हाशमी मेमोरियल ट्रस्ट) ने ये फ़ैसला लिया था कि हर साल 01 जनवरी को विभिन्न सांस्कृतिक गतिविधियों वाला क़रीब बारह घंटे का एक सांस्कृतिक समारोह वो श्रीराम सेंटर के बाहर करेंगे।

हैमलेट ऐसे ही रंजीत साहब की रिहर्सल में पहुँच गया था। वो श्री स्वदेश दीपक का 'कोर्ट माशल' कर रहे थे जिसका पहला मंचन 01 जनवरी को श्रीराम सेंटर में होना था।

ये बात 26 दिसम्बर, 1990 की है।

"अरे तुम कहाँ से आ गए?" वो उसे देखके खिल गए। "अरे ये संताप है। किसी ने हैमलेट देखा है?" उनकी आवाज़ में चहक थी। "अब मेरा नाटक हो जाएगा! ये स्क्रिप्ट सँभालो।"

संताप कुछ नहीं समझा।

"अरे ये 'कोर्ट मार्शल' की स्क्रिप्ट है। इसका मंचन है...अभी 01 जनवरी को। तुम इसमें सूरतसिंह कर रहे हो। मुख्य भूमिका है। मैं ये ही सोच रहा था, किसको दूँ।"

नाटक चार दिन बाद होने वाला था।

हैमलेट ने घर जाकर स्क्रिप्ट पढ़ी। उसके हाथ-पैर फूल गए। वो रंजीत साहब के घर पहुँचा।

"सर मैं ये नहीं कर पाऊँगा। मात्र चार दिन बचे हैं। मैं कैसे तैयारी करूँगा?"

"यही तो तुम्हारी ख़ासियत है। देखो। मैं ना कहता था कि संताप एकबारगी ज़रूर आएगा और बोलेगा कि मैं ये नहीं कर पाऊँगा।" उन्होंने पास बैठी अपनी पत्नी से कहा। "और मैंने कहा था कि संताप ही इसे करेगा और ख़ूब करेगा!"

और 01 जनवरी को श्रीराम सेंटर के बाहर 'सहमत' का कार्यक्रम हो रहा था और अन्दर 'कोर्ट मार्शल'। नाटक बेहद सफल रहा। हैमलेट पहले रंजीत साहब को और बाद में अपनी हिम्मत को दाद देता रहा।

वी.पी. हाउस में 'अंक एक' की मीटिंग चल रही थी। बात देश में चल रहे धार्मिक वातावरण की थी।

"मेरे पास हारमोनियम है। मैं कल से बैठता हूँ। स्ट्रीट साँग्स करने हैं। सिर्फ़ सड़कों पर गाये जाने वाले गीत। पहले कभी नहीं किये गए। तू बन्दों को जुटा।"

और 'हमारे दौर में' की शुरुआत हुई। एक ज़ोरदार धमाके से।

हैमलेट को संतो चाची का दिया हुआ हारमोनियम काम आ रहा था। उसे मालूम था कि वो म्यूज़िक कम्पोज़ कर सकता है। मगर ये नहीं मालूम था कि इतना बढ़िया कर सकता है।

"ये क्यों हो रहा है, जो ना होना था हमारे दौर में।"

"जब रात गए मेरे गाँव की सड़क पर धड़-धड़ करती मोटरसाइकिलें... मोटरसाइकिलें तो...

मेरा बच्चा थर-थर करता है ख़ौफ़नाक बारूद का देख अँधेरा।"

"ये जो सड़क पर ख़ून बह रहा है उसे सूँघकर तो देखो।"

और हैमलेट सराबोर हो चुका था नशे में।

उसे ज़िन्दगी में पहली बार परिवार का स्वाद मिला था 'अंक एक' में। और परिवार भी ऐसा धधकता हुआ, जुनूनी।

वो बहावलपुर हाउस के पीछे सी.सी.आर.टी. (सेंटर फॉर कल्चरल रिसोर्सेज़) की झोंपड़ी में सुबह आठ बजे पहुँच जाता। फिर हारमोनियम पर चलतीं उसकी उँगलियों और दिलो-दिमाग़ से निकलते उसके गानों के गवाह मंडी हाउस की आबोहवा होती।

फिर दस बजे पूरा 'अंक एक समूह' आ जुटता। फिर सारे गानों की रिहर्सल होती। उसके बाद 'अंक एक' उन गानों को बाहर सड़कों, स्कूलों और कॉलेज में गाने के लिए निकल जाता।

मात्र हारमोनियम और नाल की थाप पे उन गानों ने दिल्ली और आसपास की जगह में इन्क़लाब ला दिया था।

स्कूल और कॉलेज से माँग बढ़ गई थी। 'अंक एक' पूरी तरह से उसे पूरा करने के लिए कटिबद्ध था।

अब उसे ना परिवार याद आता ना बम्बई की वो दुर्घटना याद आती। उसने अनवरत और अनासक्त कर्म का स्वाद चख लिया था।

"अच्छा काम कर रहे हो। चलो कोई तो कर्म कर रहा है।" विश्नोई का ख़त आया था।

"ऐसा क्या कर रहा है बे दिल्ली में? बड़ी तारीफ़ हो रही है अख़बारों में?" मराठे का पत्र था।

"तुमने हमारा नाम ऊँचा कर दिया संताप भाई। यहाँ तो जलवे ही सुनते रहते हैं तुम्हारे।" प्रदीप भाई ने पता नहीं कब उसे 'भाई' कहना शुरू कर दिया था। पत्र में प्रवेश की दुआ-सलाम भी मौजूद थी।

दिल्ली यूनिवर्सिटी में वो लड़कियों का दुलारा बन चुका था। सैकड़ों अनुरागी आँखें उसका पीछा करतीं।

ये संताप के जीवन का स्वर्णिम काल था—'हैमलेट' के बाद।

रेवा की शादी

वो अजीबोग़रीब उत्साह और जोश से भरा हुआ था जब ताज एक्सप्रेस से उतर उसने ग्वालियर स्टेशन में क़दम रखा।

ऑटो जब ज्येन्द्रगंज से दाईं तरफ़ मुड़ने के लिए तैयार हुआ तो वो बोला, "सीधे चलते रहो।"

और ऑटो चिरन्तन धर्म मन्दिर स्कूल के सामने खड़ा था।

"यहाँ उतरना है?" ऑटो ड्राइवर ने पूछा।

"नहीं। एक सिगरेट पीनी है।" और वो ऑटो से नीचे उतर गया।

सामने स्कूल की लड़कियों की चहल-पहल थी। शायद मध्यावकाश हुआ था। इस सड़क से उसके कितने आसंग जुड़े थे।

वो एकटक कुछ देर सामने देखता रहा। फिर एक गहरी साँस ली। ऑटो में चढ़ा। "जिन्सी नाले चलो।"

"रेवा का रिश्ता आया है। ठाकुर परिवार है। दिलीप सिंह पवार नाम है। एल.आई. सी. में नौकरी करता है। तुम चल के देख लो।"

बात घर के ड्राइंग रूम में हो रही थी।

"मैं अकेला जाऊँगा। आप लोग नहीं चलेंगे।"

"अरे हम कैसे नहीं चलेंगे यार? लड़की हमारी भी तो है?" पिताजी अड़ गए थे।

"तो आप चले जाओ। मैं बाद में चला जाऊँगा।" ये कहके वो उठ लिया था।

"मैं उसको जानता हूँ। दिलीप मिस हिल्स स्कूल में पढ़ा हुआ है। अच्छा-भला लड़का है। अब समस्या क्या है?"

मराठे के ऑफ़िस में वो सामने बैठा हुआ था।

"मेरा घर। साला सनकियों से भरा पड़ा है। बात करनी किसी को नहीं आती।"

"तुम जैसे बात करके बड़ा उखाड़ लोगे?" प्रमाद की बात में व्यंग्य था।

"तू ज़्यादा मत बोला कर। अपने परिवार को मैं ही जानता हूँ।"

"हम तो जैसे कुछ जानते ही नहीं।"

प्रमाद के बारे में तय था अगर कोई उसके सामने से बोल देता कि आज मेरे ताऊ ने मेरी ले ली तो उसके मुँह से पक्का ये ही निकलता कि हमको मत बतलाओ लेने के बारे में। जैसे हमारी तो आज तक किसी ने ली ही नहीं?

"मुझे ये शादी आसानी से होते नहीं दिखती। उसमें अड़ंगे होंगे।" ये कहके वो उठ लिया था।

और वाक़ई शादी आसानी से नहीं हो पाई थी। ख़ासे झगड़े हुए थे। मुख्य कारण थीं जिद्दा। वो ऐसे व्यवहार कर रही थीं जैसे वो लड़के वालों की तरफ़ से हो।

शादी निपट चुकी थी। घर में फिर वो ही चिर-परिचित ख़ामोशी थी। और पिताजी ने उसे सुबह फिर धर लिया था। पूरा परिवार बैठा हुआ था।

"अब क्या इरादा है भई?"

"थियेटर कर रहा हूँ।"

"कहीं दिख तो नहीं रहे। तुम बम्बई गए थे। उसका क्या हुआ?"

हैमलेट ने एक गहरी साँस ली। हिन्दुस्तान में या कहीं भी एक्टर, एक्टर तभी कहलाता है जब वो सिनेमा के पर्दे पर दिख जाए। पिताजी ने भी ड्रामा स्कूल से ये ही लालसा पाल ली थी।

"थियेटर में सिनेमा की कोई जगह नहीं होती। वो मौज-मज़े के लिए होता है। देश और समाज के लिए।"

"देश और समाज में हम भी तो आते हैं। हम बूढ़े हो रहे हैं।" उनकी आवाज़ थकी हुई थी।

मगर हैमलेट 'हमारे दौर में' उत्तेजना और कम्युनिज़्म के नशे की पराकाष्ठा पर था।"

"वापस ग्वालियर तो नहीं आऊँगा।"

"ग्वालियर आने के लिए कह भी नहीं रहे। मगर कहीं नौकरी-वौकरी तो कर लो।"

"मैं जो कर रहा हूँ मुझे मालूम है सर। और जो कर रहा हूँ वो अपनी मर्ज़ी और क़ुव्वत से। यहाँ समझाना मुश्किल है।"

"मगर हमारी भी तो ज़िम्मेदारी है तुम पर?" स्वर में वाक़ई थकन थी।

"आप लोगों ने मुझे दिया ही क्या है आज तक। एन.एस.डी. मैं आपसे पूछकर नहीं गया था।" वो तल्ख़ी से बोल के उठ गया।

"अरे बैठो तो। और शादी-वादी के बारे में क्या सोचा है?" वो जल्दी से बोले।

"जब मन होगा कर लूँगा।" और वो झटके से बाहर था। उसे संगिनी प्रसंग याद आ गया था। जिद्दा इस पूरे प्रकरण में कुछ नहीं बोली थीं।

बहुत सोच-विचार करने के बाद वो उस दिन वृंदा के घर गया। वो चिरन्तन धर्म मन्दिर के पीछे ही रहती थीं।

"आओ बैठो।" वो उसे देखके मुस्कराई। "क्या लोगे?"

"आपको मालूम है।"

"पता और फ़ोन नम्बर मैं तुम्हें नहीं दे सकती। संगिनी की सख़्त ताकीद है।"

"देखिए, मैं उन्हें परेशान नहीं करूँगा। और परेशान करने क्या भिलाई जाऊँगा? बस कभी-कभी ख़त लिखने की इजाज़त चाहता हूँ।"

"सॉरी।" उन्होंने सधे हुए स्वर में कहा। "तुम अपना फ़ोन नम्बर दे जाओ। उसे ज़रूरत होगी तो वो फ़ोन कर लेगी।"

वो अपना पता और फ़ोन नम्बर देके बाहर आ गया।

अभी स्कूल छूटा ही था। वो गुमसुम-सा छात्राओं की निकलती भीड़ को देखता रहा।

फिर वापस घर आ गया।

दूसरे दिन वो दिल्ली था। 'अंक एक' में।

लगातार धमाके

और 'अंक एक' ने अपना अगला नाटक भी कर दिया था, 'होली'।

महेश एलकुंचवार द्वारा लिखित 'होली' में छात्र समुदाय के असंयमित व्यवहार का चित्रण था। कैसे वो सिस्टम का शिकार हो जाते हैं और एक आपराधिक गतिविधि में फँस जाते हैं।

नाटक बेहद सफल रहा। संताप ने उसमें अभिनय के अलावा गीत और संगीत किया था।

'अंक एक' खूँटे की तरह दिल्ली के नाट्य जगत में गड़ चुका था। साथ में पंडित भी।

दुबले-पतले पंडित में अद्भुत निर्देशकीय क्षमता थी। उसका विज़ुअल सेंस ग़ज़ब का था। नाटक अपनी सीमाओं को तोड़ता हुआ हद के पार निकल गया था। और कविता नागपाल ने समीक्षा दी थी।

"'अंक एक' ने एन.एस.डी. रेपर्टरी को चुनौती दे दी है। इनकी कार्यशैली और बेमिसाल उत्साह दुनिया से निराला है। ये आने वाले हिन्दुस्तानी थियेटर की सम्भावना हैं।"

ऐसे ही शम्पा उसके करीब आई थी। शम्पा चौधरी कत्थक नर्तकी थी और श्री बिरजू महाराज की शिष्या। वो धीमे-धीमे हैमलेट की भावनात्मक साथी के तौर पर विख्यात होने लगी थी। मगर थियेटर के नशे में चूर और 'अंक एक' के प्रति पूर्ण समर्पण से मिली निष्ठुरता के चलते वो इस सम्बन्ध को अंजाम न दे सका! वो पुरानी दिल्ली रेलवे स्टेशन से रोती हुई गई थी। कलकत्ता।

हैमलेट पछताया था। मगर बहुत बाद में।

उसे 'थियेटर एक्शन ग्रुप' ने आमंत्रित किया था। नाटक था बिली रसैल का 'ब्लड ब्रदर्स'। हिन्दी में नाम दिया गया था 'सुनो रे किस्सा'। निर्देशक थे श्री बैरी जॉन। स्क्रिप्ट लिरिक्स और म्यूजिक हैमलेट के थे। 'सुनो रे किस्सा' दिल्ली थियेटर सर्किल में और टैग (थियेटर एक्शन ग्रुप) के इतिहास में कालजयी साबित हुआ... और हैमलेट को गर्व था कि वो 'अंक एक' में काम करता है।

'अंक एक' भूचाल था। उसने हलचल मचा दी थी। और अगले नाटक का चुनाव भी इसी बात का संकेत भी था।

पंडित आज फ़िल्म दिखाने वाला था।

"देखो तो सही। और ध्यान से देखना।"

रेलवे कॉलोनी के 'ई 64' में फ़िल्म दिखाई गई।

रॉबर्ट वाइज़ द्वारा निर्देशित, ऑर्थर लारेंट्स द्वारा लिखित, जेरोम डी रोबिन्स द्वारा नृत्य संयोजित, लियोनिद बर्नस्टीन के संगीत संयोजन और स्टीवन सोंधीम के गीतों से सुसज्जित फ़िल्म 'वेस्ट साईड स्टोरी' सिर्फ़ अपने दस ऑस्कर अवाड्र्स

की भीड़ की वजह से ही प्रसिद्ध नहीं थी बल्कि विलियम शेक्सपियर के रोमियो जूलियट से प्रेरित ये ब्रॉडवे म्यूज़िकल कई मायनों में दुनिया के आधुनिक थियेटर इतिहास में मील का पत्थर मानी जाती थी।

"ये नाटक करेंगे। ये 'अंक एक' का अगला नाटक होगा।" पंडित बोला था।

"पागल है? इतना करने की औक़ात नहीं है हमारी।"

"ये ही तो दिक़्क़त है इनसान की। वो अपनी औक़ात को समझने में हमेशा धोखा खाता है।"

पंडित प्रेरणा का दूसरा नाम था। 'असम्भव' शब्द उसके शब्दकोश में ही नहीं था।

"अबे स्क्रिप्ट कौन करेगा?" संताप बोला।

"तू!" पंडित का हुक्म था।

"अबे मेरे बाप के बस का नहीं है ये स्क्रिप्ट करना। कोई और बन्दा देख।"

"तू ही करेगा। और लिरिक्स और म्यूज़िक भी। एडविन। कल से लोगों की बॉडी पे काम करना शुरू कर दे। मुझे एकदम फिट और करारे बन्दे चाहिए।"

और 'जब शहर हमारा सोता है' लॉन्च हो गया।

"नया नाम रखा है बे?" विनोद दुआ विभोर होकर बोला। वो 'अंक एक' का दोस्त था।

"संताप का दिया हुआ है।" पंडित ने गर्व से जवाब दिया।

मुसलमान लड़की और हिन्दू लड़के के इश्क़ से सराबोर ये गाथा अनूठी होने वाली थी जिसका पहला गाना संताप तैयार कर चुका था।

उजला ही उजला शहर होगा जिसमें हम तुम बनाएँगे घर।
दोनों रहेंगे कबूतर से...जिसमें होगा ना बाज़ों का डर।

और नाटक बनता ही गया। बनता ही गया। बनता ही गया।

आशुतोष उपाध्याय स्पॉन्सरशिप ले आया। अतुल कुमार, आलोक माथुर और निखिल वर्मा ने प्रोडक्शन सँभाल लिया। शेफाली भूषण, जूही डोगरा और राजीव गुप्ता उसमें लॉन्च हुए थे। डैडी और त्रिभुवन की लाइटिंग थी। एडविन जी विलियम्स की कोरियोग्राफ़ी। उसका जिस्म तोड़तीं ख़ौफ़नाक डांस क्लासेज़। उसका कुप्रसिद्ध माइग्रेन। (हा हा हा)। मंडी हाउस में चारों तरफ़ गूँजती संताप के गानों की स्वर लहरियाँ। ओमी की फ्रूट चाट। बाले भाई माली की चोरी-छिपे बिजली सप्लाई।

बबली के ड्रम्स। शेरसिंह जी और भगवान अलका की चाय। समर बाजपेयी, आयुष विद्यार्थी, अरुण मोटा, विजय चचा, असद ख़ान, गौतम चड्ढा, प्रशान्त नारायन, असीम बजाज, गजराज राव, अजय चौहान, अनीष, अरविन्द बब्बल, वर्षा अगिनहोत्री, नीलम महाजन, अनीस खान, इम्तियाज़ अली, विजय भाई, जया बरनेला, भाई सुशील, विक्की, गांधी, विकास, मिट्ठू, लोकेश, भानु, पारुल काला, अखिलेश, रिया मुखर्जी, दीपाली गुप्ता, संजीव वत्स, वामन, शुभेन्दु, सर्वाशीष, देवाशीष, बॉन्ड, पूर्णिमा, बुग्गी, सन्तोष, पुष्कर, सुरेन्द्र सागर और अनुराग की कमांडो स्कवाड, डॉ. सुशील की चुटकियाँ, कत्थक केन्द्र से आती सोमा दत्ता चौधरी, निशि, तबस्सुम, मुनमुन, पार्वती, स्वाती, विजय श्री, उमा, स्मृति मिश्रा और श्रुति मिश्रा की मधुर-मधुर खिलखिलाहटें, डॉ. दिनेश शर्मा की स्पांसर्ड सिगरेटें, टिकटों की बढ़ती जाती बिक्री। श्रीराम सेंटर से बंगाली मार्केट तक रोज़ लम्बी होती जाती गाड़ियों की लाइन, दिसम्बर-जनवरी की छलछलाती सर्दियाँ, सी.सी.आर.टी. की झोंपड़ी, सुबह छह बजे सिर्फ़ निक्करों में डांस मूवमेंट करता 'अंक एक' समूह, सुजीत सरवार का ध्वनि संयोजन, जोन डेविड की कॉस्ट्यूम्स, कबाड़ी बाज़ार से चुने गए अजीबोग़रीब हथियार, मध्यान्तर में हबीब तनवीर का हाँफते हुए बधाइयाँ देने ग्रीन रूम में पहुँच जाना, भाव-विह्वल दर्शक, भौचक्के क्रिटिक्स, रोज़ लम्बे होते जाते कर्टेन कॉल्स।

हैमलेट पूरी लिस्ट कभी नहीं बना पाएगा।

और 'अंक एक' अमर हो चुका था। साथ ही पंडित और संताप की जोड़ी भी।

हैमलेट का जोश सातवें आसमान पर था। साथ ही शराब और सिगरेट भी।

उसके खर्चे का पूरा ज़िम्मा 'अंक एक' ने सँभाल लिया था और प्रमुखतः अतुल कुमार ने।

"तू बस थियेटर कर। बाक़ी चिन्ता हम पर छोड़ दे।"

और हैमलेट वाक़ई अपनी चिन्ता करना भूल गया था। जयन्त उसमें सहायक साबित हुआ।

1/6 पन्त नगर में लोगों ने आना शुरू कर दिया।

सब जयन्त के दोस्त थे...ज़हरीले थे और पक्के शराबी थे। हैमलेट को रोज़ मुफ़्त शराब मिलनी शुरू हो गई थी। और अतुल तो था ही जो उसका दोस्त होने के अलावा 'अंक एक' का प्रेसीडेंट भी था। और साथ ही उसकी गतिविधियों में प्रमुख वित्तीय सहायक भी।

पोलित ब्यूरो के कामरेड ख़ुशहाल सिंह बोले थे—"तुम्हारे गानों में बात है। सीधे दिल पर लगते हैं।"

इंडिया गेट पर चार लाख लोगों की बलबलाती भीड़ में वो माइक उठाकर चीख़ा था—"ये सिस्टम बर्बाद हो चुका। इसमें बदलाव चाहिए।"

पंडित लेडी श्रीराम कॉलेज में 'पत्तर अनारां दे' करवा रहा था। और वो गाना लिख रहा था।

"लाहौर के उस पहले ज़िले के दो परगना में पहुँचे।"

काले आबनूस-सी साँचे में ढली साँवली-सलोनी जिया को देखने के साथ ही उसने अपने आपसे कहा था—"इसको अपनी जीवनसंगिनी बनाऊँगा।"

तनाव और सरदार भगत सिंह संधू

उन दिनों धार्मिक उन्माद अपनी चरम सीमा पर था। बाबरी मस्जिद ढहा दी गई थी। और संताप ने ग़ौर किया कि पंडित भी बदल रहा था।

बात कलकत्ता में हो रही थी। वहाँ 'अंक एक' के तीन नाटकों का फ़ेस्टिवल था।

"हम दिल्ली में 'ये जो ज़िन्दगी है ना' रिपीट करने वाले हैं ना?"

'ये जो ज़िन्दगी है ना' हैमलेट का लिखा हुआ नया और ओरिजिनल नाटक था जो 'अंक एक' कलकत्ता में करने आया हुआ था।

"हाँ।"

"उसे कैंसल कर दे अतुल। हम दिल्ली में 'जब शहर हमारा सोता है' करेंगे। इस वक़्त देश को उसकी ज़रूरत है।"

'जब शहर हमारा सोता है' देश में पनप रहे धार्मिक आक्रोश के बारे में था।

"ठीक है।" टँगड़ी की बात कोई नहीं टालता था।

"और संताप। वो लाइन कौन सी है जो हिन्दू गैंग का लड़का बोलता है?"

"कौन सी?"

"कि ये ज़िन्दगी हमें मिली ही ऐसी थी?"

नाटक फनियर (हिन्दू) और खंजर (मुस्लिम) गैंग्स की गैंग वार पर आधारित था जिसका अन्त बड़ा दु:खद होता है।

"हाँ। उसका क्या करना है?"

"उसको काट दे। वो लाइन मुझे नहीं चाहिए।"

हैमलेट समझ नहीं सका। "क्यों?"

"बस नहीं चाहिए। मुझे बतलाना पड़ेगा कि क्यों?" पंडित ग़ुर्राया था। वो आजकल गुर्राने बहुत लगा था।

"मगर वो लाइन काट देंगे तो ये नाटक पूरी तरह से मुसलमानों के पक्ष में ही जाएगा। उस लाइन से हिन्दू नौजवान जस्टीफ़ाई होते हैं कि वो भी सिस्टम के शिकार हैं। उनके भी दिलो-दिमाग़ में ये ज़हर उँड़ेला जा रहा है।"

"मुझे जिरह नहीं चाहिए।" कहकर पंडित वहाँ से हट गया था। आगे बहस फ़िज़ूल थी।

वो लाइन हटा दी गई। नाटक हुआ। उतना अच्छा नहीं जितना पहले हुआ था।

"यार मैंने एक तटस्थ नाटक लिखा था। मैं किसी का पक्ष नहीं लेना चाहता और अगर लेना चाहता हूँ तो दोनों का पक्ष लेना चाहता हूँ।"

मगर पंडित बदल रहा था। उसका बर्ताव निरन्तर कठोर और धीरे-धीरे असहनीय होता जा रहा था।

"दुनिया को हमारी ज़रूरत है। हमें दुनिया की नहीं। हमें ऐरोगेंट होना पड़ेगा। इनटॉलरैंट भी।"

हैमलेट समझ नहीं सका।

"जोसेफ़ स्टालिन महान था। उसके ज़माने में उसके ख़ुद के बच्चे भी बस में स्कूल जाया करते थे। मुझे वही रशिया चाहिए।"

वो 'अंक एक' में अपना मिनी रशिया ढूँढ़ने लगा था।

"हिन्दू धर्मान्ध होते हैं। उन्हें रोकना पड़ेगा।"

हैमलेट के बचपन के दोनों दोस्त क़मर और भैये मुसलमान थे। उनकी तरफ़ से ऐसा कोई बर्ताव उसने अपने लिए कभी नहीं पाया था।

"जो मुझे सहन नहीं कर सकता वो 'अंक एक' छोड़ सकता है।" उसने घोषणा कर दी थी। एक दिन का वक़्त भी दिया था सोचने के लिए।

ज़ाहिर है कोई ऐसा नहीं चाहता था। सब उसे स्वीकार कर चुके थे दिल से! बतौर निर्देशक और बतौर दोस्त। 'अंक एक' में उसके अभाव की कल्पना करना भी दुरूह था।

"अंक एक मैं हूँ। सिर्फ़ मैं।"

संताप चुप था।

लोग धीरे-धीरे 'अंक एक' छोड़के जाने लगे थे। या बाहर निकाले जाने लगे थे। संताप टिका हुआ था।

"तेरे साथ आख़िरी तक टिका रहूँगा।"

"अगला नाटक करते हैं भगत सिंह पर। इन लोगों ने मुल्क को नोच के रख दिया। उस जैसे लोग क्या ये सोचके मरे होंगे?"

जयन्त इन्दौर शिफ़्ट हो चुका था। संताप अब अपने कमरे में अकेला रहता था। कभी-कभी जिया आ जाया करती थी बारिश की मीठी फुहार बनके।

वो स्कूल ऑफ़ प्लानिंग एंड आर्किटेक्चर में प्ले करवा रहा था। रिहर्सल रूम खचाखच भरा हुआ था। तभी कोई सामने से गुज़र गया। उसकी छाया उस पर पड़ी। देखा तो एक लड़की थी।

काले आबनूस-सी साँचे में ढली उस साँवली सलोनी लड़की को देखकर हैमलेट के दिमाग़ में ये ही विचार कौंधा था—"इसको अपनी जीवनसंगिनी बनाऊँगा।"

हम कम्युनिस्ट होकर सोचते हैं कि हम तटस्थ हो गए। हम तटस्थ नहीं होते। हम पक्ष तब भी लेते हैं।

मगर भगत सिंह हिन्दुस्तान में इकलौता व्यक्ति रहे हैं जिनकी विचारधारा पर कोई सवाल नहीं उठा सकता। ना हिन्दू ना ही मुसलमान। ना जैन ना बौद्ध और ना ही सिख। वो हिन्दुस्तान में भी उतने ही पूजे जाते हैं जितने पाकिस्तान में।

"मैं ये किस पर नाटक लिख रहा हूँ। ये तो जायंट ऑफ़ दी इंटेलेक्चुअल्स था?"

हैमलेट हैरत से बड़बड़ाया था भगत सिंह पर शोध करते हुए।

"ये इनसान तो हो नहीं सकता और भगवान ये था नहीं। तो फिर क्या था ये? और वो भी तेईस साल पाँच महीने और छब्बीस दिन की उम्र में?"

नाटक बढ़ता जा रहा था। और हैमलेट खोता जा रहा था भगत सिंह में।

सुखदेव से एक ना समझ में आने वाली मित्रता में बँधे भगत सिंह। पंडित आज़ाद के प्रति एक लाड़ भरे सम्मान से ओत-प्रोत भगत सिंह। महात्मा गांधी से क़तई इत्तेफ़ाक़ ना रखके भी उनके प्रति एक ख़ास और अनोखा दृष्टिकोण लिये भगत सिंह। पूर्णतया नास्तिक होने के बावजूद श्रीमद्‍भगवद्‍गीता और विवेकानन्द के प्रति आस्था रखने वाले भगत सिंह। बाप और परिवार के प्रति अपने असीम मोह को एक साक्षी के तौर दूर से देखने वाले भगत सिंह। अपने साथियों की पहले मरने की होड़ा-होड़ी के बीचोबीच सहज, सरल और गम्भीर खड़े भगत सिंह। 114 दिन की अनोखी भूख-हड़ताल के संचालन के चलते रोज़ मरकर अमर होते चले जाते भगत सिंह। पढ़ाकू भगत सिंह, ख़ूबसूरत भगत सिंह, शान्त भगत सिंह, हँसोड़ भगत सिंह, इंटेलेक्चुअल भगत सिंह, युगद्रष्टा भगत सिंह, दुस्साहसी भगत सिंह और प्रेमी भागतसिंह।

भगत सिंह उसके सपनों में आने लगे थे। वो उनसे बात करने लगा था। वो उन्हें जीने लगा था।

और नाटक हुआ।

'गगन दमामा बाज्यो।'

ये नाम पंडित का दिया हुआ था।

"आसमान में नगाड़ा बज उठा।"

और नाटक हुआ और बहुत ख़ूब हुआ।

"भला काम कर रहे हो बच्चो।" दर्शकों के कँपकपाते स्वर थे।

"कभी ये नाटक छपा तो हम उसे अपने बच्चे के जन्मदिन पर भेंट करना चाहेंगे।" बुज़ुर्गों का कथन था।

"ये पागलपन है। क्रिएटिविटी ऐसी भी होती है?" नौजवान बोल रहे थे।

और हैमलेट सराबोर था।

उसने अब रॉबर्ट डी नीरो से हाथ मिलाना शुरू कर दिया था।

"देखो बॉब डी नीरो। मैं तुम्हारी कसौटी पर खरा उतर रहा हूँ ना? मैंने गैलीलियो भी कर लिया।" 'वो अब भी पुकारता है' में नब्बे साल की बुड्ढो भी कर लिया और 'फ़िडलर ऑन द रूफ़' में टैव्यी भी कर लिया। मैं बेहद सन्तुष्ट हूँ। क्या तुम भी हो?"

मगर कहीं कुछ था जो बेतरह दरक चुका था। पंडित अब असहनीय हो गया था।

जिया मेरी जान

टी.वी. चल रहा था। जिया नारायणन बैठी हुई थी। स्थान था चेन्नई। जगह थी उसका घर। साथ में उसके माता-पिता बैठे हुए थे। वो चेन्नई के चेट्टियार ख़ानदान के प्रतिष्ठित और फ़ौजी बाप की बेटी थी।

दूरदर्शन पर 'डिस्कवरी ऑफ़ इंडिया' दिखाया जा रहा था। ये उसके रिपीट शोज़ थे। श्याम बेनेगल का निर्देशन था और वी.के. मूर्ति साहब की लाइटिंग! (जिन्होंने गुरुदत्त साहब की अधिकतर फ़िल्मों का छायांकन किया था।)

गांधी एपिसोड दिखाया जा रहा था। संताप स्क्रीन पर अवतरित हुआ। जिया की माँ के मुँह से बेसाख्ता निकला, "व्हॉट फ़ीचर्स।"

जिया ख़ामोश रही। फिर बोली—"इससे शादी करनी है।"

और चेट्टियारों के उस घर में तहलका था।

ये उनके घर का पहला अन्तर्जातीय विवाह था। और उस पर लड़का थियेटर वाला। काम से नाकारा और जेब से फटीचर।

'अंक एक' में हालात बहुत बिगड़ चुके थे। पहली जनरेशन जा चुकी थी। (या निकाल दी गई थी) दूसरी जनरेशन में दिल्ली यूनिवर्सिटी के छात्रों का जमावड़ा था। हैमलेट को उसकी जगह नहीं मिल पा रही थी। वो अकेला पड़ गया था।

पंडित के रौद्र रूप की इन्तिहा हो चुकी थी। हैमलेट का साँस लेना भी मुश्किल हो रहा था।

"तू क्या चाहता है?"

जगह आई.टी.ओ. का रिहर्सल हॉल थी। बात उसके बाहर हो रही थी।

"ग्रुप में रहना चाहता हूँ।" संताप ने छलछलाए स्वर में कहा था।

"ग्रुप का बनकर रहना पड़ेगा।" पंडित की हुंकार थी।

"ग्रुप का हूँ तो।"

"नहीं है। तू पुराने 'अंक एक' को याद करता रहता है।"

"मुझे याद बहुत आती है। वो दिन बहुत अच्छे थे।"

"ग्रुप में इससे प्रॉब्लम हो रही है। तू इन लोगों का नहीं हो पा रहा है।"

"कोशिश कर रहा हूँ।"

"कोशिश काम नहीं आ रही। तू देख ले।"

"क्या?"

"'अंक एक' में रहना है या नहीं।"

"'अंक एक' में मेरा भी योगदान है यार।"

"पिछले पाँच साल में तूने एक भी ओरिजिनल आइडिया दिया है?"

और संताप सन्न था। उसके सामने 'अंक एक' की सारी स्क्रिप्ट्स घूम गईं।

"बोल" पंडित गुर्राया था।

वो चुप था। फिर बोला—"नहीं।"

"तो फ़ैसला कर ले। मैं एक सप्ताह का टाइम देता हूँ।" और वो मुड़के अन्दर चला गया था।

हैमलेट ने अभी-अभी इनसान से नहीं जोसेफ़ स्टालिन से बात की थी।

चेन्नई से ख़त आ चुका था। जिया का कहना साफ़ था।

"मुझे यहाँ से ले जाओ। मेरे घर वाले मानेंगे नहीं।"

उसके पास पैसे थे। वो 'अंक एक' में रहते हुए एक टी.वी. सीरियल कर चुका था। 'फ़िरदौस'। (टँगड़ी की हुंकार को झेलते हुए।)

वो प्लेन से उड़ा।

अगले ही दिन जिया के साथ वो दिल्ली में था।

दोनों तीस हज़ारी कोर्ट पहुँचे। मैट्रीमोनियल ऑफ़िस के सामने सैकड़ों जोड़े बैठे हुए थे। एक नौजवान वकील उससे टकरा गया।

"आपने तो 'फ़िरदौस' में काम किया था ना?" वो चहक उठा।

"हाँ।" वो बोला। जिया साथ में थी।

"यहाँ क्या करने आए हैं?"

"शादी।"

"अरे मैं करवाता हूँ ना? राशन कार्ड है?"

"नहीं।"

"पासपोर्ट तो होगा?"

"नहीं।"

"तो ड्राइविंग लाईसेंस?"

"नहीं।"

"तो बर्थ सर्टिफ़िकेट? टेंथ की मार्कशीट?"

"कुछ नहीं है।"

वो सोच में पड़ गया। "तो शादी कैसे करेंगे? काग़ज़ात तो चाहिए ना।" फिर अचानक बोला—"सोलह हज़ार रुपए तो होंगे?"

वो हैमलेट के पास थे।

"ठीक। हो जाएगी। मगर मेरे साथ मेरे घर में चलकर मेरी बीवी के साथ एक चाय पीनी पड़ेगी?"

और हैमलेट ने चाय पी ली। 01 जून, 1995 को उसकी शादी हो गई।

अब वो शादीशुदा था।

उसके बाद वो अगले दिन आख़िरी बार पंडित से मिलने 'अंक एक' की रिहर्सल में पहुँचा। पंडित बिज़ी था।

वो देर तक बैठा रहा। पंडित ने उस पर ध्यान नहीं दिया।

तीन घंटे रिहर्सल में बैठने के बाद वो वहाँ से उठ गया। उठके बाहर आया। पीछे से पंडित की आवाज़ सनाई दी। "मेरे बिना एक्टिंग करके दिखा देना स्साले। तेरी टाँग के नीचे से गुज़र जाऊँगा।"

उसकी आँख में आँसू थे। उसकी ज़िन्दगी का पहला परिवार पीछे छूट गया था। 'अंक एक' पूरी तरह से स्टालिन की भेंट चढ़ चुका था। अब से एक बार फिर से वो अकेला था।

नहीं। जिया साथ थी। लेकिन 'उसको' जिया के साथ होने में वक़्त लग गया। बहुत ज़्यादा।

'सर' का देहान्त। फ़्रिट्ज़ का भी

13 सितम्बर, 1995।

ग्वालियर से ख़बर आई। पिताजी का देहान्त हो गया था। वो ग्वालियर गया। वहाँ दिल्ली से ख़बर आई। फ़्रिट्ज़ बेनेविट्ज़ नहीं रहे। दोनों की मृत्य 13 सितम्बर को हुई थी।

उसने दबे कानों सुना। जिद्दा बोल रही थीं—"आते ही ससुर को खा गई। ऐसी बहू से तो ना होना अच्छा था।"

वो जिया के साथ दिल्ली लौट आया। मगर चार जोड़ी बूढ़ी आँखें अब रोज़ उसका पीछा कर रही थीं।

जिया ने 1/6 पन्त नगर भोगल के 12 बाई 10 फ़ीट के कमरे में अपनी गृहस्थी जमा ली थी। वो तिनका-तिनका जोड़कर घर बनाने वाली लड़की थी।

शादीशुदा की शराब

अब वो रोज़ सुबह अपने घर से निकलता। मंडी हाउस जाता। पेड़ के नीचे उसे पंडित बैठा मिलता। पूरा 'अंक एक' भी।

वो एन.एस.डी. के अन्दर चला जाता। बाहर आता तो वो रिहर्सल पे जा चुके होते। थोड़ी देर वो वहीं खड़ा रहता। फिर जाके पेड़ के नीचे बैठता। पुरानी यादों में खोने की कोशिश करता। फिर वहाँ से उठ लेता। बाहर ओमी की दुकान पर आता। एक सिगरेट लेता। भगवान की दुकान से चाय लेता। फिर फ़व्वारे पर चला जाता। वहाँ घंटों बैठा रहता। फिर शाम हो जाती। उसके शराब पीने का टाइम हो जाता। फिर कनॉट प्लेस जाके रम का हॉफ़ लाता। (सेकेंड हैंड वेस्पा स्कूटर उसने हाल ही में लिया था) फिर ओमी की दुकान से कोका कोला ख़रीदता। फिर फ़व्वारे पे जाके बैठ जाता। रम में कोका कोला डालता। उसके घूँट लेता। फिर नशे में धुत्त होकर स्कूटर स्टार्ट करता। अपने घर पहुँचता। जिया खाना बनाके उसका इन्तज़ार कर रही होती। जैसे-तैसे खाने की औपचारिकता

पूरी करता। फिर नशे की अधिकता की वजह से बिस्तर पर लुढ़क जाता। जिया बैठी देखती रहती। चुपचाप।

हाँ। मंडी हाउस में उसकी इज़्ज़त बहुत हो गई थी। जो उसने 'अंक एक' से बाहर निकल के जाना था। काम सर चढ़कर बोलता है।

इज़्ज़त करने वालों में एक अरविन्द गौड़ भी था।

अरविन्द का अपना थियेटर ग्रुप था। 'अस्मिता' के नाम से। बड़ा ग्रुप था। काफ़ी लोग थे उसमें।

ये उसकी रोज़ की दिनचर्या थी।

उससे लोग बोलते, "बम्बई जाओ यार। वहाँ तुम्हारी ज़रूरत है।"

उसे बम्बई याद आ जाता। बदन में झुरझुरी होती।

"बम्बई नहीं जाऊँगा। यहीं थियेटर करूँगा। और यहीं मरूँगा।"

मरना फिर भी आसान था। थियेटर करना नहीं। और वो भी बिना ग्रुप के।

शराब बढ़ती जा रही थी।

मंडी हाउस का वो सुनहरा दौर था। दिल्ली के उस सांस्कृतिक केन्द्र में चारों तरफ़ रौनक़ रहती थी। चहल-पहल रहती थी। ओमी की दुकान पर भयंकर भीड़ हुआ करती थी जिसमें अस्सी से नब्बे परसेंट रंगमंच के छिछोरे हुआ करते थे। अलका चाय वाले की चाय बनाती उँगलियाँ, सामने पटरी पर लाइन से बैठे आधे-अधूरे एक्टर्स, बातों की भनभन, सिगरेट के धुएँ, बातों के सिलसिले, चुटकुले-लतीफ़े, कटाक्ष, चितवन, शोर-शराबा, उन्माद।

श्रीमती कीर्ति जैन के कुशल हाथों में हाल ही में आया राष्ट्रीय नाट्य विद्यालय सँभल चुका था। (मोहन महर्षि जा चुके थे। उसके बाद रतन थियम आए थे। उसके बाद कुर्सी सँभाली थी कीर्ति जैन ने।)

सम्मानित अलक़ाज़ी साहब ने गड़गड़ाती हुंकार के साथ थियेटर में वापसी की थी। कॉपरनिकस मार्ग पर लिटिल थियेटर ग्रुप में उनका स्कूल शुरू हो चुका था जिसे लिटिल थियेटर्स के नाम से जाना गया था।

यहाँ-वहाँ हबीब तनवीर और ब.व. कारन्त के तूफ़ानी नाटकों के सिलसिले, श्रीराम सेंटर और कमानी ऑडिटोरियम में टिकटों की मारा-मारी, सप्रू हाउस में

पंजाबी नाटकों के धमाके, मंडी हाउस के कोने-कोने में रिहर्सल करते छोटे-बड़े ग्रुप्स के जत्थे और लाईट्स और सेट्स से जूझते असंख्य नाट्य कर्मियों के हाथ। ये वो मंज़र था जिसके लिए दिल्ली के थियेटर वाले अपनी ज़िन्दगी के सबसे लुभावने पल को भी दाँव पर लगाने से नहीं हिचकते।

और वो इन सबके बीच में अकेला घूमता था। नितान्त अकेला, अपने काले ओवरकोट में वो घूमता था। भटकता हुआ। इधर-उधर, हिलता-डोलता, बेपरवाह, बज्जर, बेख़ौफ़, बीहड़ और बेपरवाह।

"अरे क्यों जाएँ बम्बई? उस शहर में क्या लाल लगे हुए हैं? अरे अपने लाल मैं ख़ुद बोता हूँ और ख़ुद उखाड़ता हूँ। लाल ही लाल मिल जाएँगे मेरे 1/6 पन्त नगर भोगल के घर में। ये ही है मेरी छावनी और ये हैं मेरी बन्दूक़ें। ये आर.टी.ओ. से फ़िरोज़ शाह रोड तक और ये कनॉट प्लेस से इंडिया गेट तक। मैं राजा हूँ इनका। अपनी बन्दूक़ें यहीं से दाग़ता हूँ और धमाका सुनाई देता है डिब्रूगढ़। अरे बम्बई कोई क्राइटेरिया है टैलेंट पहचानने का? अरे समर बाजपेयी चला गया। जाने दो। बेहतरीन एक्टर था। आयुष विद्यार्थी चला गया। एक्टर भी ठीक ही था लेकिन बम्बई उसको भी मुबारक। सम्बल और सुरेखा भारद्वाज चले गए। बढ़िया कपल था। मुबारक। तो क्या मतलब? मैं भी चला जाऊँ? ये जूते पर रखी है मेरे बम्बई। इनको रोज़ धोता हूँ और रोज़ उतर जाती है। अरे इससे तो बेहतर है कि एक्टिंग कर लो सालो। ऊपर शक्ल दिखाते नहीं बनेगी। जब वो पूछेगा कि क्या करने भेजा था और क्या करके आ गए। ये दारू पीने से निजात नहीं मिलेगी। (और वो अटकता था। अपने हाथों में कोका कोला मिली हुई रम को घूरता था। फिर सर झटकता था।) मतलब। दारू मैं भी पीता हूँ (सर को मसलता था)। अब पीता हूँ तो पीता हूँ मगर तुम तो स्सालो सिर्फ़ रँडापा के लिए आए हो दुनिया में हरामज़ादोऽऽऽ।" और अभी कुछ दिनों पहले निज़ामुद्दीन पर हुए अपने स्कूटर एक्सीडेंट में अपनी क़रीब-क़रीब चली गई बाईं आँख पर हाथ फेरते हुए आगे बढ़ जाता था। सामने खड़े लोग सर झुकाते हट जाया करते थे। कुछ डर के मारे, कुछ लिहाज़ के मारे और अधिकतर सम्मान के मारे।

फ़व्वारे पर बैठकर वो चिल्लाता, "अबे एक्टिंग कर लो स्सालो। ज़िन्दगी चार दिन की है। निजात नहीं मिलेगी।"

और उसके मुँह से एक उबलता हुआ ठहाका निकलता जो मंडी हाउस की

सरज़मीं पर दूर तक फैल जाता। लोग हैरत से मुड़कर देखते, क्योंकि अपने-आपसे बातें करना 1996 में भी पागलपन की निशानी समझी जाती थी।

उसे नहीं मालूम था कि ये पागलपन उसके अन्दर पल रहे डर में इज़ाफ़े का दूसरा नाम है। लेकिन अब बात सँभालना बहुत मुश्किल था।

"मैं क्या करूँ?"

वही ग्वालियर का कटोरा ताल था। वही नियोन लाइट्स थीं। और उनकी चमकती हुई छाया पानी में बिखर रही थी। वक़्त था रात के नौ बजे का।

संताप और विश्नोई बैठे थे।

वो जिद्दा की मौत पर ग्वालियर आया था। तम्बाकू से उपजा हुआ कैंसर कहके मृत्यु नहीं लाता।

"क्या करोगे?" विश्नोई का ख़ामोश स्वर गूँजा था।

सामने मेडिकल कॉलेज रोड पर एक गाड़ी गुज़र गई थी।

"'अंक एक' छूट गया। दोबारा समूह बनाने की ना तो हिम्मत है ना ही मर्ज़ी। अकेला पड़ गया हूँ।"

"जिया साथ में है तो।"

"उसका रहना न रहना बराबर है। मैं ठीक हूँ तो वो भी ठीक है और मेरे ठीक होने की गुंजाइश दिखती नहीं!"

"शराब अब भी पीते हो?"

"शराब का इस सबसे कोई वास्ता नहीं है। मुझे एक्टिंग करनी है। अनवरत कर्म करने का सुख मैं ले चुका हूँ।"

"बम्बई जाने का कोई विचार नहीं?"

उसके शरीर में झुरझुरी दौड़ गई।

"बम्बई नहीं जाऊँगा। उस जगह में ज़हर भरा हुआ है। मैं ज़िन्दगी दिल्ली में काटने का फ़ैसला कर चुका हूँ।"

विश्नोई ने एक गहरी साँस छोड़ी।

"अब योग-ध्यान तो होता नहीं होगा?"

"सब दूर है। मन लगाता हूँ तो कहीं और लगता है।"

"घर-परिवार?"

"उनकी भी ज़िम्मेदारी है। अब सब अकेले पड़ गए हैं।"

"मकान बेचो। दिल्ली शिफ़्ट हो जाओ। जब काम वहीं करना है तो इन सबको यहाँ रखने का क्या फ़ायदा?"

"यही सोच रहा हूँ।"

वो घर वापस आया। घर में एक सहमा हुआ सन्नाटा था। दो वरिष्ठ सदस्यों की अकस्मात् ग़ैर मौजूदगी को वो घर सहन नहीं कर पा रहा था।

वो अपने कमरे में आके बैठा ही था कि माँ उसके सामने आके बैठ गईं।

"अब हमें भी यहाँ से ले जा बेटा। हम अकेले पड़ गए हैं।"

वो चुपचाप ख़ामोश देखता रहा।

"हम मकान बेचने का इश्तहार दे देते हैं अख़बारों में। दिल्ली में तू पास रहेगा तो कुछ सन्तोष तो रहेगा।"

भोले चाचा दरवाज़े पर आकर खड़े हो गए थे। उम्र की लकीरें सबके चेहरे पर गहराने लगी थीं।

"रेवा जा रही है अपनी ससुराल। कल सुबह मिलने आएगी।" उसके पति टीक़मगढ़ में रहते थे।

उसने सिर हिला दिया। भोले चाचा को देखके ये गुमान करना मुश्किल था कि वो अब मात्र कुछ दिनों के मेहमान हैं।

"मुझे ख़ाली परफ़ॉर्मिंग स्पेस चाहिए। सारी टिकट सेल तुम रख लो।" वो अरविन्द गौड़ की शंकर मार्केट के रिहर्सल रूम में बैठा बोल रहा था।

"थियेटर से पैसे कमाने में क्या हर्ज है?" दबी सी आवाज़ में जिया बोली।

"थियेटर से पैसे नहीं कमाऊँगा। और चाहे कुछ करा लो।" दिमाग़ में कॉमरेड ख़ुशहाल सिंह और पंडित घूम रहे थे।

"थियेटर वालों के भी परिवार होते हैं संताप भाई। मैं भी थियेटर से ही कमाता हूँ।" अरविन्द विनम्रतापूर्वक बोला।

"मैं नहीं कमा सकता। और मैं वर्कशॉप भी तो करता रहता हूँ इधर-उधर।"

"उसमें सिर्फ़ मकान का किराया निकल पाता है संताप।" जिया धीमे से बोली।

उन्होंने हाल ही में क्यू-25 जंगपुरा में शिफ़्ट कर लिया था। बड़ा मकान था।

"तो फिर थियेटर वाले से शादी क्यों की?" उसके स्वर में तल्ख़ी आ गई। जिया चुप हो गई।

"टिकट सेल सारी तुम ले लो। मुझे ख़ाली परफ़ॉर्म करने के लिए स्पेस दे दो। कल से शुरू करते हैं।"

वापस लौटते हुए स्कूटर पर बैठी जिया चुप थी।

स्कूटर निज़ामुद्दीन पार किया था कि जिया बोली—"तुमसे एक बात कहनी है संताप।"

"बोलो।"

"मैं प्रेग्नेंट हूँ।"

और स्कूटर में चूँऽऽऽ करके ब्रेक लगे थे। पीछे वाला वाहन गाली देते हुए आगे बढ़ा।

"तुमने पहले क्यों नहीं बतलाया?"

"उससे क्या फ़र्क़ पड़ जाता।" आवाज़ छलछला गई थी।

'ऐन इवनिंग विद संताप त्रिवेदी' हैमलेट के जीवन का तीसरा और सबसे रोमांचक दौर था। सुनहरेपन की इन्तिहा।

संताप ने तीन टुकड़े चुने थे।

'दूसरी दुनिया' निर्मल वर्मा की कहानी थी, 'व्हॉटइवर हैप्पंड टू बैटी लैमन' आर्नोल्ड वैस्कर का नाटक था, जिसमें उसे विकलांग महिला के तौर पर अवतरित होना था और 'दुविधा' विजयदान देथा द्वारा लिखित एक चर्चित राजस्थानी लोक कथा थी। सबका नाट्य रूपान्तर हैमलेट ने ही किया था। तीनों का समय बैठ रहा था—तीन घंटे। हर परफ़ॉर्मेंस के बाद पाँच मिनट का मध्यान्तर तय पाया गया। इन तीन घंटों में संताप को रंगमंच पर अकेले रहना था और कम-से-कम पच्चीस चरित्र निभाने थे।

"एक-एक घंटे का परफ़ार्मेंस करते हैं ना संताप भाई।" अरविन्द दबे स्वर में बोला।

"तीन घंटे का करूँगा एक साथ।" संताप शराब के नशे में झूमते हुए बोला।

वो ना मालूम नशे की इन्तिहा थी या पागलपन भरा हौसला या 'पंडित' से लिया गया इन्तक़ाम।

जिया ने तिनका-तिनका जोड़कर अपना घर बनाया था। वो सुबह सर्विस पे जाती थी। शाम को वापस आती। तब तक संताप रिहर्सल पे जा चुका होता। शाम को कभी रिहर्सल पे पहुँचती तो संताप काम ख़त्म करके मुँह से बोतल लगा चुका होता। उसका नशे में जिया को स्कूटर के पीछे बिठाके रोज़ घर लाना किसी चमत्कार से कम नहीं था।

जिया ख़ूबसूरत थी, ख़ुद्दार भी और ख़ामोश भी। वो तभी बोलती थी जब उसकी जरूरत हो। और उस रात जरूरत और मौका दोनों मिल गए।

उस रात को वो दोनों क्यू 25 जंगपुरा के अपने बेडरूम में लेटे हुए थे। रात के ग्यारह बजे थे। बाहर अँधेरा था। ऊपर सीलिंग फैन चल रहा था। दोनों छत की तरफ देखकर लेटे हुए थे। चुपचाप!

"सुनो!" जिया बोली।

"हूँ।" हैमलेट ने जवाब दिया।

"आज तुम कम पिए हो। आज मेरी बात सुनोगे भी और शायद समझोगे भी।" जिया ऊपर देखते हुए ख़ामोश आँखों के साथ बोली।

"बोलो।"

"संताप! थियेटर और एक्टिंग तुम्हारा पैशन है। मैं आर्किटेक्ट हूँ। और नौकरी करती हूँ। मैं चाहकर भी अपने में वो पैशन नहीं ला सकती। नौकरी की अलग बंदिशें होती हैं।"

"ठीक।" संताप समतल स्वर में बोला।

"अब 'अंक एक' चला गया। पंडित चला गया। तुम्हारे सारे कामरेड्स चले गए।"

"बोलती रहो।"

"हमें जिन्दगी भर दिल्ली में ही रहना है। तुम बम्बई नहीं जाना चाहते। मैं समझती हूँ। लेकिन कुछ दिनों में हमारा परिवार बढ़ जाएगा।"

"बेटा हुआ तो जोश, और बेटी हुई तो जोई।"

"ठीक! मगर हमें कुछ और भी लगेगा।"

"क्या?"

"उसकी परवरिश, उसकी देख-देख, उसका बचपन।"

"थियेटर से पैसा तो नहीं कमाऊँगा।"

"अपने पैशन को पेशे में बदलने में क्या दिक्कत है?" जिया की आँखें छलछला आईं।

"थियेटर वाले की ज़िन्दगी तुम जानती थीं। फिर मुझसे शादी क्यों की?"

"की है तो निभाऊँगी भी। वादा कर चुकी हूँ कि डाइवोर्स नहीं लूँगी। चाहे कुछ भी हो जाए।" उसकी छलछलाई आवाज़ में भी दृढ़ निश्चय झलक रहा था। इसलिए नहीं कि माँ-बाप को छोड़कर आई हूँ। इसलिए कि तुमसे दिल जुड़ा है। मगर भूखे रहकर न इन्कलाब किया जा सकता है, न परिवार का पोषण।

हैमलेट सीलिंग की तरफ देखता रहा। फिर बरबस ही उसकी आँखें भर आईं।

"मैं इतनी क्यों पी जाता हूँ?" उसका गला फँस गया था।

जिया झटके से उसकी तरफ मुड़ी। उसके गाल पे हाथ रखा। उसका चेहरा अपनी तरफ किया।

"सब ठीक हो जाएगा।" जिया उसे तब तक बाँहों में बाँध चुकी थी। हैमलेट की रुलाई फूट पड़ी थी। जिया की भी।

"मैं साथ रहूँगी, हमेशा! कल चलते हो?"

"कहाँ?"

"काउंसलर के पास।"

"मैं थियेटर नहीं छोड़ूँगा। एक्टिंग भी नहीं।"

"किसने कहा?" बस थोड़ा-सा वक्फ़ा लेने की ज़रूरत है। और अगले ही दिन हैमलेट फिर स्कूटर पर उड़ चुका था मंडी हाउस। अपनी रिहर्सल में। बोतल उसकी जेब में थी।

"मैं एक्टिंग नाम के क्राफ़्ट को माइक्रो लेवल तक जानना चाहता हूँ। किसी भी कीमत पर।"

मगर इस बार कीमत काफी बढ़ चली थी।

चेन्नई में सम्बन्ध सही हो चुके थे। जिया ने बोल रखा था कि उसका पति बहुत बड़ा आर्टिस्ट है। कभी दिल्ली आओ तो उसका प्रदर्शन दिखाऊँ।

और वो दिन भी आ गया।

'ऐन ईवनिंग विद संताप त्रिवेदी' का प्रीमियर हुआ।

और संताप के नाम के साथ कई तमग़े अकस्मात् और अपने आप जुड़ गए। 'वंडर बॉय ऑफ़ डेल्ही' और 'वनमैन आर्मी' उसमें से प्रमुख थे।

सारे समीक्षक और अख़बार लहलहा उठे थे।

"ये असम्भव है। और हिन्दुस्तानी नाट्य जगत में पहली बार।"

दर्शक स्तब्ध थे और दीर्घा भरी हुई।

हाउसफ़ुल। ये सन् 1997 की बात थी।

ये हैमलेट की ज़िन्दगी का सर्वाधिक धधकता हुआ दौर था। तीन घंटे के परफ़ॉर्मेंस के बाद उसका बदन थककर गिर पड़ता मगर दर्शकों की तालियों की गड़गड़ाहट नहीं रुकती। उसे कई बार दो-तीन नहीं बल्कि चार बार कर्टेन कॉल करने पड़ते।

मगर जीवन जटिल होता जा रहा था। संताप की मनोदशा भी।

"मैं निम्फ़ोमैनियक हूँ सर। मैं एक से अधिक मर्दों के बिना नहीं रह सकती। मगर आपको खरोंच भी आ जाए तो मैं दुनिया के दूसरे कोने से दौड़ी चली आऊँगी। मैं आपको बहुत प्यार करती हूँ।"

उर्वशी ठाकुर रोते हुए बोली थी। "और जिया दी को भी।"

ये हैमलेट के जीवन का जिया के प्रति पहला और आख़िरी पाप था।

जोश का आगमन

"मणिरत्नम आपको कास्ट करना चाहते हैं अपनी फ़िल्म में।" बम्बई से तिग्मांशु धूलिया का फ़ोन आया था।

उस साल तीन महत्त्वपूर्ण घटनाएँ घटीं। भोले चाचा का निधन, ग्वालियर के मकान का बिकना और नन्हे जोश का घर में आगमन।

संताप ने दिल्ली में अपना मकान ख़रीद लिया था। I-97, 2nd Floor लाजपत नगर पार्ट वन।

भोले चाचा के निधन को वो सालों बाद महसूस कर पाया था।

निम्फ़ोमैनियक

"मैं अब और थियेटर नहीं कर सकता। मेरा बदन टूट गया है। मैं बुरी तरह से थक गया हूँ। अब मुझसे चला भी नहीं जाता।"

वो उर्वशी के कमरे में फूट-फूटकर रो पड़ा था।

उर्वशी तिलक रोड में स्थित फ़ाइन आर्ट्स कॉलेज में पेंटिंग की छात्रा थी। उससे उसकी मुलाक़ात शोज़ के दौरान ही हुई थी। फिर मिलना बढ़ गया था। और अब वो उसके छात्रावास के कमरे में बैठा हुआ था। शाम के छह बजे थे।

उर्वशी के हाथ बढ़े।

"सँभालिए सर। आप तो दुनिया के लिए उदाहरण हैं। आप ही टूट जाएँगे तो कैसे चलेगा?"

"मैं अपने परिवार को कुछ नहीं दे पाया। मेरी बूढ़ी माँ मुझे ताकती रहती है। सतबीर चाचा बैठे रहते हैं। जिया काम पे चली जाती है। जोश सोता रहता है। मैं एक ख़राब बेटा, ख़राब पति तो था ही, अब ख़राब बाप नहीं बनना चाहता।"

उर्वशी ख़ामोशी से उसका सर सहलाती रही। कुछ देर में हैमलेट सँभला। उसने सर उठाया। अपना पैग बनाया।

"लोगी?"

"आपको मालूम है। मैं शराब नहीं पीती।"

"अपना इलाज क्यों नहीं करातीं?"

"आप शराब छोड़ क्यों नहीं देते?"

"नहीं छोड़ सकता। चाहूँ भी तो।"

"यही हाल मेरा है। मैं भी नहीं भाग सकती। अपने आपसे। कई बार सब कुछ ख़त्म करने की इच्छा होती है। मगर हिम्मत पस्त पड़ जाती है।"

"तुम्हारे घर वालों को मालूम है?"

"तभी तो पश्चिम विहार से दूर तिलक रोड के इस छात्रावास में रहती हूँ। मैं अपने परिवार का कलंक नहीं बनना चाहती। मेरा अन्त ऐसे ही होगा।"

"कोई अच्छा मनोचिकित्सक ढूँढ़ते हैं। ये रोग काउंसलिंग से मिट सकता है।"

"सब करके देख चुकी। अब एक आख़िरी निश्चय लिया है। देखती हूँ, कितना काम में आता है। लेकिन आपको तो देवी मिली है सर, जिया दी के रूप में। उसपे तो अनाचार मत कीजिए।"

"एक अनाचार तो तब करता हूँ, जब तुम्हारे पास आता हूँ।"

"आपके आकर्षण से मैं बच नहीं पाती सर।" उसकी आवाज़ छलछला गई थी। "मगर इसका निदान भी ढूँढ़ लूँगी।"

और उसने अपने जीवन की पहली फ़िल्म की, 'दिल से।' मणिरत्नम के साथ। शाहरुख़ ख़ान और मनीषा कोइराला संग में थे। उसने ईश्वर का शुक्र मनाया था कि उसका शूट दिल्ली और जयपुर में था। उसे बम्बई नहीं जाना पड़ा था। ये सन् 1998 चल रहा था।

'दिल से' फ़्लॉप रही। हैमलेट को भी अपना काम पसन्द नहीं आया।

'ऐन इवनिंग विद संताप त्रिवेदी' ख़त्म हो चुका था। हैमलेट का मन अब उससे ऊब चुका था।

मगर उसकी हवस अभी तक जिन्दा थी।

"एक लम्बा इम्प्रोवाइजेशन करूँगा। बिना स्क्रिप्ट के। स्क्रिप्ट नहीं लिखूँगा। देखूँ शो कैसा जाता है। सब कुछ दिमाग में रहेगा। चला तो ठीक और न चला तो और भी ठीक।"

'हैमलेट कभी बॉम्बे नहीं गया' पूरे सवा घंटे चला। ये 24 मार्च, 1999 की बात थी। जगह थी 'अभिमंच' और मौका था राष्ट्रीय नाट्य विद्यालय का दीक्षान्त समारोह।

ये हैमलेट क्या सर्वोत्कृष्ट परफॉर्मेंस था। दिल्ली थियेटर को उस पर नाज था। हैमलेट को ख़ुद को भी। मगर थकन अब ख़ासी बढ़ चुकी थी।

अब हैमलेट की निश्चित दिनचर्या थी। दिन में अलग-अलग कॉलेज में वर्कशॉप लेना। और रोज़ शाम को शराब पीके मंडी हाउस में आकर रोना।

मिरांडा हाउस, गार्गी, रामजस, दौलतराम, श्रीराम कॉलेज ऑफ़ आर्टस, कमला नेहरू, दयाल सिंह, महाराजा अग्रसेन, मैत्रेयी, लेडी इर्विन! ऐसा कोई कॉलेज नहीं था, जहाँ उसने थियेटर नहीं करवाया हो। एस.पी.ए. और लेडी श्रीराम कॉलेज का तो वो नियमित अभिनय प्रशिक्षक था।

थक के चूर होकर शाम को मंडी हाउस आने पर फिर ज़िन्दगी का ख़ालीपन घेर लेता। बोतल हाथ में होती और वो फिर ज़मीन पर होता! कई बार बेहोश।

इस दौरान उसे कई बार उर्वशी मिलती। आजकल वो बेहद उखड़ी-उखड़ी नज़र आने लगी थी।

"मैं अपनी आदतों से परेशान हो गई हूँ सर। अब मेरा रोग असहनीय होता जा रहा है।" वो उसकी गोद में बिलबिलाती।

"मैं अपनी जाँघों के बीच में काँच मार लूँगी सर।" वो सर झटकते हुए बोलती।

"आज मेरे भाई ने मुझे कुलटा कहके बुलाया। बातें कॉलेज से घर पहुँचने लगी हैं।" वो सूनी आँखों से सामने देखते हुए बोलती।

और एक दिन फ़ाइन आर्ट कॉलेज से नलिनी आई। उसकी आँखें आँसुओं से तरबतर थीं।

"उर्वशी ने आपके लिए ये दिया है।" उसने ख़त बढ़ाया। और तुरन्त मुड़ते हुए वापस लौट गई।

"मेरे सर। जब तक आपको ये ख़त मिलेगा...मैं जा चुकी होऊँगी" संताप को संगिनी का खत याद आया।

> *मेरी बीमारी अब हद पार कर गई है सर। कल रात हॉस्टल में मेरे साथ दो मर्द पकड़े गए। मेरे माँ-बाप ने मुझे स्वीकार करने से इनकार कर दिया है। कहते हैं कि तुम हमारे लिए त्याज्य हो। मैं जा रही हूँ। देखती हूँ कहाँ शान्ति मिलती है। इस समाज में ये बीमारी 'टैबू' है। समझाना बड़ा मुश्किल पड़ेगा।*
>
> *बॉम्बे चले जाइए सर। आपका पूरा कैरियर सामने खड़ा है। देवी जैसी जिया दी सामने खड़ी हैं। नन्हा जोश सामने खड़ा है।*

कभी समय ने मिलाया तो मिलेंगे। तब तक के लिए अलविदा।

आपकी शिष्या

उर्वशी।

हैमलेट तुरन्त फ़ाइन आर्ट्स कॉलेज भागा। वहाँ सैकड़ों आँखों ने उसे शक की निगाह से घूरा।

"वी डोंट वांट टू टॉक एबाउट हर। शी वाज़ ए ब्लैक स्पॉट ऑन अवर कॉलेज।"

उसने वापस आकर उसका पता टटोला, जो उसने कभी दिया ही नहीं था।

उसने विश्नोई को फ़ोन किया।

"अजीब-सी लड़की थी।"

"अरे, अजीब तुम हो यार! पत्नी घर पर है, माँ घर पर है, एक बेटा हो गया। कब तक अपने आपको अपनी सनक की भेंट चढ़ाते रहोगे? ये इंक़लाब का भूत अपने सर से उतार दो। कम्युनिज़्म तुम्हें खाना देने नहीं आ रहा। अपने गृहस्थ धर्म का पालन करो। ये ही सबसे बेहतर होगा।" और उन्होंने फ़ोन पटक दिया।

वो घर आया तो जिया सामने थी।

"बॉम्बे से फ़ोन आया था। एक फ़िल्म बन रही है। प्रीइंडिपेंडेंस पर लव स्टोरी है। तुम्हारे काम के बारे में सुना है उन्होंने। प्ले के बारे में भी। गगन दमामा बाज्यो। उन्हें फ़ोन करोगे?" और उसने एक पर्ची बढ़ाई। उसके हाथ थरथरा रहे थे।

और हैमलेट सन्न खड़ा रह गया। ये वही बम्बई थी जहाँ कभी ना जाने की प्रतिज्ञा उसने ली थी। उसी बम्बई ने उसे फिर से बुलाया था। ससम्मान...बाक़ायदा इज़्ज़त के साथ। एयर टिकट भेजकर।

ये सन् 2001 की बात थी।

हैमलेट बॉम्बे में

हैमलेट दिल्ली एयरपोर्ट पर बैठा हुआ था। हाथ में उसके टिकट था। जेट एयरवेज़ का—9 W 420.

उसने ध्यान से पढ़ा। 420. चार सौ बीस...ये तो साली शुरू में ही पनौती हो गई?

नहीं यार छोड़ो। ये अपशकुन वग़ैरह कुछ नहीं होते। उसके अन्दर अब भी कम्युनिज़्म के अवशेष थे।

इंडियन एक्सप्रेस में ख़बर छपी थी।

"द लास्ट लायलिस्ट ऑफ़ इंडियन थियेटर हैज़ पैक्ड हिज़ बैग्स फ़ॉर बॉम्बे।"

उसके लिए एक लम्बा-चौड़ा विदाई समारोह रखा गया था। अरविन्द उससे अलग से बोला था।

"जा रहे हो संताप भाई? आप भी जा रहे हो?" और वो हँस पड़ा था।

"अरे कहीं नहीं जा रहा यार। एक फ़िल्म ही तो लिखनी है। लिख के वापस आता हूँ। यहीं। तुम्हारे पास। अभी तो बहुत थियेटर करना है।"

"वहाँ जाके कोई वापस नहीं आता संताप भाई। वो सुख-सुविधाओं की नगरी है। और आपने भी बहुत थियेटर कर लिया। अब ज़िन्दगी बनाओ अपनी।"

हैमलेट के अन्दर एक कसक थी। अजब-सी।

"संताप भाई जा रहे हैं। उनको एक बहुत बड़ी फ़िल्म लिखने का ऑफ़र मिला है। उनकी और ख़ुशी की हम आशा करते हैं।"

हैमलेट को ग्वालियर स्टेशन की विदाई समारोह की याद आ गई।

जिया ने उसको भींच के विदा किया था। उसके जाने से सबसे ज़्यादा ख़ुश वो थी।

"यहाँ की चिन्ता मत करना। मैं सब सँभाल लूँगी, इस फ़िल्म को बढ़िया लिखना। और मेरे कहने की ज़रूरत नहीं है। तुम बढ़िया ही लिखोगे।" और उसने उसके होंठ चूमे थे। हैमलेट उसको देखता रह गया। उस भोली-भाली आत्मा को वो धोखा दे रहा था।

ग्वालियर ख़बर पहुँच चुकी थी। मराठे का फ़ोन आया था।

"अब आया है शेर अपने असली मैदान में। फाड़ के आना। सॉरी! आना ही मत।"

प्रमाद का कहना था, "मैंने कहा था ना कि अब तुम्हें सिलवर स्क्रीन पर ही देखेंगे।"

विश्नोई का स्वर शान्त था।

"नई जगह नए उद्देश्य के साथ जा रहे हो। सँभलकर रहना। और ये शराब जितनी कम कर सको उतना अच्छा।"

ऐसे में उसे संगिनी की याद आई। कहाँ होगी? कैसी होगी?

फ़्लाइट ने उड़ान भरी। वो दूसरी बार फ़्लाइट में बैठ रहा था। रोमांच-सा हो रहा था।

"कुर्सी की पेटी ऐसे बाँधी जाती है। पेटी के इस सिरे को...।" एनाउंसमेंट चल रहा था।

फ़्लाइट ने मुम्बई में लैंड किया। अब बम्बई मुम्बई बन चुका था। कितने परिवर्तन हो चुके होंगे उसमें।

उसे लेने एयरपोर्ट पर गाड़ी आई हुई थी। वो गाड़ी में चढ़ा। गाड़ी चली। और जाके रुकी जुहू लक्ष्मी इंटरनेशनल होटल में।

जुलाई की खुली धूप थी। मौसम ख़ुशगवार था। पृथ्वी थियेटर से लगे हुए लक्ष्मी इंटरनेशनल होटल के कमरे में पीछे से जुहू बीच से ठंडी-ठंडी पुरवाई बहके आ रही थी। उसे ना जाने क्यों इस बार अपना ये मुम्बई ट्रिप ख़ुशगवार लगा। सब कुछ अच्छा-अच्छा-सा था।

एक घंटा आराम करने के बाद उसे सात बँगला ले जाया गया। वहाँ डायरेक्टर का ऑफ़िस था।

डायरेक्टर थोड़ा मोटा था। नहीं। काफ़ी मोटा था। वहाँ लंच मँगवाया गया। उसने खाना खाया।

फिर डायरेक्टर से उसकी मीटिंग हुई।

"मेरी अभी तो आने वाली फ़िल्म की डबिंग चल रही है। मैं तुमसे रात में मिलता हूँ।" कहके डायरेक्टर उठ लिया। लंच के आधे चिकन मटन और फ़िश तो वो ही खा गया था। उससे पहले चिप्स और भुजिया भी।

हैमलेट को अजीब-सा लगा। वो सिर्फ़ काम करने के लिए आया था। मालूम पड़ा कि 'हैल्दी' डायरेक्टर को रात में काम करने की आदत है।

"आओ बैठो। अब बैठते हैं।" रात के नौ बजे थे।

"क्या-क्या काम किया है स्वातंत्र्य पूर्व भारत पर?"

"जी पढ़ा है। रिसर्च किया है। एक प्ले भी लिखा है भगत सिंह पर। उसके गाने भी।"

"हाँ-हाँ एकाध गाना सुनाओ। कुछ मूड तो बने।" और उसने टेबल की प्लेट से चिप्स उठा लिया।

हैमलेट शुरू हुआ।

वतन की आबरू का पास देखें कौन करता है
सुना है आज मक़तल में हमारा इम्तिहाँ होगा।

"एक मिनट एक मिनट, ये मक़तल का मतलब क्या होता है?"

हैमलेट उसे घूरता रहा। तब तक वो एक चिप्स और उठा चुका था प्लेट में से। वहाँ काफ़ी सारे लोग बैठे हुए थे। हैमलेट ने चुपचाप ख़ामोशी से कहा—"जी सूली! फाँसी की तख़्ती।"

"ओ हो हो। अच्छा है। एक और सुनाओ।"

इलाही आज गोरी की तबीयत फीकी फीकी है
इलाही आज उसकी भी ज़रूरत तीखी तीखी है।

और हैमलेट गाता ही चला गया।

"इसमें इलाही शब्द बहुत रिपीट हो रहा है। कुछ और सुनाओ।"

हैमलेट ने 'मेरा रंग दे बसंती चोला' सुनाया।

"अच्छा है अच्छा है। इन्हें रिकमंड किसने किया है?" वो मुड़ा। वहाँ सन्नाटा छा गया।

"अरे किसी ने तो किया होगा?"

कोई कुछ नहीं बोला। फिर 'हैल्दी' डायरेक्टर का पतला-सा राइटर बोला, दबी-सी आवाज़ में।

"दिल्ली में काफ़ी नाम हुआ था इस प्ले का। क्या नाम था?" वो हैमलेट की तरफ़ मुड़ा।

"जी 'गगन दमामा बाज्यो'।"

"इसका मतलब क्या होता है?" हैल्दी डायरेक्टर बोला।

"मतलब आसमान में रणभेरी बज उठी।"

"हैं हैं हैं। मुश्किल नाम रखा। पूरा बोलने में भी तकलीफ़ होती है। और कुछ है सुनाने के लिए?"

"जी और तो कुछ नहीं है। बस प्ले की रीडिंग कर सकता हूँ।"

"प्ले भी सुन लेंगे। अरे दीपक जी" उसने फ़ोन उठाया। रिसेप्शन में लगाया।

"ज़रा जिग्गी साहब से मेरी बात कराओ" और अपनी रिवाल्विंग चेयर का रुख़ मोड़ लिया।

वो फ़ोन पे बात करता रहा। सब ख़ामोश बैठे रहे। हैमलेट कमरे की ख़ामोशी को सुनता रहा। उसने फ़ोन रखा।

"अरे ये भुजिया की प्लेट और लाना।" और फिर वो हैमलेट की तरफ़ मुड़ा।

"हाँ भई। तुम प्ले की बात कर रहे थे?"

अब तक हैमलेट बुझ चुका था। बुरे मन से हैमलेट ने प्ले उठाया और कैंटीन सीन पढ़ना शुरू किया।

धीरे-धीरे 'हैल्दी' डायरेक्टर ने सीधा होना शुरू कर दिया। अब वो बिलकुल सीधा होकर बैठ गया था कुर्सी पर। प्ले सुनते हुए उसने एक भी चिप्स नहीं खाया था। और सब लोग भी उसे देख के चौकन्ने हो चुके थे और ध्यान से सुन रहे थे।

सीन ख़त्म हुआ। 'हैल्दी' डायरेक्टर चौंका।

"ख़त्म हो गया?"

"जी।" वो ख़ामोशी से बोला।

"अरे यार। मुझे बिलकुल ऐसा लगा कि भगत सिंह के डायलॉग्स भगत सिंह ही बोल रहा है, सुखदेव के डायलॉग्स सुखदेव और भगवतीचरण वोहरा के डायलॉग्स भगवतीचरण ही। एक्सीलेंट। उस वक़्त की महक आ गई। प्री इंडिपेंडेंस इरा चमक उठा।

"बहुत बढ़िया, बहुत बढ़िया, बहुत बढ़िया।" उसे एक शब्द तीन बार बोलने की आदत थी। "अभी तो तुम जाओ। आराम करो। थके होगे। कल सुबह बात करते हैं। ठीक?"

"थैंक्स सर।" हैमलेट ख़ामोशी से उठ लिया था। मीटिंग कुछ ख़ास नहीं रही।

हैमलेट लौटते हुए रम का अद्धा लिया और होटल के कमरे में आ गया। देखते हैं कल सुबह क्या होता है।

अगले दिन एक कार उसके होटल में हाज़िर थी।

"डायरेक्टर आपसे अकेले में मिलना चाहते हैं।"

(काश कि वो उस 'हैल्दी' डायरेक्टर से अकेले में कभी नहीं मिला होता।)

गाड़ी उसे लेके आनन्द स्टूडिया पाली हिल पहुँची। वहाँ हैल्दी डायरेक्टर उसका इन्तज़ार कर रहा था। अपनी डबिंग में। वो उसे देखके ख़ुशी से खिल उठा। उसका हाथ पकड़कर अन्दर ले गया। अन्दर नमकीन की प्लेट रखी हुई थी।

"कमाल है, कमाल है, कमाल है। बहुत बढ़िया, बहुत बढ़िया, बहुत बढ़िया। तुम मेरी फ़िल्म के डायलॉग्स लिखोगे। लो चाय पियो।"

"बस सर। मैं पीके आया हूँ।"

"अरे एक मेरे साथ पियो। मैं इसी में फँसा था कि उस वक़्त की लैंग्वेज़ का क्या करूँ, कुछ समझ नहीं आ रहा था। तुम्हारे डायलॉग्स में लैंग्वेज़ भी है और पीरियड भी और एक्सप्रेशन भी। मुझे मेरी फ़िल्म की ज़ुबान मिल गई।"

"मेरे पास सांग्स भी हैं।"

"वो भी देखते हैं ना। वो भी देखते हैं। अब मेरी फ़िल्म बन जाएगी। तुम मेरी फ़िल्म लिख रहे हो।"

हैमलेट ने सन्तोष की साँस ली। वापस आते हुए उसके क़दम ख़ुशी से डगमगा रहे थे।

"आज जम के शराब पियूँगा।"

उसने दिल्ली ख़बर भेज दी थी। जिया जैसे नाच उठी, माँ ने प्रसाद चढ़ा दिया। और उसे ये गर्व था कि मुम्बई में उसका पहला सोपान सफल रहा।

उसके आने की ख़बर आग की तरह फैल चुकी थी।

"संताप भाई आए हैं। एक बड़ी फ़िल्म लिख रहे हैं।" लोगों के बुलावे आने लगे थे। मुम्बई में पहला काम और वो भी दिल्ली से बुलाकर।

रेले के रेले उसके होटल में आने लगे। मुम्बई उसे बड़ा ख़ूबसूरत लग रहा था।

बस उसमें एक ही दिक़्क़त थी। वहाँ पान की दुकान से ज़्यादा दारू के बार थे।

यारों से मुलाक़ात

उसने तय कर लिया था। वो सुबह से शाम तक काम करेगा। शाम पाँच बजे हैल्दी डायरेक्टर के पास जाएगा। फिर नौ बजे लौटेगा। उसके बाद शराब और दोस्त।

उसके दोस्त अपार थे। मुम्बई आने वालों में से अस्सी परसेंट जत्था उन लोगों का था जो दिल्ली से आए थे। और उन सब लोगों ने या तो उसके साथ काम कर रखा था या उसके काम को देख रखा था। ऊपर से उसका मस्तमौला नेचर उसके पक्ष में था। उसके कमरे में आने की किसी को भी मनाही नहीं थी।

सम्बल का फ़ोन सबसे पहले आया था।

सम्बल भारद्वाज म्यूज़िक डायरेक्टर था। और उसकी पत्नी सुरेखा भारद्वाज गायिका। दोनों अपना नाम बना चुके थे। हिन्दू कॉलेज से पास आउट सम्बल अपनी पहली ही फ़िल्म से फ़िल्म इंडस्ट्री में धाक जमा चुका था। 'माचिस' ने उसको संगीत निर्देशकों की अग्रणीय सूची में प्रतिष्ठित कर दिया था। संताप का दोस्त और मुरीद दिल्ली में 'जब शहर हमारा सोता है' देख चुका था और उसे मुम्बई लाने की ज़िद ठान चुका था।

उसकी पत्नी सुरेखा की आवाज़ का टेक्सचर सबसे अलग था। खनक के साथ गाने वाली सुरेखा फ़िल्म इंडस्ट्री की बेशक़ीमती गायिका बन चुकी थी।

सम्बल ने फ़ोन पर कहा, "ओशीवारा में मेरा ऑफ़िस है। 13 नम्बर बिल्डिंग के सिक्स्थ फ़्लोर पर। तू वहाँ आ जा। सुबह।"

अगले दिन संताप वहाँ पहुँचा था।

वातावरण में नमी थी। बारिश के आसार थे। आसमान में बादल थे। मौसम ख़ुशगवार था।

सम्बल ने देखते ही उसे गले लगा लिया।

"इनसे मिल। ये है मेरा म्यूज़िक प्रोग्रामर...हितेश सौनिक।"

"हाय" उसने हाथ मिलाया था। हितेश सम्मान भरी मुस्कान से सामने से हट गया था।

"ये सलमान।"

"हाय।"

"और ये एडविन जी। यहाँ का मैनेजमेंट ये ही देखते हैं।"

"नमस्कार।" हैमलेट ने हाथ जोड़े थे।

दोनों अन्दर बैठे थे। चाय आ गई थी।

"क्या लिख रहा है?" सम्बल ने चाय की चुस्की लेते हुए पूछा था।

"प्री इंडिपेंडेंस इरा पर एक लव स्टोरी है यार। बड़ी पिक्चर है।"

"तुझे दिल्ली से बुलवाया गया है। उसका महत्त्व समझता है। बड़ा ब्रेक है।"

"वो तो है। मगर ये पीरियड पर बड़ी फ़िल्में बनने लग गई? एक साथ?"

"ग़दर और लगान हिट हो गई हैं। प्रोड्यूसर्स की निगाह प्री इंडिपेंडेंस एरा पर है। उन्हें लगता है कि उस समय पर बनाई गई हर फ़िल्म हिट रहेगी।"

"बात समझ में नहीं आई।"

"ये मुम्बई है। एक कमर्शियल नगरी। यहाँ जो दिखता है, वही बिकता है। इस विषय में माल है?

"अरे माल ही माल है यार। अब भगत सिंह को ही लो। ऐतिहासिक हीरो था। पाँच फ़ुट दस इंच का गोरे रंग का सरदार जिसके बारे में उसके साथी राजगुरु का ऐतिहासिक कथन है कि इसको लड़कियों से बचाते-बचाते दम निकल जाता है। ऊपर से जॉइंट ऑफ़ दी इंटेलेक्चुअल्स। ऊपर से नामी क्रान्तिकारी जो हँसते-हँसते फाँसी के तख़्ते पर चढ़ गया। ऊपर से उम्र सिर्फ़ साढ़े तेईस साल। और क्या जान लोगे बच्चे की?"

सम्बल हँस पड़ा। "तेरे बोलने का अन्दाज़ बहुत मारू है। तेरा ह्यूमर भी। पैसे-वैसे की बात कर ली है?"

"हो जाएगी। जब बुलाया है तो थोड़े पैसे तो देंगे ही।"

"थोड़े नहीं, ज़्यादा पैसे वसूल करना। इसीलिए कि दिल्ली से बुलाया है। हम लोग पैसे की बात करने में कमज़ोर पड़ जाते हैं। इसी का फ़ायदा ये लोग उठाते हैं। और याद रखना। ये सिनेमा है, तेरा थियेटर नहीं। यहाँ बेमुरव्वत होना पड़ता है अपना काम करवाने के लिए।"

हैमलेट देखता रह गया। फिर उसने एक साँस छोड़ी।

"तेरा क्या चल रहा है?"

"वही म्यूज़िक। गाने बना रहा हूँ। रिकॉर्डिंग कर रहा हूँ। यहाँ एक बड़ा और सफल काम करने की देर है। ज़िन्दगी खुल जाती है।"

हैमलेट गुमसुम-सा देख रहा था।

"अभी तो मेरी रिकॉर्डिंग है। चाहे तो उसमें बैठ। बाक़ी शाम को मिलते हैं। घर में। तेरे आने की ख़ुशी में पार्टी रखी है।"

"कौन-कौन आ रहा है?"

"सारे तेरे जानने वाले हैं। जो नहीं हैं वो भी जान जाएँगे। याद रख कि तू यहाँ कम बड़ा नाम नहीं है। तेरे बारे में सबने सुना है। सबमें उत्सुकता है तेरे लिए।"

हैमलेट ने एक गहरी साँस छोड़ी।

"अभी तो मैं निकलता हूँ। तू एड्रेस भेज देना मेरे फ़ोन में।" (उसने हाल ही में एक पुराना मोबाइल ख़रीदा था।)

"चल।" सम्बल खड़ा हुआ। उसने हाथ मिलाया।

हैमलेट दरवाज़े की ओर बढ़ा। सम्बल की आवाज़ आई, "और हाँ," वो मुड़ा।

"इस डायरेक्टर से सँभलके रहना।"

हैमलेट देखता रहा। "मतलब?"

"मतलब वक़्त बतला देगा।"

हैमलेट खड़ा रहा। फिर दरवाज़ा खोलकर बाहर आ गया।

उस रात लोखंडवाला स्थित सम्बल भारद्वाज के घर में उसके मुम्बई आगमन की ख़ुशी में पार्टी रखी गई। सम्बल ख़ुशी से लहलहा रहा था।

"मैंने कहा था चूतिये से। पहले आ जा। पर देर आयद दुरुस्त आयद।"

बहुत लोग थे। सुरेखा से वो इतने दिनों बाद मिल रहा था।

"याद है दिल्ली में मैंने तुम्हारे साथ रिकॉर्डिंग की थी?"

"जी!"

"ओ लो। संताप बदल गया है। मुझसे 'जी' कहकर बात कर रहा है।" सम्बल हँस पड़ा। "इसका बैप्टाइज़ेशन करना पड़ेगा।"

हनी त्रेहान और अभिषेक चौबे की निगाहों में आदर था।

"कैसे हो संताप भाई?"

"फिट यार।" उसने हाथ मिलाया। वो दोनों मंडी हाउस के जूनियर थे।

"समर नहीं आया?"

"आता ही होगा। उस तक ख़बर तो पहुँच गई थी। लो...आयुष भी आ गया।"

आयुष विद्यार्थी 'अंक एक' का पुराना सदस्य था। उसका ह्यूमर बड़ा क्रूर था। कई बार अमानवीय भी। पंडित के दुलारे आयुष विद्यार्थी से सब लोग

डरते थे। आजकल वो स्वेच्छा से दक्षिण भारतीय फ़िल्मों में काना मामा, लंगड़ा चाचा और ख़तरनाक डॉन की भूमिकाएँ स्वीकार कर चुका था। उनमें वो वहाँ का स्टार था।

"सँभल के काम करना। ये दिल्ली नहीं है। यहाँ तेरे थियेटर को कोई नहीं पूछेगा।" उसने लापरवाही से कहा। उससे और कोई उम्मीद भी नहीं थी।

पार्टी हुई। फिर हारमोनियम आया। सम्बल बोला—"अब आप सुनिए, ये यूनीक गाने और कम्पोज़ीशन्ज़।"

"मुझे आयुष ने सुनाए थे हिन्दू कॉलेज में। मैं पागल हो गया था।"

और हैमलेट ने गाना शुरू किया।

उजला ही उजला शहर होगा जिसमें हम तुम बनाएँगे घर

और सारे झूम उठे। सबकी निगाहों में आदर था।

"वो सुना। हुस्नां।"

और उसने हुस्नां गाया। सब अवाक् से उसे सुन रहे थे। और उसने देखा कि हितेश सौनिक उसे बड़े ध्यान से देख रहा था।

आख़िरी में समर ने उसका हाथ पकड़कर कहा—"तू कल मेरे घर आ रहा है। शास्त्री नगर।"

"ये जगह तो अच्छी है।" वो अगले दिन समर बाजपेयी के घर में बैठा हुआ था।

"और अच्छी लगेगी जब मनपसन्द काम मिलेगा। बस शुरू के छह महीने भारी पड़ते हैं यहाँ पर। फिर ये जगह ख़ुद सँभाल लेती है। मगर तू ख़ुशनसीब है कि तेरे साथ बिलकुल उलटा हुआ है। तुझे तो छह महीने रहने-खाने की चिन्ता नहीं।"

समर बाजपेयी भी 'अंक एक' में था। उसकी फ़िल्म इंडस्ट्री में आजकल धूम थी। 'सत्या', 'शूल' और हाल ही में अमिताभ बच्चन के साथ 'अक्स' करने के बाद वो एक्टर के तौर पर मुम्बई में खूँटे की तरह गड़ गया था। उसकी अभिनय क्षमता का सब लोहा मान चुके थे। हैमलेट को गर्व था कि उसने कभी समर के साथ काम किया है।

"तेरी ज़िन्दगी में अब कोई रुकावट नहीं है। बस काम कर और सुख भोग। बहुत कर लिया थियेटर। अब हमको भी सुख-सुविधाएँ भोगने का अधिकार है।"

हैमलेट ख़ामोश बैठा था।

"अब तगड़ी फ़िल्म लिख। अपना मकान ले। जिया, जोश और माँ को मुम्बई शिफ़्ट कर। उन लोगों ने भी बहुत सहा है। और याद रखना। तुझे नहीं, इस मुम्बई को तेरी ज़रूरत है।" उसने हैमलेट के हाथ पे हाथ रखा।

मुम्बई : ख़ूँख़्वार मुम्बई

और हैमलेट का लेखन शुरू हो गया।

ये मुम्बई में उसका पहला काम था और पसन्द का भी। उसे प्री इंडिपेंडेंस पीरियड पर फ़िल्म लिखने का मौक़ा मिला था।

वो सुबह सात बजे लिखने बैठ जाता। फिर एक बजे तक लिखता। फिर खाना खाता। उसके बाद फिर पाँच बजे तक लिखता। उसके बाद पैदल लोखंडवाला से सात बँगला जाता। वहाँ अपना दिन-भर का लिखा सुनाता। फिर दस बजे वहाँ से निकलता। फिर दारू ख़रीदता और फिर वापस लोखंडवाला।

उसे होटल से लोखंडवाला शिफ़्ट कर दिया गया था प्रोड्यूसर के गेस्ट हाउस में।

उसने जिया को ख़त लिखा।

यहाँ सब फिट चल रहा है। मैं बेबाक लिख रहा हूँ। मेरा लेखन मेरे डायरेक्टर को बहुत पसन्द आ रहा है। ऑफ़िस के और लोगों को भी। वो सब मुझे बेतरह पसन्द करने लगे हैं। और भी पुराने यार-दोस्त मिल रहे हैं। मैं सबके पास जा रहा हूँ। जल्द ही तुम्हें बुलाता हूँ। माँ, सतबीर चाचा और जोश को भी।

ये कुछ रक़म भेज रहा हूँ। मुझे एडवांस मिल चुका है। मेरा एकाउंट खुलवा दिया गया है, जुहू वर्सोवा एचडीएफसी बैंक में। आगे भी भेजता रहूँगा।

तुम्हें बहुत दुख दिये मेरी जान। अब सुख की बारी है। इस फ़िल्म से बहुत आशा है। डायरेक्टर मेहरबान है। और स्क्रिप्ट भी अच्छी निकलकर आ रही है। मैंने इस फ़िल्म को 1942 में सेट किया है। क्विट इंडिया मूवमेंट यानी कि भारत छोड़ो आन्दोलन पर। लव स्टोरी है। लड़का हिन्दुस्तानी है और लड़की क्रिश्चियन। मैंने इसके कमर्शियल एंगल पर ख़ास ध्यान रखा है। हिट फ़िल्म बनेगी।

पुनश्च...और हाँ, यहाँ के ऑटो वाले भी कमाल हैं। ईमानदार और पंक्चुअल। ठीक वक़्त पर ठीक जगह पहुँचा देते हैं। वो भी मीटर से। दिल्ली जैसी मारामारी यहाँ नहीं है। वैसे मुझे ऑटो की ज़रूरत नहीं है। हर वक़्त एक गाड़ी रहती है सेवा में। अब ये मुझ पर है कि मैं उसका इस्तेमाल करूँ या नहीं।

तुम्हारा संताप

उसने विश्नोई को भी ख़त लिखा।

अजीब-सा शहर है। रात को नामालूम कब सोता है और सुबह नामालूम कब जागता है। और जागते ही काम पर लग जाता है। इसमें एक अलग ही एनर्जी है। कामचोरों का यहाँ कोई स्थान नहीं। ये सिर्फ़ कामगारों को पसन्द करता है। यहाँ आपके काम की क़ीमत है। स्क्रिप्ट अच्छी निकल रही है। बाक़ी अगले ख़त में।

संताप।

वो अन्धाधुध लिख रहा था। दिन रात। गाड़ी का इस्तेमाल वो कम-से-कम करता। उसे पैदल चलना अच्छा लगता। लोखंडवाला से चार बँगला और मॉडल टाउन होते हुए जब वो सात बँगला पहुँचता तो रास्ते में सैकड़ों परिचित मिलते।

"क्या हाल है संताप भाई?" वो सबका अभिवादन स्वीकार करता। किसी को भी नाख़ुश नहीं करता। ऐसे में उसे कई बार संगिनी याद आती। वो भी तो ऐसा ही करती थी।

उसके बाद उसकी डायरेक्टर से मीटिंग होती। उसका ऑफ़िस लोगों से भरा रहता। डायरेक्टर को महफ़िलें सजाने की आदत थी। रोज़ उसका दरबार लगता। उसमें तमाम तरह की बातें होतीं। हैमलेट ने ग़ौर किया कि उसके आते ही माहौल सध जाता है। सब बातें बन्द कर देते। फिर सिर्फ़ स्क्रिप्ट पर चर्चा होती। 'हैल्दी डायरेक्टर' उसे दस बजे के बाद रोकने की कोशिश करता मगर उसकी थकन देखकर अपना इरादा बदल देता। मालूम पड़ा कि वहाँ पर रात-भर दरबार सजता है। फिर 'हैल्दी डायरेक्टर' घर जाता। और भी सब लोग। उसके बाद 'हैल्दी डायरेक्टर' अगले दिन फिर हाज़िर होता...दोपहर खाना-वाना खाने और आराम करने के बाद में शाम को पाँच बजे। तब तक हैमलेट के पहुँचने का भी टाइम हो जाता।

उसे बतलाया गया कि 'पतला राइटर' 'हैल्दी डायरेक्टर' के बहुत क़रीब है। लेकिन आश्चर्य था, उसने एक भी मीटिंग में अपने साथ पतले राइटर को नहीं देखा था।

उसे थोड़ा एडवांस मिल चुका था। उसके लिए ये ही बहुत था। कभी लिखने के भी पैसे मिलेंगे, ये उसने सपने में भी नहीं सोचा था। उसमें थियेटर के मूल्य अब भी ज़िन्दा थे।

बस उससे यही ग़लती हो गई।

दिल्ली में उसका डायरेक्टर पंडित था। उसका दोस्त भी। उसके प्रति उसकी अगाध श्रद्धा थी। प्यार भी। उसके प्रति वो पागलों जैसा वफ़ादार था। वही स्वरूप उसने 'हैल्दी डायरेक्टर' में देखा था। मगर सम्बल ने सही कहा था। "ये सिनेमा है, थियेटर नहीं। और अभी तू मुम्बई में काम कर रहा है, दिल्ली को भूल जा।"

वो नहीं भूल पाया। परिणाम सामने था।

'हैल्दी डायरेक्टर' उसकी हर बात मान लेता। उसके हर डायलॉग की दाद देता। ताली बजाता। और लोग भी।

"सर डायलॉग तो मेरे हैं। साथ में स्क्रीनप्ले भी मैं ही लिख रहा हूँ।"

"बिलकुल बिलकुल। पूरा स्क्रीनप्ले तुम्हारा है।"

"सर मेरा एग्रीमेंट नहीं हुआ अभी तक?" वो दबे स्वर में बोलता।

"हो जाएगा, हो जाएगा। मुझ पर भरोसा नहीं है? तुम अब मेरे हाउस राइटर हो। ये पहली फ़िल्म नहीं है जो तुम मेरे लिए लिख रहे हो। तुम्हें आगे भी लिखना है।"

और अगले दिन वो वाक़ई उसे लेकर हैदराबाद उड़ गया।

वहाँ रामोजीराव स्टूडियो में उसने एक बहुत बड़े प्रोडक्शन हाउस से उसकी मुलाक़ात करवाई थी। वो रामायण बना रहे थे, तीन पार्ट्स में।

"मैं तो भगत सिंह लिख रहा हूँ।"

"अरे तुम कम्प्यूटर हो यार। मेरा तुम पर यक़ीन है। कुछ दिनों के लिए अपनी फ़िल्म को भूल जाओ। ये उससे बड़ी फ़िल्म है।"

उसने ये ख़बर भी जिया को भेज दी थी।

जिया एक सुलझी हुई लड़की थी। उससे ज़्यादा प्रैक्टिकल।

"एग्रीमेंट करवाया?"

"हो जाएगा यार। इतना काम कर रहा हूँ। ये बन्दा भरोसे के क़ाबिल है।"

वापस लौटने के बाद एक दोपहर की बात है। वो दोपहर में ही सात बँगला पहुँच गया था। वहाँ उसने पतले राइटर को ऑफ़िस से निकलते हुए देखा। उसे खटका हुआ। फिर लगा ये ग़लतफ़हमी है।

"ये यहाँ क्या कर रहा है?" उसने वाचमैन से पूछा।

"ये तो यहाँ रोज़ आते हैं दोपहर में। डायरेक्टर साहब के पुराने दोस्त हैं।"

वो 'हैल्दी डायरेक्टर' के पास पहुँचा।

"सर मेरा एग्रीमेंट करवा दीजिए। स्क्रिप्ट पूरी हो चुकी है।"

"बस मेरी पिछली फ़िल्म रिलीज़ हो जाए। उसी की उधेड़बुन लगी है।"

और इससे पहले कि उसकी पिछली फ़िल्म रिलीज़ होती, घर से जिया का फ़ोन आ गया था।

"सतबीर चाचा नहीं रहे।"

वो अगली ही फ़्लाइट से दिल्ली पहुँचा। सामने सतबीर चाचा की लाश पड़ी हुई थी। बेचारे सूनी-सपाट ज़िन्दगी जी के मरे थे।

उनका दाह-संस्कार किया। तेरहवीं तक उसे दिल्ली में रहना पड़ा। मगर इसी बात का सन्तोष था कि वो सब अब मुम्बई शिफ़्ट होने वाले हैं। अब ज़िन्दगी सँभल जाएगी। पूरा परिवार एक साथ रहेगा।

वो वापस मुम्बई लौटा तो उसे एयरपोर्ट से गाड़ी में बिठाया गया। गाड़ी सीधे प्रोड्यूसर के ऑफ़िस में जाके रुकी। अन्दर पहुँचा तो मालूम पड़ा कि फ़िल्म का पूरा 'क्रू' जमा है। बड़ी मीटिंग थी। प्रोडक्शन, डायरेक्शन, कास्ट्यूम, कैमरा, सेट आदि सारे डिपार्टमेंट वहाँ इकट्ठा थे। मालूम पड़ा कि आज स्क्रिप्ट का फ़ाइनल नैरेशन है। उसने अपनी स्क्रिप्ट अपने हाथ में निकाल ली। अन्दर सब लोग बैठे थे। 'हैल्दी डायरेक्टर' ने शुरुआत की।

"जैसा कि आपको मालूम है कि प्री इंडिपेंडेंस इरा पर चार फ़िल्में बन रही हैं। बड़े-बड़े प्रोडक्शन हाउस अपनी स्क्रिप्ट में लगे हुए हैं। पर हमें यक़ीन है कि जैसी स्क्रिप्ट हमारे पास में है, वैसी किसी के पास में नहीं होगी।"

हैमलेट ने अपनी स्क्रिप्ट को टेबल पे रखके खोल लिया।

"और ये स्क्रिप्ट बाक़ायदा मेहनत और रिसर्च के बाद लिखी गई है। इसमें अपार श्रम लगा है। और अब मैं स्क्रिप्ट राइटर से निवेदन करूँगा कि इसकी पहली रीडिंग वो हर डिपार्टमेंट के सामने अपनी आवाज़ में करें।"

हैमलेट ने स्क्रिप्ट को कस के पकड़ लिया। 'हैल्दी डायरेक्टर' की तरफ़ देखा।

"इस स्क्रिप्ट के राइटर हैं..." और पतले राइटर का चेहरा आगे बढ़ा और फिर उसने स्क्रिप्ट खोली।

हैमलेट सन्न था। उसकी डेढ़ साल से की गई मेहनत उसके सामने थी, किसी और की आवाज़ और शक्ल में। उसकी आँखें फटी हुई थीं।

रीडिंग पूरी हुई। तालियाँ बजीं। सभा छिन्न-भिन्न हुई। सब लोग अलग-अलग हुए। हैमलेट ने 'हैल्दी डायरेक्टर' को बाहर पकड़ा।

"सर।"

"हाँ। बोलो-बोलो।"

"ये स्क्रिप्ट मेरी है।"

"तुमने कभी स्क्रीनप्ले लिखा है ज़िन्दगी में? एक प्ले लेके आ गए। मेरी फ़िल्म का भगत सिंह से कोई सम्बन्ध है? ये प्रोफ़ेशनल राइटिंग है। इसके तौर-तरीक़े अलग होते हैं।"

"मगर मैंने डेढ़ साल काम किया है आपके साथ।"

"तो उसके पैसे ले लेना।" 'हैल्दी डायरेक्टर' ने इधर-उधर देखा। आसपास कोई नहीं था।

"कल मेरे ऑफ़िस आ जाओ। वहाँ बात करते हैं।"

"मुझे पैसे नहीं चाहिए। मैं अपना क्रेडिट नहीं छोड़ूँगा।" उसका चेहरा सख़्त हो गया।

"कोई एग्रीमेंट है तुम्हारे पास? किस बूते पर कह रहे हो?" उसका स्वर कठोर हो गया।

"आप जानते हैं। आपके ऑफ़िस के लोग जानते हैं। आपकी अन्तरात्मा जानती है।"

"ये अन्तरात्मा की बात दिल्ली में रहकर करना। मैं तुम्हें एक फ़ेयर डील दे रहा हूँ। कल ऑफ़िस आ जाओ। जितने पैसे दे रहा हूँ ले जाओ। और क्रेडिट छोड़ जाओ।"

"मैं क्रेडिट लेके रहूँगा!"

"कोशिश कर लो। शायद कामयाब हो जाओ।" कहके वो वहाँ से चल लिया था।

हैमलेट सन्न खड़ा था।

उस रात उसने एक बोतल ख़रीदी रम की। रात को पीते समय उसकी आँखों के सामने जिया, माँ और जोश के चेहरे थे।

अगले दिन सुबह उसकी आँखें सुर्ख़ थीं। नहाने-धोने के बाद वो सीधे सम्बल भारद्वाज के ऑफ़िस पहुँचा ओशीवारा में। और सामने अन्दर बैठे हुए थे, नदीम शाह। वो अपने प्ले का गाना रिकॉर्ड करवाने आए थे। फ़ैज़ अहमद फ़ैज़ की नज़्म थी जिसे सम्बल ने कम्पोज़ किया था और गा रही थी सुरेखा।

"संताप त्रिवेदी।" उनकी हुंकार गूँजी।

"जी सर।"

"कैसे आए?"

"जी लिखने।"

"क्या?"

"स्वातंत्र्य पूर्व भारत।"

"उस पर तो चार फ़िल्में बन रही हैं। किसके लिए?"

संताप ने नाम बताया। उनके चेहरे पर मुस्कान फैल गई।

"उसका पतला राइटर उसके साथ में है?"

"क्यों?" हैमलेट ने आँखें उठाईं।

"क्रेडिट नहीं मिलेगा।"

"कैसे नहीं मिलेगा?" अब हैमलेट का स्वर भी तीखा हो गया।

"कोशिश करके देख लो।"

"आपने कोशिश करके देख ली। आपको नहीं मिला। मतलब मुझे भी नहीं मिलेगा?" अब हैमलेट का स्वर भी सख़्त था। ऊँचा भी।

नदीम चुप हो गए। उसे घूरते रहे। सम्बल अवाक् था। सुरेखा सुन्न। नदीम इंडस्ट्री की बड़ी हस्ती थे। साथ में अपने ग़ुस्से के लिए मशहूर। मगर हैमलेट को चिन्ता नहीं थी। उसकी निगाह में पिछले डेढ़ साल घूम रहे थे। साथ में जिया, माँ और जोश के चेहरे।

"मैंने इसके लिए डेढ़ साल मेहनत की। अपना ख़ून-पसीना लगाया। मुझे इसका क्रेडिट क्यों नहीं मिलेगा।" उसकी आँखें आक्रोश से छलछला आईं। गला अवरुद्ध हो उठा।

नदीम चुप रहे। फिर बोले—"क्या करोगे?"

"कुछ भी करूँगा। अगर कुछ नहीं कर सका तो इसके ऑफ़िस में सीने में बम बाँध के तो कूद सकता हूँ।"

नदीम उसे घूरते रह गए। सम्बल और सुरेखा को साँप सूँघ गया था। हितेश सौनिक रिकॉर्डिंग टेबल पर ख़ामोशी से झुका हुआ था।

"मैं चलता हूँ।" वो झटके से खड़ा हुआ। बाहर निकला। उसे रोकने की किसी ने कोशिश नहीं की।

बाहर आकर उसने 'हैल्दी डायरेक्टर' को फ़ोन मिलाया।

"ठीक। मैं तीन बजे मिलता हूँ ऑफ़िस में।"

"आ जाओ, आ जाओ, आ जाओ।" और फ़ोन रख दिया गया।

हैमलेट ओशीवारा से बाहर निकला। आँखें सुर्ख़ थीं, चेहरा तपा हुआ था। उसमें दिल्ली का बीहड़ और बज्जर संताप त्रिवेदी उमेठ मार के खड़ा हो चुका था। वो सीधा दारू की दुकान पर पहुँचा।

"एक हॉफ़, सिग्नेचर का। एक बिसलेरी भी।"

उसने व्हिस्की का हॉफ़ किया। एक जगह जाके बिसलेरी में उँड़ेली। और गटगट करके पी गया। उसने व्हिस्की बहुत दिनों के बाद पी थी। वो भी इतना

जल्दी। थोड़ी देर में वो टाइट था। क्षण भर में उसके आचार-विचार, नैतिकता, मूल्य, सब बदल चुके थे।

"अगर कीचड़ में रहना है तो कीचड़ में रहकर ही निबटेंगे।"

तीन बजे वो सात बँगला हाज़िर था।

'हैल्दी डायरेक्टर' ग्राउंड फ़्लोर पर अपने कमरे में बैठा उसका इन्तज़ार कर रहा था। वो अन्दर दाख़िल हुआ।

"देखना इस कमरे में कोई ना आ पाए।" 'हैल्दी डायरेक्टर' ने आवाज़ लगाई।

"हाँ। अब बोलो अब बोलो, अब बोलो।" दरवाज़े की सिटकनी लग गई।

"क्या?" उसकी आवाज़ निकली।

"तुमने शराब पी है?" उसने नाक पर हाथ रखा।

"तेरे बाप की नहीं मोटापे।" वो ग़ुर्राया।

"तमीज़ से बात करो।" वो चीख़ा।

"तमीज़ मैं छोड़ आया तेरे लोखंडवाला के गेस्ट हाउस में। वो जगह मैं छोड़ रहा हूँ। और जा रहा हूँ दूसरे प्रोड्यूसर्स से हाथ मिलाने।"

"कौन से प्रोड्यूसर्स?"

"जो इसी विषय पर फ़िल्में बना रहे हैं।"

"कौन?"

"और भी तो हैं, जिनको वो वक़्त याद करने का शौक़ चर्राया है अचानक?"

"मतलब?"

"मतलब ये कि मैं अपनी स्क्रिप्ट, अपनी रिसर्च और अपना प्ले दे रहा हूँ वहाँ, जहाँ इनकी बराबर की ज़रूरत है। चार फ़िल्में बन रही हैं प्री इंडिपेंडेंस पर।"

"तुम ये नहीं कर सकते। तुमने मेरी स्क्रिप्ट सुन रखी है। ये चोरी होगी।" वो ग़ुर्राया।

"सब करते हैं।"

"तुम मेरे लिए काम कर रहे थे?" वो चीख़ा।

"कोई एग्रीमेंट है तेरे पास?" और 'हैल्दी डायरेक्टर' उसे घूरती निगाहों से देखता रह गया।

"कोई सबूत है कि मैं तेरे लिए काम कर रहा था?"

"तुम ब्लैक लिस्ट हो जाओगे इंडस्ट्री में।"

"मगर तुझे ख़त्म कर जाऊँगा!"

हैल्दी डायरेक्टर उसे लगातार देख रहा था ख़ूनी निगाहों के साथ।

"औरों की फ़िल्म बने ना बने, तेरी नहीं बनेगी।"

"देखो मेरी बात सुनो।" वो ढीला पड़ा।

"बॉय।" हैमलेट खड़ा हुआ।

"देखो देखो देखो। स्क्रीनप्ले का क्रेडिट जा चुका है।" वो अब खड़ा हो चुका था।

"कहाँ?"

"उसे राइटर अपने नाम करा चुका है।"

"डायलॉग्स? प्ले?"

"वो मैं कोशिश करता हूँ।"

"उतना वक़्त नहीं है मेरे पास।" और वो मुड़ चुका था।

"मैं देख रहा हूँ, मैं देख रहा हूँ, मैं देख रहा हूँ। मेरी बात सुनो।" वो जल्दी से पास आया।

"ये ही जाएगा। मेरा यक़ीन मानो।"

"तेरा यक़ीन ही तो मान रहा था अब तक? बोल कितना इन्तज़ार करूँ? तेरी अगली भुजिया की प्लेट तक?"

और उसने अपने थैले से बोतल निकाली। उसमें पेट्रोल भरा हुआ था।

"ये क्या है, क्या है, क्या है?" हैल्दी डायरेक्टर चौंका।

उसने सपाट आँखों से उसे देखते हुए पूरा पेट्रोल टेबल पर ख़ाली कर दिया।

"ये क्या कर रहे हो, क्या कर रहे हो, क्या कर रहे हो?" हैल्दी डायरेक्टर पेट्रोल की गंध आते ही चीख़ा।

और हैमलेट ने अपनी जेब से माचिस निकाल ली।

और उसके बाद कुछ हुआ जिसे आज भी फ़िल्म इंडस्ट्री प्रसिद्ध या कुप्रसिद्ध पेट्रोल कांड के नाम से याद रखती है।

और उसे क्रेडिट मिल गया। उतना नहीं, जितना उसने सोचा था। मगर ये भी बहुत था। अब कम-से-कम उसके प्ले का नाम स्क्रीन पर अवतरित होना था। स्पेशल थैंक्स के साथ। उसे प्रोड्यूसर के ऑफ़िस बुलाकर एग्रीमेंट कराया गया जिसके पेपर्स आज तक उसके पास में सुरक्षित रखे हुए हैं। साथ में साढ़े तीन लाख...। नहीं साढ़े चार लाख रुपए भी दिये गए। (एक लाख उसने 'अंक एक' समूह के नाम लिये थे।) साथ में दिल्ली का एयर टिकिट भी।

दिल्ली में वो रात को जिया को भींचकर रो पड़ा था।

"मेरी डेढ़ साल की मेहनत। इसने सब बरबाद कर दी।"

जिया उसका सर सहलाती रही।

"कोई बात नहीं। ऐसा भी होता है। तुम्हें मुम्बई तो समझ में आ गई। अब?"

"क्या अब?"

"अब क्या करोगे?" सवाल तगड़ा था।

वो उठकर बैठ गया। सामने अँधेरे को ताका।

"क्या करूँ?"

"तुम बोलो।"

"मुम्बई जाऊँगा।" वो सख़्त स्वर में बोला। "अगर कीचड़ में रहना है तो कीचड़ में रहकर ही निबटेंगे। तुम क्या बोलती हो?"

"मैं तो कबसे कह रही हूँ। यहाँ अब कुछ रखा नहीं है। अपनी नई पारी शुरू करो।" जिया ने प्यार से उसके बाल सहलाए।

अगले दिन 14 नम्बर अशोका रोड गया था। आजकल 'अंक एक' की रिहर्सल कम्युनिस्ट पार्टी के दफ़्तर में होने लगी थी। उन्हें जगह दी गई थी। वहाँ वो पंडित से मिला। उसे एक लाख का चेक दिया। टँगड़ी तब तक काफ़ी ढीला पड़ चुका था।

"ये अपने पैसे में से दे रहा है?"

"'अंक एक' के लिए अलग से लिये हैं।" उसने सधे स्वर में कहा।

"अन्दर आ।"

"चलूँगा।" कहके वो बाहर आ गया। उसे मालूम था सम्बन्ध अब दोबारा वैसे नहीं हो पाएँगे। अब वो स्वतंत्र था। पंडित से भी और कम्युनिज़्म से भी।

और अगली फ़्लाइट से वो मुम्बई में था।

घर में कुछ पैसे दिये थे। जोश के लिए वो एक बच्चों वाली बॉक्सिंग किट ले गया था। वो बेचारा उसी में ख़ुश था। माँ को कुछ बताया नहीं था। मगर उसकी शक्ल देखकर उन्हें अनुमान हो गया था कि कुछ अनहोनी हुई है।

"आज अगर मैं आपके लिए मकान नहीं ढूँढ़ पाया तो पुरानी दिल्ली का कहलाना छोड़ दूँगा।" मनुऋषि चड्ढा बोला था।

मनुऋषि चड्ढा और दीपक डोबरियाल दिल्ली से थे, अरविन्द गौड़ के 'अस्मिता' से। दोनों उसके हनुमान थे।

और उसे मॉडल टाउन में मकान मिल गया। एक बेडरूम का। ग्यारह महीने का किराया देते हुए उसे सन्तोष था कि अब रात को कहीं और नहीं भटकना पड़ेगा। मुम्बई में अपने घर की छत का उस वक़्त बहुत महत्त्व था। आज भी है।

अब हैमलेट अपने कमरे में बैठके सोच रहा था। अब वो बिलकुल अकेला था। नितान्त अकेला। पास से गाड़ी जा चुकी थी। लोखंडवाला का गेस्ट हाउस जा चुका था। अब उसे एक आम स्ट्रगलर के तौर पर स्ट्रगल करना था। फ़िल्मों में। साथ में किया गया बीस साल का काम था। संगी-साथी थे, मगर दूर। उसे समझ आ चुका था कि यहाँ सब अपनी-अपनी ज़िन्दगी बनाने आए हैं। सबको अपने काम से सरोकार था। वो उसके साथ बैठके दारू पीते हुए उसके दुखों में रो ज़रूर सकते थे। मगर उसकी मदद करने में असमर्थ थे। उसे अपनी ज़िन्दगी अकेले ही जीनी थी। औरों की तरह।

जिया, माँ और जोश उससे दूर थे। दिल्ली में। अकेले। उस पर ज़िम्मेदारी थी। अपने साथ-साथ उनकी भी। माँ ने अब तक खोटी ही ज़िन्दगी बिताई थी। जिया ने सुनसान और नन्हा जोश अभी मात्र चार साल का था जो ज़िन्दगी का मतलब ही नहीं समझता था।

अब उसे अपना पहला रुझान याद आया। अध्यात्म। उसने ध्यान लगाने की कोशिश की। सर में अचानक दर्द हुआ। उसने विश्नोई को फ़ोन किया।

"तुरन्त छोड़ दो। वरना परिणाम घातक होंगे। शराब के साथ ये अकल्पनीय है। तुम बहते हुए ज़हर में हाथ डालते हो हमेशा। एक काम मिला था। वो भी ढंग से नहीं कर पाए।"

उसने उन्हें पूरी बात बताई।

"अरे मुझे कुछ नहीं सुनना यार। क्या ध्यान की बात करते हो। जो अपने परिवार का ना हुआ वो विवेकानन्द का क्या होगा। ये सब इतना आसान नहीं है जितना तुम सोचते हो। ज़िन्दगी दहल जाती है! सैकड़ों मोह छोड़ने पड़ते हैं। पहले अपनी ज़िन्दगी सुलटा लो। फिर इस तरफ़ बढ़ना।" और फ़ोन रख दिया गया।

उसे स्ट्रगल करना नहीं आ रहा था। वो कहाँ जाए, किससे बात करे। ऑडीशन का उस वक़्त चलन नहीं था। किये गए काम को आधार मानकर काम मिलता था। इस फ़िल्म के प्रसंग से इमेज भी बिगड़ गई थी। छोटी-सी इंडस्ट्री थी। बात फैलते हुए देर नहीं लगती थी। ऊपर से 'हैल्दी डायरेक्टर' की बात चलती थी। "अनप्रोफ़ेशनल बन्दा है। एरोगेंट और बदतमीज।

"अगर यही हाल रहा तो फ़िल्म इंडस्ट्री में काम मिलना बन्द हो जाएगा।" सम्बल भारद्वाज गम्भीरतापूर्वक बोला।

अनिकेत कश्यप

"मुझे अनिकेत कश्यप कहते हैं सर। मैं फ़िल्म मेकर हूँ। मैंने 'पाँच' बनाई है।"

वो पृथ्वी थियेटर पहुँचा था। सुबह ग्यारह बजे के शो में। प्ले का नाम था—'सर सर सरला।' उसका डायरेक्टर और लेखक था, मकरन्द देशपांडे। और उसमें काम कर रहे थे अनिकेत कश्यप, सोनाली कुलकर्णी और राजेन्द्र गुप्ता।

मकरन्द से उसकी थियेटर वाले के तौर पर दोस्ती थी। उसने दिल्ली से उसका नाम सुना हुआ था। उसके निमंत्रण को वो नज़रअन्दाज़ नहीं कर पाया।

नाटक अच्छा था। नाटक के बाद वो पृथ्वी कैफ़े में बैठा चाय पी रहा था कि एक लड़का धीरे से उसके सामने आके बैठ गया।

"मुझे अनिकेत कश्यप कहते हैं सर। मैं फ़िल्म मेकर हूँ।" मैंने 'पाँच' बनाई है।

"बढ़िया। आप तो प्ले में थे ना?"

"जी सर।" उसकी आँखें भाव-विह्वल थीं।

"गुड।"

"सर आप।" उसका गला फँस गया था। "आप मेरे ऑफ़िस में आइए ना। मैरियट होटल के सामने है। नॉर्थ बॉम्बे हाउसिंग सोसाइटी।"

"क्या करूँगा वहाँ।"

"जैसे कहीं और बैठते हैं, वैसे ही वहाँ बैठिएगा।"

"अरे? ख़ामख़्वाह?"

"ख़ामख़्वाह नहीं सर। मैंने 'जब शहर हमारा सोता है' दो बार देख रखा है। आपके और प्लेज़ भी। मैं उन दिनों दिल्ली में ही था। मैं हंसराज कॉलेज से हूँ सर। और आप मेरे..." बोलते-बोलते फिर अटक गया था। "और आप मेरे भगवान हैं।"

ये दोस्ती लम्बी जाने वाली थी। पंडित के बाद सबसे सघन और क्रिएटिव।

वो दोनों नॉर्थ बॉम्बे हाउसिंग सोसाइटी में बैठे हुए थे। रात का वक़्त था। और ओल्ड मॉन्क चल रही थी।

"मैंने एक फ़िल्म बनाई है सर। 'पाँच'। उसकी कल स्क्रीनिंग है। आप आएँगे? टाउन में?"

"सबसे पहले ये सर-सर कहना बन्द करो। मेरा नाम संताप है। संताप त्रिवेदी।"

"ओके संताप भाई। आप आएँगे कल?"

"आ जाऊँगा। मैं वैसे भी कर क्या रहा हूँ।"

"और मैं अगली फ़िल्म बना रहा हूँ। 'गुलाल'। उसमें अगर कुछ कंट्रीब्यूट कर सकें तो बड़ी मेहरबानी होगी।"

"अरे ऐसे बात मत करो यार। मैं क्या कंट्रीब्यूट कर सकता हूँ?"

"उसकी स्क्रिप्ट ही सुन लें। अपनी राय दें। मेरे लिए वही बहुत होगा।"

"कभी भी। बोलो। कब सुननी है?"

अगले दिन 'पाँच' देखी गई। फ़िल्म का पहला भाग उसे बहुत अच्छा लगा।

"अच्छी है। रिलीज़ कब कर रहे हो?"

"ये अटकी हुई है सर। प्रोड्यूसर के चक्कर में। लेकिन मैं इससे पहले ही 'गुलाल' शुरू कर दूँगा।"

अगले दिन उसका पूरा 'क्रू' बैठा हुआ था। नॉर्थ बॉम्बे हाउसिंग सोसाइटी में। एक से एक नौजवान लड़के-लड़कियाँ थे। अनिकेत के लिए कुछ भी कर देने को आतुर।

'गुलाल' की रीडिंग हुई। अनिकेत बहुत बढ़िया पढ़ता था। उसकी आवाज़ बहुत गहरी थी। और आँखें बहुत ईमानदार। रीडिंग पूरी हुई।

"कैसी लगी सर?"

"संताप!"

"सॉरी। संताप भाई?"

"यार तू हट के तो है। दिमाग़ से बिलकुल उलटा सोचता है। कुछ अलग ही बात है तेरी स्क्रिप्ट में। 'पाँच' में भी वही था।" वो रुका। "इसमें मेरे लिए क्या है?"

"अभी तो कुछ नहीं है संताप भाई। बस प्रोड्यूसर मिल जाए तो बात आगे बढ़े।"

"ठीक है।" और वो उठ गया।

और फिर वो दोनों मिलने लगे। अधिकतर दारू पे। अनिकेत कश्यप में कुछ बात थी। वो उसे लगातार पसन्द आ रहा था।

"कुछ पैसे तो हैं संताप भाई। सोच रहा हूँ शुरू कर दूँ। थोड़ा शूट कर लूँगा तो उसे दिखा के प्रोड्यूसर भी मिल जाएगा।"

हैमलेट को ये सब बातें समझ में नहीं आती थीं। वो फ़िल्म मेकिंग से बहुत दूर था।

"मैंने 'इंडियन ओशन' का 'कंदीसा' सोचा है बतौर म्यूज़िक के।"

कंदीसा 'इंडियन ओशन' का बहुत ही हिट नम्बर था। बेहतरीन गाना।

ऐसे ही दोनों एक दिन ऑफ़िस में बैठे हुए थे।

दो म्यूज़िक कम्पोज़र्स का आगमन हुआ। दोनों म्यूज़िक लाइन में स्ट्रगल कर रहे थे। साथ में उनके थे तबला और हारमोनियम।

"यार मुझे ज़रूरत नहीं है। मेरा म्यूज़िक का कॉन्सेप्ट अलग है। लेकिन फिर भी अगर आ ही गए हो तो सुना दो।" अनिकेत बोला।

वो दोनों शुरू हुए। वो ही प्रेम प्यार और बेवफ़ाई वाले गाने थे।

"ठीक है मैं ध्यान में रखूँगा।"

वो अपना तबला और हारमोनियम समेट ही रहे थे कि संताप को कुछ सूझा।

"एक मिनट। ये हारमोनियम देना ज़रा।"

उसने हारमोनियम खिसका दिया।

"देख तुझे ये चाहिए?" और वो गा पड़ा—

यारा ओ मौला...

गाना चलता रहा। अनिकेत सुनता रहा। फिर बोला—"सर एक और?"

हैमलेट ने गाया—

जब शहर हमारा सोता है...

अनिकेत अभिभूत-सा बैठा रहा।

"सर एक और?"

"अबे कितने सुनेगा? मेरे पास तो बहुत हैं। शाम हो जाएगी।" उसने गाया—

बीड़ो दूजी थाली का लगे बड़ा मसालेदार मन बोले चकमक

अनिकेत मंत्र-मुग्ध-सा उसे देखता रहा। फिर बोला—"सर आप मेरी फ़िल्म का म्यूज़िक कर रहे हो। इसके लिरिक्स भी। मैं आपको कल एडवांस दे रहा हूँ। कैश। पचास हज़ार।"

और बात आनन-फ़ानन में फैल गई। अनिकेत को हल्ला मचाने की बहुत बुरी आदत थी।

उसके अगले दिन पचास हज़ार रुपए दे दिये गए थे।

उसने जिया को ख़बर कर दी। मगर दूसरे ही दिन वो बोला।

"देख। मुझे अभी तक मुम्बई की आदत नहीं पड़ पाई है।"

"मतलब?"

"तुझे ख़राब लगेगा अगर मैं ये गाने दिल्ली में करूँ तो?"

"बिलकुल ख़राब नहीं लगेगा। कब निकलेंगे? बग्गाऽऽऽ?" उसने आवाज़ लगाई।

और उसका दिल्ली का टिकट हाज़िर था। साथ में एक नया हारमोनियम भी।

वो दिल्ली उड़ गया।

अगले दिन दोपहर वो मंडी हाउस के फ़व्वारे पे बैठा था नए हारमोनियम के साथ। जहाँ उसने अपने सारे नाटकों के गाने लिखे थे। जहाँ चारों तरफ़ मोटरों, ऑटो और बसों का शोर था। उसके अपने भगवानदास रोड की ओमी की फ्रूट चाट वाला फ़व्वारा।

और फिर म्यूज़िक बनना शुरू हुआ। साथ में लिरिक्स भी। वो लिखते हुए म्यूज़िक कम्पोज़ करता था।

अपने पुराने कुछ गानों को उसने इम्प्रोवाइज़ किया। उन्हें नई शक्ल दी। बाक़ी गाने नए थे।

सात दिन में आठ गानों का म्यूज़िक तैयार था। उसने मुम्बई फ़ोन कर दिया।

"म्यूज़िक तैयार है। कब आऊँ?"

अनिकेत को कोई आश्चर्य नहीं हुआ। उसे संताप की किसी बात से आश्चर्य नहीं होता था।

अगली ही फ़्लाइट से वो मुम्बई पहुँचा था। एयरपोर्ट से सीधा नॉर्थ बॉम्बे हाउसिंग सोसाइटी, जे.डब्ल्यू. मैरियट के सामने।

रम की बोतल सामने थी। उसने गाना शुरू किया।

अनिकेत बैठा रहा। सुनता रहा। फिर उसने एक फ़ोन घुमाया।

"गुलाल का म्यूज़िक सुनना है? तो ऑफ़िस आ जा।" शाम तक ना जाने कितने फ़ोन गए। आठ बजे तक ऑफ़िस खचाखच भरा हुआ था। अनिकेत की पॉपुलैरिटी बहुत थी। उसकी दोस्ती का दायरा बहुत बड़ा था। बिना एक भी फ़िल्म रिलीज़ हुए लोग-बाग उसकी फ़िल्म मेकिंग का लोहा मानते थे। शाम तक बहुत भीड़ हो गई थी। ना जाने कितनी ओल्ड मॉन्क की बोतलें ख़त्म हो चुकी थीं। एक गाने पर जाके सब लोग अटक जाते।

"वो एक बार और संताप भाई।"

और हैमलेट गा उठता—

आरम्भ है प्रचंड बोले मस्तकों के झुंड,
आज जंग की घड़ी की तुम गुहार दो

अगले ही दिन शहर में बात थी। उस फ़िल्म के म्यूज़िक की जो अभी बननी भी शुरू नहीं हुई थी।

"पहले बन जाने दे संताप। उसके बाद ख़ुशी मनाना। अनिकेत उलटी क़िस्मत लेके पैदा हुआ है।" सम्बल गम्भीरतापूर्वक बोला।

और उसकी बात सच निकली। गुलाल सात साल बाद रिलीज़ हुई।

पहला शूट हो चुका था। जयपुर में। फिर अचानक बन्द हो गया।

संताप जब अनिकेत के ऑफ़िस पहुँचा तो सब तरफ़ सन्नाटा था। सब हाथ पर हाथ धरे बैठे थे। चुपचाप।

"क्या हुआ?" उसने पूछा।

"सर पैसे ख़तम हो गए। फ़िल्म रुक गई।" अनिकेत बोला।

"जितनी बनी है, उसके रशेज़ दिखाए प्रोड्यूसर को?"

"दिखाए। वो सब कहते हैं। एक्सपेरिमेंटल फ़िल्म है। नहीं चलेगी। सबने हाथ खींच लिये।"

"म्यूज़िक?"

"किसी की समझ में नहीं आया। बोले, भारी है। लिरिक्स भी।"

"अब क्या करेगा?"

"अगली फ़िल्म बनाऊँगा। स्क्रिप्ट तैयार है।"

"एक फ़िल्म का प्रोड्यूसर मिल नहीं रहा और अगली फ़िल्म?"

"इसका प्रोड्यूसर तैयार है। इसको 'मिड डे' बैक कर रहा है।"

"क्या फ़िल्म है?"

"हुसैन ज़ैदी का नॉवेल है। 'ब्लैक फ्राईडे'।"

"वो 1993 बम ब्लास्ट पे?"

"वही सर। आप इसमें लिरिक्स लिखोगे?"

"म्यूज़िक कौन कर रहा है?"

"इंडियन ओशन!"

"लिखूँगा। कब शुरू करनी है?"

और हैमलेट अपनी ज़िन्दगी का सबसे भारी गाना लिख रहा था—इंडियन ओशन के म्यूज़िक पे—

अरे रुक जा रे बन्दे,
अरे थम जा रे बन्दे,
कि क़ुदरत हँस पड़ेगी हो

अनिकेत वाक़ई उलटी क़िस्मत लेके पैदा हुआ था। फ़िल्म पे बैन लग गया। केस कोर्ट में चला गया। संताप फिर ख़ाली था। बेरोज़गार।

ए 303 लिंक पैलेस

"आज तो थकी हुई हूँ। कल मकान देखने चलते हैं।" जिया ने मॉडल टाउन के मकान में सामान पटकते हुए कहा। साथ में नन्हा जोश भी था। ये बात 2002 की है।

जिया माँ को मौसी के पास छोड़के आई थी। मौसी आर.के. पुरम में रहती थीं।

"जब रहना यहीं है तो मकान भी यहीं लेना पड़ेगा ना। उसके लिए अभी से क्यों ना कोशिश शुरू कर दें।" जिया बेतरह समझदार थी। एकदम साफ़ सोच थी उसकी।

गोरेगाँव ईस्ट में तिगमांशु धूलिया रहा करता था। उसने बताया कि पास में कुछ सोसाइटी बन रही हैं। वे दोनों देखने पहुँचे थे। एक सोसाइटी उन्हें पसन्द आई। "लिंक पैलेस।" वहाँ कन्सट्रक्शन चल रहा था।

"सोसाइटी तो अच्छी है। पैसे का हिसाब-किताब देख लें?" जिया बोली।

"टू बेडरूम देखो यार। थ्री बेडरूम बहुत महँगा है।"

"थ्री बेडरूम आरे फ़ेसिंग है। जगह भी बहुत है। गेस्ट के काम भी आएगा।"

"पैसे किसके पास हैं जिया?"

जिया उसे कुछ क्षण देखती रही। फिर बोली—"मैंने कुछ बचाके रखे हैं। तुमसे बिना बताए। बाक़ी लोन ले लेंगे।"

"हमें कौन लोन देगा? गुलाल बन्द हो चुकी है।"

"अरे और नहीं कमाओगे? अब तो बॉम्बे आ गए हो?"

"कुछ काम नहीं है यार। ना ही निकट भविष्य में उम्मीद है।"

जिया ने समझाया, "अभी ख़ाली बयाना देना है। इतने तो हो ही जाएँगे। फिर आगे देखते हैं।"

और बयाना दे दिया गया। ए-303 लिंक पैलेस, साईं बाबा कॉम्प्लेक्स, गोरेगाँव ईस्ट।

अगले दिन जिया चली गई। अब पैसे कमाने थे। जाने से पहले वो संताप के होंठ चूमकर बोली थी।

"चिन्ता मत करना। अगर नहीं चुका पाए तो बेच देंगे। मैंने सर्वे कर लिया है। यहाँ कैसे-कैसे कमरों में लोग रहते हैं। हम भी कहीं रह लेंगे। बाक़ी मैं दिल्ली वाले मकान को बेचने की तैयारी करती हूँ। और..." वो रुकी। उसकी आँखें डबडबा आईं, "देखो, शराब कम कर दो, प्लीज़, बहुत बढ़ गई है। अभी बहुत जीना है हमें, माँ और जोश के साथ। प्लीज़।"

ज़िन्दगी चल रही थी। मुम्बई आने के सपने चकनाचूर हो चुके थे। मुम्बई में कुछ कर दिखाने के भी। यहाँ सब अपने-अपने काम में लगे हुए थे। किसी को किसी की चिन्ता नहीं थी। सबको अपने रहने खाने का जुगाड़ करना था। दीपक और मनु 'इत्कार सोसाइटी' में रहते थे। उनके साथ और भी कई। स्ट्रगलर्स पूरी मुम्बई में बिखरे हुए थे। गोरेगाँव ईस्ट में 'हब' के सामने 'वनराई सोसाइटी' स्ट्रगलर्स का मुख्य अड्डा था। वहाँ कैसी-कैसी हालत में लोग-बाग रहा करते थे। एक ही कमरे में उनका बिस्तर था और उसी में उनका किचन। आवागमन की समस्या थी। कहीं से फ़ोन आ जाए तो उनकी तत्परता देखते ही बनती थी। ऑटो में सफ़र करना सपना था। फिर भी सब जिए जा रहे थे।

एक बार वो आदर्श बार में शराब पी रहा था कि दीपक डोबरियाल दौड़ता हुआ आया।

"संताप भाई जल्दी चलो। मेरे पिताजी आए हैं दिल्ली से।"

"अरे! तो मैं क्या करूँगा?"

"वो मुझे लेने के लिए आए हैं। उन्होंने मेरा कमरा देख लिया है। वो कह रहे हैं कि ऐसी कुत्तों जैसी ज़िन्दगी बिताने से बेहतर है कि दिल्ली चलो। यहाँ अब तक कुछ नहीं हुआ तो आगे भी कुछ नहीं होगा।"

"अरे यार!" वो असमंजस में था। "उनसे मैं क्या बात करूँगा?"

"वो सिर्फ़ आप ही को सुनेंगे संताप भाई। एक आप ही हो जो बड़े हो और जिसका दिल्ली से नाम है। प्लीज़ संताप भाई।"

हैमलेट दुविधा में उसके घर पहुँचा। वो उसे देखकर थोड़ा पिघले।

"देखिए! आप ख़ुद बतलाइए। ये कोई रहने का ढंग है?"

"मैं आपसे ज़्यादा कुछ नहीं बोलूँगा डोबरियाल साहब। मैं आपसे इसके लिए बस एक साल माँग रहा हूँ। आप एक साल दे दीजिए। फिर बेशक इसको अपने साथ ले जाइए।"

बड़ी मुश्किल से वो माने। फिर 'ओंकारा' आई। उसके बाद दीपक डोबरियाल को कभी वापस जाने की ज़रूरत नहीं पड़ी।

ये एक केस नहीं था। सभी के घर में ये ही हाल था। संताप सबके क़िस्से सुनता। सारे उसके सामने दुखड़ा रोते। संताप उन्हें शराब पिलाता। ख़ुद भी पीता। कुछ देर के लिए सारे अपने ग़म भूल जाते। अगले दिन से फिर वही ज़िन्दगी शुरू हो जाती।

उस शहर में सबको एक ब्रेक की तलाश थी।

मक़बूल

"मैं ऑडीशन दे दूँगा यार। मैं कुछ भी करूँगा। मुझे इस फ़िल्म की ज़रूरत है।"

"देख यार। पैसे तो यहाँ भी नहीं मिलेंगे। क्योंकि रोल अगर मिल भी गया तो तेरा ये पहला मेजर रोल होगा 'दिल से' के बाद में। और 'दिल से' फ़्लॉप गई है।" संताप गम्भीरतापूर्वक बोला।

सम्बल भारद्वाज 'मक़बूल' बना रहा था। बतौर डायरेक्टर ये उसकी दूसरी फ़िल्म थी। पहली 'मकड़ी' बच्चों की फ़िल्म थी।

'मक़बूल' में उसने विलियम शेक्सपियर के प्ले 'मैकबेथ' को रूपान्तरित किया था, मुम्बई के अंडरवर्ल्ड में। रोल 'बैंको' का था। हिन्दी में नाम था 'काका'। कास्ट में थे शशि कपूर, नदीम शाह और तब्बू। और मक़बूल कर रहा था, के.के. मेनन।

"अरे रोल तो है यार। मैं इसके लिए जान लड़ा दूँगा। तू मेरा ऑडिशन ले।"

"हनी से बात कर। वही कास्टिंग देख रहा है। ऑडिशन भी।"

वो हनी त्रेहान से मिला।

"अरे सर! आप ऑडिशन दो। आप भी क्या बात कर रहे हो? मेरी क्या बिसात कि आपको रोल दूँ? ये डायरेक्टर का काम है। मत भूलिए कि सम्बल जी के यहाँ मुझे आपने ही रखवाया था।"

"मुझे काम की बहुत ज़रूरत है यार। मैं मकान ले चुका हूँ।"

और उसने ऑडिशन दिया। सिनेमा में ये उसके कैरियर का अभी तक का सबसे बड़ा रोल था। उसके मन मुताबिक़।

विलियम शेक्सपियर, मैकबैथ, बैंको।

उसमें अरसे से भरा हुआ संताप फूट पड़ा था। उसको वक़्त हो गया था एक्टिंग करे हुए। जिस एक्टिंग के लिए वो जिया था। जिस एक्टिंग में उसने अपनी ज़िन्दगी के तीस साल लगा दिए थे। जिस एक्टिंग के लिए वो मुम्बई आया था। इस रोल में तो सब कुछ था। जो उसे चाहिए था। सब कुछ। साथ में बेहतरीन को एक्टर्स, ज़बरदस्त स्क्रिप्ट और उम्दा कैमरामैन।

उसने ऑडिशन दिया था।

स्टूडियो जाने से पहले उसने प्रार्थना की थी। वो आँख मूँद के बैठा था। अपनी पूरी ज़िन्दगी का क्राफ़्ट आज उसके काम आना था या नहीं आना था। ये उसकी समझ में आ गया था कि ये निर्मम नगरी है। उसके काम से ही उसके पास काम आएगा। यहीं उसे अपनी जड़ें खोदनी थीं और यहीं उसे पौधा बनके निकलना था।

हनी उससे अधिक नर्वस था।

"सर मुझे हिम्मत दीजिए कि मैं आपका ऑडिशन ले सकूँ।"

"बकवास मत कर यार। इस शहर में सबको सिर्फ़ अपना सिर्फ़ काम करने से मतलब है। ये दिल्ली नहीं है। मैं समझ चुका हूँ।"

ऑडिशन देने के बाद वो बाहर आया। लिफ़्ट में से नदीम शाह निकले। बिना उसकी तरफ़ नज़र डाले अन्दर चले गए।

उसने एक साँस छोड़ी। शायद उस दिन का ग़ुस्सा अभी तक उनके अन्दर था।

"मैं परेशान हो गया हूँ यार। प्रोड्यूसर की तरफ़ से दिक़्क़तें आ रही हैं। के.के. कहीं और काम कर रहा है। उसकी दाढ़ी बढ़ी हुई है। मुझे दाढ़ी नहीं चाहिए। शशि कपूर जी अब्बा जी के रोल में फिट नहीं बैठ रहे हैं।"

संताप ने आँखें उठाईं। वो उसकी तरफ़ देख रहा था। निगाह में प्रश्न के साथ-साथ उत्सुकता थी।

"मैं तेरी नज़रें समझ रहा हूँ यार। तेरा ऑडिशन मेरे पास पहुँच चुका है। लेकिन मैं पूरी कास्टिंग किए बग़ैर कोई निर्णय नहीं ले सकता। बाक़ी नदीम की राय पूरी मायने रखेगी इस ऑडिशन में।"

हैमलेट का दिल धक्क से रह गया। वो लौट आया।

उस दिन वो पृथ्वी गया। वहाँ उसे के.के. और अनिकेत दोनों मिले।

"एक दाढ़ी की ही तो बात है यार। अब दाढ़ी मैं कैसे कटवाऊँ? दूसरे की शूटिंग बीच में है।"

"उनसे ये नहीं बोल सकते कि थोड़ा रुक जाएँ? तीन महीने की ही तो बात है।" अनिकेत बोला।

"सम्बल नहीं मान रहा। बाक़ी संताप बतलाएगा।" उसने संताप की ओर देखा।

"मालूम नहीं यार।" उसने एक साँस छोड़ी। "जब तक सम्बल की अपनी प्रॉब्लम नहीं निपट जाती, तब तक कुछ भी कहना मुश्किल है। मेरी ख़ुद की कास्टिंग अटकी हई है।"

मुम्बई में कास्टिंग होना और वो भी इस तरह के रोल में, पूरा जीवन-मरण का प्रश्न था। बिलकुल एन.एस.डी. की तरह से। और इस फ़िल्म के ऑडिशन के लिए तो लोग-बाग जान देने को तैयार थे।

"पैसे नहीं मिलेंगे। मगर ज़िन्दगी बन जाएगी। मेरे पूरे जीवन की प्यास बुझ जाएगी। रोल इतना बढ़िया है।"

वो नशे में डूबे हुए स्वर में जिया से फ़ोन में बात कर रहा था।

"कीप द फ़िंगर्स क्रॉस्ड। मैं भी प्रार्थना करूँगी तुम्हारे लिए।"

बात उलझ गई थी। सिरा दिख नहीं रहा था। सम्बल परेशान था। और तभी धमाका हुआ। तिगमांशु धूलिया ने अपनी पहली फ़िल्म 'हासिल' का प्रेस व्यू शो रख दिया।

सम्बल संताप को प्रेस व्यू शो के बाहर मिल गया। उसका चेहरा खिला हुआ था।

"मक़बूल मिल गया। अब ये रोल इरफ़ान करेगा। और अब्बा जी की भी प्रॉब्लम निपट गई। नदीम ने पद्म कपूर का नाम सुझाया है। वो बोल रहे थे कि पद्म से अच्छा एक्टर तुम्हें पूरे देश में नहीं मिलेगा।

"और विचेज़? यानी कि पंडित पुरोहित?"

"नदीम बोले हैं कि वो सोम पुरी से बात करते हैं। दोनों अरसे बाद एक साथ किसी फ़िल्म में आएँगे। पुरी साहब को तैयार करना उनकी ज़िम्मेदारी है।"

ज़बरदस्त कास्ट तैयार हो गई थी। पद्म कपूर, नदीम शाह, सोम पुरी, तब्बू और इरफ़ान। बचा था बैंको यानी काका। संताप ने धड़कते दिल के साथ सम्बल की ओर देखा। सम्बल ने उसकी नज़रें भाँपीं।

"तू मुझसे कल मिल। मेरे ऑफ़िस में। मुझे रात-भर सोच लेने दे। मैंने एक बार हाँ कर दिया तो इसका मतलब है कि फ़िल्म तेरे बिना नहीं बनेगी।"

और संताप की वो रात काली बीती। उसे सपना आया कि विलियम शेक्सपियर उसे अँगूठा दिखाकर हँस रहा है।

और अगली सुबह वो सम्बल के ऑफ़िस में हाज़िर था।

सम्बल उसकी तरफ़ देखकर मुस्कराया।

"चिन्ता मत कर। तू काका कर रहा है।"

और हैमलेट को लगा कि वो चारों ख़ाने चित्त होके वहीं नाच दे।

"क्या बात कर रहा है यार?"

"नदीम ने बोला है कि हैंडल कर सको तो ले लो। क्या बोलता है? मैं हैंडल कर सकता हूँ तुझे?" वो मुस्कराया।

हैमलेट कुछ नहीं बोला। उसकी आँखें नम हो आईं।

"जा और तैयारी कर। हम लोग वर्कशॉप कर रहे हैं। माथेरान में। नदीम सुपरवाइज़ करेंगे।"

और अगले दिन उसने जमकर शराब पी थी। 'हाउस ऑफ़ फूड' अँधेरी में। धुत होकर वहाँ से निकला, रात के दस बजे। सामने से गाड़ी आई। उसकी रौशनी चमकी। 'अबे हट बे...' एक चिल्लाहट आई। और 'भड़ाक्'।

और अगले दिन वो हॉस्पिटल में था।

पहला फ़रिश्ता

उसने बिस्तर पर लेटे-लेटे आँखें खोलीं। डॉक्टर कह रहा था।

"ग़नीमत है हड्डी नहीं टूटी। चोट भी ज़्यादा नहीं आई। मगर तीन दिन हस्पताल में रहना पड़ेगा।"

उसने जान-बूझकर सम्बल को ख़बर नहीं की। उसका पहला रोल था। जिया को भी फ़ोन नहीं किया। तीन दिन की ही तो बात है। काट लेगा।

और यहीं उसे वो पहला फ़रिश्ता मिला था। नाम था ऐवन रिबैलो।

"मैं पास ही एल्कोहॉलिक वार्ड में आया था। किसी को देखने। मालूम पड़ा कि आप यहाँ एडमिट हैं। देखने चला आया। ये एक्सीडेंट शराब पी के हुआ है?"

हैमलेट को उसकी बात पसन्द नहीं आई। ना जान ना पहचान, मैं तेरा मेहमान।

"हाँ। तो?"

"मेरा नाम ऐवन रिबैलो है। मैं एक रिकवर्ड एल्कोहॉलिक हूँ। आपकी शराब बहुत हो जाती है?"

"कल हो गई थी। आपसे मतलब?"

"मेरा हर एल्कोहॉलिक से मतलब है।" वो आराम से बोला। "बाहर निकलें तो मुझसे मिलिएगा। मैं मलाड वेस्ट में रहता हूँ।" उसने अपना कार्ड पकड़ाया। हैमलेट ने अनमने ढंग से ले लिया।

"आपको लग रहा होगा कि मैं ख़ामख़्वाह ही चिपक रहा हूँ। पर आप अगर रोज़ पीते हैं और रोज़ बहुत ज़्यादा पी जाते हैं, तो आप दुनिया की सबसे ज़्यादा ख़तरनाक बीमारी का शिकार हो चुके हैं। एल्कोहॉलिज़्म। डब्ल्यू.एच.ओ. के हिसाब से ये दुनिया की सबसे किलिंग डिसीज़ है। कैन्सर और कार्डियक डिसीज़ से भी बढ़कर, जिसका इलाज डॉक्टर्स के पास भी नहीं है। इसका मेडिकल नं. है ए-303। अगर आप ठीक समझें तो ताल्लुक़ कीजिएगा। गुड डे।" और वो मुड़कर चला गया था। हैमलेट ने ग़ौर किया कि उसने एक शब्द भी फ़िज़ूल नहीं बोला था।

शराब गहरा गई

'मक़बूल' की वर्कशॉप शुरू हुई। फिर शूटिंग भी।

शूट के बीच ही जिया 28 मार्च, 2003 को मुम्बई आ चुकी थी, सारा सामान लेकर। माँ और जोश के साथ में। दिल्ली का मकान बिक चुका था। क़िस्तों का इन्तज़ाम हो गया था। नया मकान अभी बन रहा था। तब तक के लिए वो साईं बाबा कॉम्प्लेक्स में ही एक कमरे के मकान में शिफ़्ट हो चुके थे—डी-3, साईं मिलन में।

हैमलेट ने ग़ौर किया कि वाक़ई उसकी शराब अनियंत्रित हो चुकी थी। ऐब्नॉर्मल।

वो पीने के बाद पहले जैसा नहीं रहता। वो बदल जाया करता था। वो पीने के पहले नियंत्रित रहता। आम लोगों की तरह व्यवहार करता। बातचीत करता। मगर एक पैग पीने के बाद उसकी 'साइक' बदल जाती। उसके विचार बदल जाते। वो दूसरों को पीते हुए देखता। सारे मज़े करते। उनका ह्यूमर बढ़ जाता। सब धमा-चौकड़ी मचाते। मगर उसके साथ वैसा नहीं हो रहा था।

उसने एक बार दिल्ली फ़ोन किया। डॉ. दिनेश शर्मा उसकी पुरानी ऑडियंस थे और साथ में सम्मानित दोस्त भी।

उसे अगले दिन डॉक्टर साहब का फ़ोन आया।

"मैंने तुम्हारा क्या बिगाड़ा था जो तुमने मुझे फ़ोन पर इतनी सारी गालियाँ दीं? मैं तुमसे कितना बड़ा हूँ? मेरी बीवी पास बैठके सब सुन रही थी?"

हैमलेट को कुछ याद नहीं था।

उसके पास सुबह लड़कियों के रोते हुए फ़ोन आने लगे।

"हम आपकी कितनी इज़्ज़त करते हैं संताप सर। ऐसे गन्दे फ़ोन मत किया करो। प्लीज़।"

हैमलेट अपना सर नोच लेता। "ये मुझे क्या हो रहा है?"

उसने किसी के कमरे में शराब पीके उल्टी कर दी। किसी के ड्राइंग रूम में पेशाब कर दिया। सब उसका लिहाज़ करते थे...मगर आपत्ति सबको होने लगी थी।

मगर एक बात थी। उसकी एक्टिंग नए सिरे से फल-फूल रही थी। उसे हिन्दुस्तान के सबसे बेहतरीन एक्टर्स के साथ काम करने का मौक़ा मिला था।

नदीम और सोम पुराने यार थे। उनको अरसे बाद एक-दूसरे के साथ काम करने का मौक़ा मिला था, वो भी भोपाल जैसे शहर में। (मक़बूल की सारी शूटिंग भोपाल में हुई थी।) ऊपर से दोनों माने हुए एक्टर्स थे।

तब्बू सिनेमा की गहरी गम्भीर एक्ट्रेस समझी जाती थी। 'माचिस' जैसी फ़िल्म में वो अपना कमाल दिखा चुकी थी।

पद्म कपूर एन.एस.डी. के दिग्गज एक्टर थे। दूसरे उन्हें पहली बार नदीम और सोम की मौजूदगी में उनसे बड़ा रोल मिला था। वो अपने आपको साबित करने के लिए बेक़रार थे।

इरफ़ान पहली बार हीरो के रोल में था। वो भी तब्बू के साथ।

और उसके मुम्बई आने के बाद ये पहली मुख्य भूमिका थी। उसके लिए 'डू ऑर डाई' की स्थिति थी।

कुल मिलाकर 'मक़बूल' एक वर्ल्ड कप था जिसमें हर टीम जीतने को बेक़रार थी।

मगर उसका व्यक्तित्व हल्का होता जा रहा था। उसे शराब निगलती जा रही थी।

उसे नदीम ने ज़हर भरी गुर्राहट के साथ कहा था—"ऐब्सॉल्यूट बास्टर्ड।"

"मैं याद रखूँगा।"

और उसने हमेशा याद रखा।

पद्म कपूर ने उससे पूछा।

"तुम म्यूज़िक, लिरिक्स, गाना, स्क्रिप्ट, एक्टिंग सब कर लेते हो?"

"जी सर। मैं कर भी रहा हूँ 'गुलाल' में।"

"यार तुमने अपनी ज़िन्दगी में सब कर रखा है?" स्वर में व्यंग्य भरा उपहास था। सबके चेहरे पर खिल्ली उड़ाने वाली हँसी दौड़ गई थी।

अपनी बात सच होने के बावजूद वो तब तक उसे साबित नहीं कर पाया था। 'गुलाल' का बनना भी अभी दूभर था। और उस पर एक शराबी की बात का यक़ीन करना सबके लिए मुश्किल था।

उसमें गम्भीरता नहीं बची थी। उसकी शख़्सियत ख़त्म हो चुकी थी। और उसकी बातें खोखली।

'मक़बूल' बनी। 30 जनवरी, 2004 को वो रिलीज़ हुई। बहुत पसन्द की गई। उसके काम की तारीफ़ हुई। मगर हैरत कि फ़िल्म के ज़िम्मेदार लोगों ने उसका नाम तक नहीं लिया। मक़बूल उसके लिए कोरी चली गई।

'जय' का आगमन

"मैं इतनी शराब क्यों पी जाता हूँ?"

वो मलाड में ऐवन रिबैलो के फ़्लैट पर बैठा हुआ था।

"क्योंकि ये एक बीमारी है संताप भाई। एल्कोहॉलिस्म। एक मानसिक खिंचाव और शारीरिक एलर्जी। हर सौ में से बीस बन्दे एल्कोहॉलिक होते हैं और उन बेचारों को ये मालूम ही नहीं होता। हम रोज़ ये सोच के शराब पीते हैं कि आज कम पिएँगे और पीने के बाद पछताते हैं कि इतनी क्यों पी ली।"

"कारण?"

"कारण का मालूम नहीं। मेडिकल साइंस इसके बारे में कुछ नहीं जानती। खोजबीन चल रही है। डॉक्टर्स इसमें स्पेशलाइज़ेशन नहीं करते क्योंकि कमाई कुछ नहीं है। एल्कोहॉलिक अपना सब कुछ गँवा देने के बाद उनके पास आता है।

और एल्कोहॉलिक को कोई बीमार समझता नहीं। सब उसे असामाजिक समझते हैं। जबकि वो है दया का पात्र ही। क्योंकि उसे ख़ुद नहीं मालूम कि वो इतनी क्यों पीता है?"

"कोई समाधान?"

"है। मगर आध्यात्मिक। स्पिरिचुअल। भरोसा कर सको तो करो, वरना पी के मरना तो निश्चित है ही। इसके दो ही अन्त हैं। या तो जल्दी मौत और या धीमा पागलपन।"

हैमलेट को अपने पीने के बाद का व्यवहार याद आया।

"मेरे पास जीने का हर कारण है यार ऐवन। मैं जीना चाहता हूँ। मेरा इस बीमारी से पीछा छुड़ाओ।" उसकी आँखें छलछला आई थीं।

ऐवन ने उसके हाथ पर हाथ रखा।

"प्रोग्राम बहुत सिम्पल है संताप भाई। मगर आसान नहीं। अपना सब कुछ होम कर देना पड़ेगा। अपने आज के विचार, अपना आज का सोच और अपनी आज की धारणा। बिलकुल एक नए इनसान की उत्पत्ति होगी आपके अन्दर। करते हो?"

"मैं कुछ भी करूँगा यार। बस अब मुझे शराब नहीं चाहिए।"

"आप मुझसे कल मिलो। मैं आपको कहीं ले चलूँगा।"

और अगले ही दिन यशराज फ़िल्म्स की तरफ़ से उसे ऑफ़र आ गया था।

"शाद अली एक फ़िल्म बना रहे हैं। 'झूम बराबर झूम'! लन्दन में शूट है। आपको कल ही उड़ना है। क्या बोलते हैं?"

और वो अगले ही दिन उड़ गया था।

उसी साल उसके घर में नन्हे जय का आगमन हुआ था।

शाद मणिरत्नम का असिस्टेंट था। 'दिल से' में। उससे उसकी बहुत अच्छी पटती थी। 'झूम बराबर झूम' में उसे अभिषेक बच्चन और प्रीती ज़िंटा के साथ काम करने का मौक़ा मिल रहा था। अमिताभ बच्चन सूत्रधार की भूमिका में थे।

शूट अच्छा रहा। मगर सारे वक़्त उसके दिमाग़ में ऐवन रिबैलो की बातें गूँजती रहीं।

वापस आया तो उसने पाया कि वो यशराज की ही एक और फ़िल्म लिख रहा है। माधुरी दीक्षित की कमबैक फ़िल्म थी। 'आ जा नच ले'। उसके क्लाइमैक्स में एक लैला मजनूँ पे आधारित ऑपेरा की ज़रूरत थी जो उसने चार दिन में लिख दिया था।

तीसरी फ़िल्म समर बाजपेयी लाया था।

"ये अमृत सागर है। रामानन्द सागर जी का पोता। ये न्यूयॉर्क स्कूल ऑफ़ फ़िल्म्स से पढ़कर आया है और अपनी पहली फ़िल्म बना रहा है। '1971'। तुझे स्टोरी, स्क्रीनप्ले और डायलॉग्स लिखने हैं।"

फ़िल्म पाकिस्तान में क़ैद बांग्लादेश के हिन्दुस्तानी फ़ौजियों के बारे में थी। वो वहाँ से भागने की कोशिश करते हैं। और हिन्दुस्तान के बॉर्डर तक पहुँचने के बावजूद कोई सफल नहीं हो पाता। इसमें समर बाजपेयी मुख्य भूमिका कर रहा था।

ये उसकी ज़िन्दगी की सबसे बेहतर स्क्रिप्ट थी। मगर फ़िल्म ग़लत तरीक़े से रिलीज़ हुई। उसे कोई ढंग का थियेटर हॉल नहीं मिला था।

ये तीनों फ़िल्में फ़्लॉप गई थीं। हैमलेट लगातार असफलता से टूट गया था। और उसी साल माँ का भी देहान्त हो गया था। ये सन् 2007 की बात है।

"मेरा नाम सन्दीप है और मैं एक एल्कोहॉलिक हूँ। मैंने बहुत पहले यूँ ही मज़े में शराब शुरू की थी। बढ़ते-बढ़ते ये इतनी बढ़ गई कि अब मुझे अपनी ज़िन्दगी से घिन होने लगी है।"

चार बँगला चर्च का क्लास रूम था। बेंचें थीं। टेबल्स थे। एक बन्दा चेयर कर रहा था, पन्द्रह-बीस बन्दे बैठे हुए थे। और एक बन्दा खड़े होके बोल रहा था।

और हैमलेट अवाक् था। उसे लग रहा था कि कोई उसी की कहानी को बयान कर रहा है। और यहीं उसे राज भाई मिले थे।

"ये मीटिंग क़रीब-क़रीब रोज़ होती हैं सारे मुम्बई में। इसको अटैंड करो। बाक़ी प्रोग्राम भी तुमको बतला दिया जाएगा। जल्द ही।" राज भाई बोले।

और तभी जैसे चमत्कार हुआ।

अनिकेत कश्यप का गड़गड़ाता हुआ फ़ोन आया था।

"गुलाल बन रही है संताप भाई। प्रोड्यूसर मिल गया। जयपुर चलने की तैयारी करो।"

और 'गुलाल' बनना शुरू हुई, गुलाल बनी और ख़ूब बनी। और गुलाल ने उसे वो सब कुछ दे दिया जिसकी उसे तलाश थी।

वो 'गुलाल' में लिरिक्स, म्यूज़िक, एक्टिंग, गायन और अपने डायलॉग लिख रहा था। 'गुलाल' उसके लिए सपना थी।

उसे अपनी भड़ास निकालने का पूरा अवसर मिला था।

उसने अपना सब कुछ 'गुलाल' में झोंक दिया था। अपनी सारी क्रिएटिविटी, अपना सारा आर्ट और अपना सारा क्राफ़्ट।

वो सम्बल के स्टूडियो जाता। गानों की रिकॉर्डिंग वहीं होनी थी।

दो गाने सुरेखा गा रही थी। तीन गाने वो ख़ुद, एक गाना स्वानन्द किरकिरे, एक इंडियन ओशन और एक गाना शिल्पा राव। हितेश सौनिक म्यूज़िक प्रोग्राम कर रहा था।

"यार मैं माइक्रोफ़ोन के सामने नहीं गा पाऊँगा। तू किसी और से गवा ले।" रिकॉर्डिंग चल रही थी।

"आप ही गाओगे संताप भाई और आपसे बेहतर कोई नहीं गाएगा। एक बार माक्रोफ़ोन से दोस्ती करके तो देखो," हितेश बोला।

और वो गा रहा था—

ये दुनिया अगर मिल भी जाए तो क्या है?

सुरेखा की खनकदार आवाज़ में दो गाने रिकॉर्ड हुए थे। उनमें से एक को अनिकेत पॉलिटिकल मुजरा कहा करता था।

राणा जी म्हारे गुस्से में आएँ ऐसो बल खाएँ
अगिया बरसाएँ घबराए म्हारो चैन।

म्यूज़िक तैयार था। हितेश ने कमाल कर दिया था।

जयपुर में शूट करते वक़्त संताप मदहोश था। पृथ्वी बना करते हुए वो अपने आपको भूल गया था। उसे लग रहा था कि उसके थियेटर के दिन लौट आए हैं। 'गुलाल' थियेटर ही थी। थियेटर के ही मोमेंट्स, थियेटर का ही माहौल और थियेटर के ही कैरेक्टर्स और ऊपर से अनिकेत।

अनिकेत पागल डायरेक्टर था। और बला का दुस्साहसी।

"हम ही ऑडियंस को सब कुछ क्यों समझाएँ? उनका भी तो फ़र्ज़ है कि वो अपनी समझ से काम ले। आप देखना! ये कैरेक्टर हिट जाएगा।"

उसका मतलब अर्धनारीश्वर के चरित्र से था जो पृथ्वी बना के साथ रंगों में पुता हुआ चलता-फिरता-घूमता है। लोगों ने उसी के बारे में बाद में सबसे ज़्यादा पूछा।

'गुलाल' 13 मार्च, 2009 को रिलीज़ हुई। 'आरम्भ है प्रचंड' पूरा देश क्या, पूरी दुनिया की ज़ुबान पर था। बॉक्स ऑफ़िस पर कुछ ख़ास ना कर पाने के बावजूद इंटरनेट पर उसने तहलका मचा दिया। हर कॉलेज के कैम्पस में उसके गाने बज रहे थे। 'बीड़ो' में लोग-बाग नाच रहे थे। हैमलेट को तो सब कुछ मिल गया जिसकी मुम्बई में उसे ज़रूरत थी। स्टारडम, पहचान, स्वीकारोक्ति।

और उसने तय किया कि वो इसका जश्न अमेरिका में मनाएगा। सपरिवार।

ब्रेन स्ट्रोक

अमेरिका में जिया का भाई रहता था—संजय। और यहीं वो घटना आती है जिसने हैमलेट का अध्यात्म में विश्वास अटल कर दिया था।

उसका परिवार पहले जा चुका था। वो घर में अकेला था। 18 मई की रात को उसकी फ़्लाइट थी। उसे घर से ही महसूस होने लगा कि उसके साथ कुछ ग़लत हो रहा है।

वो एयरपोर्ट पहुँचा। उसने पाया कि वो इमिग्रेशन फ़ॉर्म भी ढंग से नहीं लिख पा रहा है। उसे अपने जिस्म का दायाँ हिस्सा हल्का महसूस होने लगा था।

उसकी फ़्लाइट ने उड़ान भरी। उसने पाया कि वो टॉयलेट जाते हुए डगमगा रहा है।

उसकी फ़्लाइट अबू धाबी जाके रुकी। वहाँ चार घंटे का स्टॉप था। वो ढंग से बाहर निकलने में भी मुश्किल पा रहा था।

उसकी फ़्लाइट चौबीस घंटे में अमेरिका पहुँची। बाहर निकलते हुए वो लड़खड़ा रहा था। उसके जिस्म का दायाँ हिस्सा ग़ायब हो चुका था।

जिया उसे देखके फूली नहीं समाई। फिर उसकी हालत देखकर चौंकी। मगर फिर भी शक नहीं हुआ। सारे के सारे नई-नई सफलता में झूम रहे थे।

अगले चौबीस घंटे भी बीत गए।

'गुलाल' की ख्याति अमेरिका तक पहुँच चुकी थी। इंटरनेट का बोलबाला था। उससे मिलने के लिए लोग बाग आने लगे थे। उन्हीं में से एक डॉ. सुधीर था।

उसने उसे ध्यान से देखा।

"इन्हें हॉस्पिटल ले जाओ। लक्षण अच्छे नहीं लगते।"

उसे जिमी कॉलिंस हॉस्पिटल ले जाया गया। वहाँ मालूम पड़ा कि उसको ब्रेन स्ट्रोक हुआ है। अड़तालीस घंटे पहले। और इन अड़तालीस घंटों में हालत बहुत बिगड़ चुकी थी। वो तीन दिन हॉस्पिटल में रहा। इलाज चलता रहा। और डॉक्टर्स इस परिणाम पर पहुँचे कि स्ट्रोक सीरियस है। उसका आधा शरीर बेकार हो चुका है। वो अब कभी ढंग से चल नहीं पाएगा। कभी ढंग से बोल नहीं पाएगा। और उसके लिए सबसे बड़ा शॉक था कि वो अब कभी दोबारा एक्टिंग नहीं कर पाएगा।

"मैं फ़िज़ियोथेरेपी लूँगा डॉक्टर। मुझे अभी बहुत काम करना है।" वो क़रीब-क़रीब घिघिया रहा था। अपनी आधी-अधूरी आवाज़ में।

"सॉरी जेंटलमैन। दिस कांट बी क्योर्ड।"

वो अमेरिका से अपंग होकर लौटा था।

लौटने के साथ ही उसने बम्बई के लोकल हस्पताल से कन्सल्ट किया।

"अब आप कभी ढंग से बात नहीं कर पाएँगे। चलना-फिरना तो दूर की बात है।"

वो ए-303 लिंक पैलेस की अपनी स्टडी में चुपचाप बैठा हुआ था। उसके लिए दुनिया ख़त्म हो चुकी थी। अब वो ज़िन्दगी भर के लिए कुर्सी पर बैठने को मजबूर था।

दूसरा फ़रिश्ता

"बहुत सारी एनर्जी होती है हमारे आसपास जिनको हम ख़ुद नहीं समझ पाते। तू प्राणिक हीलिंग ले। एक डॉक्टर हैं गोकुलधाम मेडिकल सेंटर में। नाम है अंजू दी। मेरे व्यक्तिगत सम्बन्ध हैं। हो सकता है कुछ अच्छा हो जाए।" सम्बल भारद्वाज बोला।

उसने एक महीना प्राणिक हीलिंग ली। अंजू दी उसे अपने सामने लिटा के अपने हाथों से हवा में कुछ करतीं। मुँह से कुछ अस्फुट आवाज़ें निकालतीं। वो अधिकतर नींद में चला जाता।

और एक महीने बाद वो चल भी रहा था, बोल भी रहा था और 'गैंग्स ऑफ़ वासेपुर' के शुरू होने का इन्तज़ार भी कर रहा था जो अनिकेत कश्यप की अगली फ़िल्म होने वाली थी।

उस हादसे ने उसे समझाया कि ज़िन्दगी उतनी नहीं है जितनी हम अपनी आँखों से देखते हैं। जिसको हम समझ नहीं पाते, उसे हम चमत्कार बोल देते हैं। हम भूल जाते हैं कि चमत्कार भी इसी दुनिया में घटते हैं।

"विपश्यना जाओ। वहीं निजात मिलेगी।" विश्नोई फ़ोन पर बोले थे।

और उसने इगतपुरी में विपश्यना के दस दिन के शिविर में नामांकन भर दिया था जहाँ उसे उसके दूसरे आध्यात्मिक गुरु मिले थे। 'श्री लक्ष्मीनारायण गोयनका'

वो विपश्यना केन्द्र से वापस आया तो दूसरा ही बन्दा था। ज़िन्दगी से दोबारा लड़ने को तैयार।

"मेरी फ़िल्म करोगे संताप भाई?"

इम्तियाज़ अली उसको सात बँगला बारिस्ता में बोला था।

"मगर मैं तो 'गैंग्स ऑफ़ वासेपुर' कर रहा हूँ।"

"वो बाद में बनेगी। उससे पहले ये तैयार हो जाएगी।"

इम्तियाज़ अली 'अंक एक' का पुराना बन्दा था और उसका मुरीद।

"नाम क्या है?"

"रॉकस्टार।"

"और कौन काम कर रहा है?"

"रनबीर कपूर।"

ये दोस्ती भी काफ़ी चली।

उसे विपश्यना ध्यान की लत लग चुकी थी। विपश्यना गौतम बुद्ध द्वारा प्रतिपादित ध्यान की एक विधि थी जिसका ज़िक्र ऋग्वेद में भी मिलता है। ये विद्या बीच में लुप्त हो गई थी। फिर बर्मा से इसे श्री सत्यनारायण गोयनका हिन्दुस्तान लाए थे। तब से ये हिन्दुस्तान में प्रचलित थी।

इसे करने से अन्दर के विकार नष्ट होने लगते थे। हम दो ही चीज़ों से ग्रस्त होते हैं—अतिरिक्त मोह और अतिरिक्त घृणा। अंग्रेज़ी में क्रेविंग और एवरज़न। ये दोनों ही चीज़ें लुप्त होने लगती हैं अगर हमारा साँस पर अधिकार हो जाए तो।

उसके अतिरिक्त मोह में शराब प्रमुख थी। वो विपश्यना करने लगा। लम्बे ध्यान में बैठने लगा। धीमे-धीमे राहत मिलनी शुरू हो गई। डर अजीबोग़रीब तरीक़े से ग़ायब होने लगा।

ऐवन बोला, "अब राज भाई के पास जाओ संताप भाई।"

"काग़ज़-पेन सँभालो।

और ज़िन्दगी में जितने भी पाप किये हों, लिख डालो। ब्लैक एंड व्हाइट में। कोई लिहाज़ मत करना। एक-एक पाप। वो दबी हुई चीज़ें जो तुम अपने आपको भी नहीं बतलाना चाहते। जो तुम्हारे अलावा और किसी को भी नहीं मालूम। अगर किसी छोटी बच्ची के बदन पे हाथ रखा है तो वो भी बक दो। अगर बीवी को मारा है तो वो भी बक दो। पूरी लिस्ट तैयार करो। आगे मैं बतलाता हूँ।" राज भाई बोले।

वो लिस्ट बनाके ले गया। राज भाई ने पढ़ी। पढ़ के फाड़ दी। "मैंने कहा एक-एक चीज़। दिल का एक-एक कोना साफ़ करो। नंगे होकर, बेशर्म होकर, बेमुरव्वत होकर उल्टी करो काग़ज़ पर। कोई बात अन्दर नहीं रहनी चाहिए। ये ही प्रोग्राम है। और कभी प्रार्थना की है?" वो गुर्राए।

"ऐसे ही कभी-कभी बैठ जाया करता था।"

"प्रार्थना करो। भगवान से नहीं। अपने से किसी भी उच्च शक्ति से। उसकी कल्पना करो। उससे बात करो। ये होगा। ये बिलकुल होगा। उससे मदद मिलेगी।"

हैमलेट ने प्रार्थना करना शुरू कर दिया। शुरू-शुरू में अजीब लगता था।

"नहीं कर पा रहा।"

"लिस्ट बनाई? उन लोगों की जिनको सताया है?"

"बना रहा हूँ।"

"हमारे और हमारी उच्च शक्ति के बीच में तमाम रुकावटें होती हैं। कूड़ा-करकट होता है। पहले इस गन्दगी को साफ़ करो। तब तुम्हारी प्रार्थना सुनी जाएगी।"

हैमलेट ने लिस्ट बनानी शुरू की। और धीरे-धीरे जाना कि वो पागल हो रहा है। वो इतना कुछ करके आया था? और ये सब उसके अन्दर दबा हुआ था? उसने अपने आपको खरोंच दिया। कुरेद दिया। रगड़ दिया। उसने कुछ भी नहीं छिपाया। उसने सब कुछ बक दिया। उसमें हर उस लड़की का ज़िक्र किया था जिसके साथ वो सोया था। हर उस शख़्स का ज़िक्र किया था जिसको उसने धोखा दिया था। हर उस व्यक्ति का ज़िक्र था जिनके प्रति उसका ग़ुस्सा था।

लिस्ट तैयार हो चुकी थी।

और पूरी होने के बाद उसे अपने से घिन हो उठी। वो कितना विकारग्रस्त प्राणी था। कितना घृणित।

मगर एक बात थी। उसका मवाद निकल चुका था। अन्दर के फोड़े फूट चुके थे। अब उसने हल्का महसूस करना शुरू कर दिया था। अब वो इस प्रोग्राम को पूरा लेने के लिए कटिबद्ध था। वो लिस्ट लेकर फिर राज भाई के पास गया।

"ठीक। अब इन सब बातों को किसी सम्मानित आदमी के सामने बक दो। बिना कुछ छिपाए। तुरन्त राहत मिलेगी।"

हैमलेट भौचक्का रह गया।

"मगर ये तो मेरे राज़ हैं। ये मैं हूँ। वास्तविक मैं। इन बातों को मैं ख़ुद से ही नहीं बतलाना चाहूँगा। ये मैं किसी और से कैसे बोल सकता हूँ?"

"बोलना पड़ेगा। अगर राहत चाहिए तो।"

हैमलेट चुप रहा। फिर बोला।

"आपसे सम्मानित आदमी और कौन मिलेगा? आप ही को बतलाता हूँ।"

"शराब ख़ाली एक लक्षण है। एक सिम्पटम। बीमारी कहीं और है। तुम्हारे अन्दर में। ये आध्यात्मिक अव्यवस्था है। इसको व्यवस्थित करो। सब ठीक होगा।"

और हैमलेट ने बकना शुरू किया। और वो बकता ही चला गया। राज भाई ध्यान से सुनते रहे। और उसने पाया कि अपने अधिकतर कुकर्मों का वो ही ज़िम्मेदार है।

धीरे-धीरे नदीम शाह की गाली 'ऐब्सॉल्यूट बास्टर्ड' धूमिल होती गई। सम्बल का 'मक़बूल' के प्रोमोशन में नाम ना लेना धूमिल होता गया। 'हैल्दी डायरेक्टर' का क्रेडिट ना देना धूमिल होता गया। और उसने पाया कि वो बेतरह रो रहा है। उसने अपनी आँखें पोंछीं।

राज भाई ख़ामोश थे। फिर बोले—"अब जाओ। लिस्ट तुम्हारे पास है ही। जिसको भी दुख दिया है, कष्ट दिया है, उससे माफ़ी माँग लो। फ़िलहाल प्रोग्राम यहाँ पूरा होता है।"

हैमलेट ख़ामोश खड़ा रहा। सुनता रहा।

"अपनी ज़िन्दगी को नए सिरे से जीने की कोशिश करो। बिना किसी के प्रति दुर्भाव रखे हुए। और याद रखना। ये विकार फिर से इकट्ठे हो जाएँगे। आगे जीवन अभी और है। उन विकारों को फिर से व्यक्त करना पड़ेगा हर एक साल में। अन्दर की सफ़ाई रखो। ज़िन्दगी सन्तुलित रहेगी।"

हैमलेट घर लौटा तो जैसे हवा में उड़ रहा था।

'रॉकस्टार' हुई। रनबीर जैसा दोस्त मिला।

और उसके बाद 'गैंग्स ऑफ़ वासेपुर' ने उसे चाँद के उस छोर तक पहुँचा दिया। फ़िल्म बेहद सफल रही। उसकी भूमिका भी।

और उसने उस रात जिया को अपनी बाँहों में लपेट लिया था। जिया ने उसका सर सहलाया। फिर मुस्कराई।

"बहुत ख़ुश हो?"

"बहुत। सब कुछ अच्छा लग रहा है। कितने अच्छे लोग थे आसपास। मैं ख़ामख़्वाह ही सबके प्रति ग़ुस्सा पालता रहा।"

"किसकी बात कर रहे हो?"

"ये ही। सम्बल ने मुझे नई ज़िन्दगी दी है। नदीम ग़ुस्सा करते हैं, मगर ध्यान से देखो तो ऐसा कुछ ख़ास भी नहीं करते। चलेगा। एक्टिंग के बारे में पूछे गए हर

सवाल का जवाब तो देते हैं। मनुऋषि, दीपक मेरे लिए जान लुटाने को तैयार रहते हैं दोनों। समर...कितनी बड़ी फ़िल्म दे दी लिखने को। क्या हुआ जो फ़्लॉप हो गई। और अनिकेत ने तो सब कुछ ही दे दिया।"

"ये तुम्हारा राज भाई के पास जाने का नतीजा है?"

"ऐवन रिबैलो भी। ये लोग संतात्मा हैं। भाग्य से ही मिलते हैं ऐसे लोग।"

"आजकल तुम्हारी शराब भी काफ़ी कंट्रोल में हो गई है। अगर इतनी ही रही तो मुझे आपत्ति नहीं होगी।"

"तुमने कितना सहा है। ग़नीमत है कि बच्चे मेरा वो रूप देखने से बच गए। अब जीवन में आस्था बढ़ गई है।" तभी उसका मोबाइल बजा। उसने उठाया।

"हैलो।"

दूसरी तरफ़ ख़ामोशी रही। वह दोबारा बोला—"हैलो।"

एक पल की चुप्पी के बाद उधर से आवाज़ आई—"मैं बोल रही हूँ।"

और हैमलेट अवाक् रह गया। आवाज़ जानी-पहचानी थी।

"संगिनी?" वो भौचक्का था।

"कैसे हो?"

"मैं..." वो ठीक से बोल नहीं पा रहा था। "तुम कैसी हो? कहाँ पर हो?"

दूसरी तरफ़ शायद मुस्कराया गया था।

"अच्छी हूँ।"

"मेरा नम्बर कहाँ से मिला?"

"अब तुम आम आदमी नहीं रहे। मैंने 'मक़बूल' देख ली है। 'गुलाल' भी। और 'गैंग्स ऑफ़ वासेपुर' भी।"

हैमलेट मूक था। फिर बोला।

"कैसी हो तुम?"

"मैं ठीक हूँ। ग्वालियर में रमाकान्त विश्नोई की भतीजी की शादी है। मैं आ रही हूँ, तुम भी आओगे?"

वो एक पल ख़ामोश रहा।

"मैं आता हूँ।"

"ठीक। मिलते हैं।" और फ़ोन रख दिया गया।

उसने हकबकाई हालत में फ़ोन नीचे रखा। जिया बोली—"कौन था?"

"संगिनी।"

"अरे, कैसी हैं? कहाँ हैं?"

"ग्वालियर आ रही हैं। रमाकान्त की भतीजी की शादी है। मुझे बुलाया है।"

"तो जाओ। मेरा नमस्कार कहना उन्हें।"

संताप उसकी तरफ़ देखता रहा। फिर बोला—"तुम्हें ख़राब नहीं लगता?"

"क्या?"

"मेरा उनके प्रति आकर्षण तुम जानती हो।"

"मैं तो उर्वशी के प्रति भी तुम्हारा आकर्षण जानती थी। और उस केस में तो तुम आकर्षण से भी आगे बढ़ गए थे।"

हैमलेट अवाक् रह गया।

"तुम उन दिनों रात में घर नहीं आते थे। मैंने पता करवाया था। तुमने उसके साथ रहना शुरू कर दिया था।" वो समतल स्वर में बोल रही थी। हैमलेट चुप था।

"औरत का दिल रहस्य का भंडार होता है। उसमें झाँककर देखोगे तो समन्दर की गहराई मिलेगी। मुझे तब भी एतराज़ नहीं था और आज भी नहीं है।"

"संगिनी से मेरे ऐसे सम्बन्ध कभी नहीं रहे।"

"मैं जानती हूँ। बतलाने की ज़रूरत नहीं है। सम्बन्धों की व्याख्या नहीं करनी चाहिए। इससे उनकी महत्ता ख़त्म हो जाती है। कब का टिकिट करवाऊँ?"

और अगली ही फ़्लाइट में वो ग्वालियर के लिए सवार था।

भूली-बिसरी बातें

डीडवाना ओली में विश्नोई के मकान के सामने एक धर्मशाला में रिंकू की शादी का आयोजन किया गया था।

दिन-भर शादी की गहमागहमी रही। शाम को संगिनी बोली—"अब चलते हैं रमाकान्त।"

"कहाँ?"

"अरे घर।" संगिनी हँसी। "यहीं हमेशा थोड़े ही रहना है।"

"संताप भी जाएगा?"

"ज़ाहिर है।" वो हँस पड़ी।

दोनों बाहर आ गए। वही सर्राफ़े बाज़ार का ट्रैफ़िक था। टेम्पो, ऑटो, स्कूटर। शाम के सात बज रहे थे। झुटपुटा फैल रहा था।

दोनों गस्त के ताज़िये की ओर चल पड़े। पैदल।

"कहाँ ठहरी हो?"

"वृंदा के यहाँ। और तुम?"

"सिटी सेंटर। सेंट्रल पार्क होटल में।"

दोनों चल रहे थे।

"ग्वालियर काफ़ी बदल गया।"

"मगर तुम तो वैसे के वैसे हो। जिया कैसी है?"

"जिया के बारे में जानती हो?"

"जोश और जय के बारे में भी। अब तुम्हारी कोई भी चीज़ प्राइवेट नहीं रही। अख़बारों में सब मिल जाता है।"

दोनों ख़ामोश थे। उन्होंने गस्त का ताज़िया पार कर लिया था।

"माँ कैसी है? और चाँदनी?"

"माँ गुज़र गईं। चाँदनी की शादी हो गई। हम पच्चीस साल बाद मिल रहे हैं।" वो सपाट स्वर में बोलीं, "मैं पढ़ाती हूँ। एक एन.जी.ओ. में। साथ में हैं कुछ बच्चे। पेड़-पौधे। एक बिल्ली, एक कुत्ते का बच्चा जो अभी गोद लिया है। और खाली मकान।"

ये कहते हुए उनकी आवाज़ कहीं खो गई थी।

"शादी नहीं की। विश्वास का डायवोर्स हो गया। प्रभा उससे अलग हो गई। उसने दोबारा प्रोपोज़ करने की कोशिश की थी। मगर तब तक वक़्त बहुत आगे बढ़ चुका था। निश्चय किया कि ज़िन्दगी ऐसी ही रहेगी। सारा दिन बच्चों के साथ में गुज़र जाता है। फिर शाम हो जाती है। अपने कमरे में लौट जाती हूँ। कुछ पुरानी यादें रहती हैं साथ में। उनको जीती हूँ। फिर खाना खाके सो जाती हूँ। अगली सुबह वही पुराना रूटीन। ये ही जानना चाहते हो?"

"थोड़ी तल्ख़ हो गई हो।"

"तल्ख़ नहीं हुई। ज़िन्दगी को वैसा का वैसा स्वीकार कर लिया है। और अब तो यादें भी ज़्यादा नहीं आतीं।" उनका स्वर जैसे डूब गया था।

"मैं याद नहीं आता?"

"आते हो ना। तुम्हारे साथ बिताया हर पल याद आता है। मगर स्मृति को जितना दूर से देखा जाए वो उतनी ही अच्छी लगती है। नहीं?"

प्रश्न बीच में ही छूट गया था।

"तुम्हारी शराब कम हुई कि नहीं?"

"विश्नोई ने बताया?"

"अब तुम्हारी हर बात मालूम पड़ जाती है। कम कर दो। अभी बहुत जीना है तुम्हें।"

"भिलाई का पता दो। मैं आऊँगा।"

"क्या करोगे आकर। मैं अपने आपमें सिमट चुकी हूँ। बाहर नहीं आऊँगी।"

वो पाटनकर बाज़ार पार कर चुके थे।

"मेरा फ़ोन नम्बर तुम्हारे पास है ही। कभी-कभार बात कर लिया करना। वैसे भी मेरे पास अब करने को ज़्यादा बातें बची नहीं।"

वो घोड़ा चौक पर पहुँच चुके थे।

"तुम सोच रहे होगे कि मैं अभी तक खिलखिलाई क्यों नहीं। तो खिलखिलाहट को मैंने एक डिबिया में बन्द करके अपनी साड़ी के पल्लू से बाँध लिया है। जब ज़रूरत पड़ती है, डिबिया खोल लेती हूँ। जैसे अभी खोल दी।" और वो खिलखिलाईं। मगर हँसी ख़ाली थी।

वृंदा का मकान आ गया था। शाम के आठ बज रहे थे। अँधेरा बढ़ गया था।

दोनों मकान के नीचे खड़े रहे। संताप को याद हो आया जब वो उन्हें घर छोड़ने साइकिल पर ले जाता था।

वो मुड़ीं। अँधेरे में उनकी शक्ल छुप-सी गई थी। फिर उनके होंठ हिले।

"ज़िन्दगी हमेशा एक जैसी नहीं रहती। ये मैंने ज़िन्दगी से ही सीखा है। मिलके बिछुड़ना ही संसार का नियम है। इस नियम का पालन करो। कोई ग़म पास नहीं आएगा। कोई रंज पास नहीं आएगा।" मगर उनकी आवाज़ भर्रा गई थी।

"तुम मुझे बहुत याद आए। मगर तुम्हें भूलना उतना ही ज़रूरी था। स्मृति पास से बहुत कष्ट देती है।"

उनकी आवाज़ काँपी थी।

"अपनी ज़िन्दगी जीना। बहुत बड़ा बनना। मैं तुम्हें दूर से देख के याद करूँगी। चलती हूँ।"

और वो मुड़ीं और मकान की सीढ़ी चढ़ती चली गईं।

हैमलेट वहीं खड़ा रहा। अँधेरा अब बढ़ रहा था। फिर वो हिला मुड़ा और चलने लगा। उसे एकदम सब कुछ याद आया। उसके गले में हूक-सी उठी। उसने अपनी आँखें पोंछीं और चिल्लाया—"ऑटोऽऽऽ"

"कैसी रही शादी?" जिया ने दरवाज़ा खोला था।

"ठीक!" वो अन्दर आ गया। सामान रखा। सोफ़े पर बैठा।

"क्या बात है? तबीयत तो ठीक है।"

उसने जिया को बाँहों में भरके भींच लिया। उसकी पलकें डबडबा आईं।

"क्या बात है? कोई बात हुई संगिनी से?" जिया ने उसका चेहरा आगे किया।

"कुछ नहीं।" उसने आँखें पोंछी। "विश्नोई बहुत ख़ुश थे। सही राह में चल पड़े हो। देखना अब चैन मिलेगा।"

"कुछ मंत्र लेके आए हो उनसे?" जिया हँसी। उसे विश्नोई के आध्यात्मिक ज्ञान का आभास था।

"मंत्र ये ही है कि मैं अपनी ज़िन्दगी को पहचान गया हूँ। जोश-जय स्कूल गए हैं?"

"हाँ।" अचानक वो चौंकी। "हितेश का फ़ोन आया था। तुरन्त फ़ोन करने को कहा है।"

उसने फ़ोन मिलाया। दूसरी तरफ़ से हितेश की आवाज़ आई।

"संताप भाई। 'हुस्नां' गाते हो मेरे लिए। कोक स्टूडियो सीज़न टू में?"

"अरे वहाँ लाइव रिकॉर्डिंग होगी यार। मुझे लाइव रिकॉर्डिंग से डर लगता है।"

"अरे 'गुलाल' गा चुके हो। *एक बग़ल में चाँद होगा* गा चुके हो। अब किस बात का डर? मैं तो रहूँगा ही। इसकी म्यूज़िक प्रोग्रामिंग भी मैं ही कर रहा हूँ।"

हैमलेट थोड़ी देर ख़ामोश रहा। फिर बोला—"चल ठीक है। मगर सारी ज़िम्मेदारी तेरी ही होगी।"

"अपनी आवाज़ के बारे में आप कुछ भी नहीं जानते।"

उसे नहीं पता था कि ये गाना उसे दुनिया के कोने-कोने में ले जाएगा।

एक साल बाद हितेश फिर आया है।

"एक और। इस बार 'घर'। ये कोक स्टूडियो सीज़न थ्री है।"

उसने 'घर' भी गा दिया है। उसके बाद क्या हुआ पता नहीं।

यहाँ हैमलेट रुकता है। साँस लेता है। बहुत चल लिए। बड़ी लम्बी ज़िन्दगी जी। अब आराम की ज़रूरत है।

और हैमलेट ख़त्म करता है। वैसे भी दास्तान बहुत लम्बी हो गई।

और आख़िर में आज

इम्तियाज़ अली उसके पास आया है।

"ये फ़िल्म है। 'तमाशा'।"

"मुझे क्या करना है?"

"एक अस्सी साल के बूढ़े का रोल।"

"यार टाइपकास्ट मत करवा देना।"

"आपको कोई टाइपकास्ट नहीं कर सकता। आप विविध भूमिका करते हो।"

उसकी विविध भूमिका करने की हवस अब पूरी हो गई है या पूरी हो रही है। वो 'मातृभूमि' हो या 'मक़बूल'। 'रॉकस्टार' हो या 'तमाशा'। 'गुलाल' हो या 'गैंग्स ऑफ़ वासेपुर'। 'तेरे बिन लादेन' हो या 'शौक़ीन'। 'रिवाल्वर रानी', 'हैप्पी भाग जाएगी' हो या 'पिंक'। ये ही उसकी इच्छा थी और ये ही उसका उद्देश्य।

हिन्दुस्तान और सदी के सबसे बड़े अभिनेता अमिताभ बच्चन के साथ काम करते हुए उन्हें क़रीब से देखने का मौक़ा मिला। क्या तेजस्वी और ओजस्वी व्यक्तित्व है उनका। छरहरे और छह फ़ीट लम्बे बच्चन साहब में कितना कुछ छिपा है।

"देख लो रॉबर्ट डी नीरो। अब मैं तुमसे हाथ मिला सकता हूँ। कभी सालों-साल पहले ग्वालियर में मैंने अपना नाम प्रियांश शर्मा से संताप त्रिवेदी

बदला था। इसी हसरत के साथ कि कभी तुम्हारी आँखों में आँखें डाल के बात कर सकूँ। आज तुम्हारी ही ज़मीन अमेरिका में तुम्हारी ही ज़ुबान अंग्रेज़ी में तुम्हारी ही क़ौम के अभिनेताओं के साथ मैं इकलौता हिन्दुस्तानी होते हुए लीड रोल कर रहा हूँ।"

उसने 'प्लेबैक सिंगर' लॉस एंजिल्स में की थी।

नदीम शाह आज भी अपनी मुख़ालिफ़त बरदाश्त नहीं करते। उन्हें दूसरों को डराना अच्छा लगता है। लेकिन उसे अब उनसे डर नहीं लगता। उसका डर क़रीब-क़रीब ख़त्म हो चुका है। विपश्यना की वजह से।

O.T.T. प्लेटफ़ॉर्म आ चुके हैं। बुलावे आने लगे हैं। वो 'इल्लीगल', 'मत्स्य कांड', 'सॉल्ट सिटी' और 'एनार्की' कर चुका है। सब विविध भूमिकाएँ। आगे भी करता रहेगा।

अभिनय फ़ोर्स नहीं फ़ील्ड है। अभिनेता सर्वोपरि है। उसे अपनी क्रिया की प्रतिक्रिया के लिए किसी सह अभिनेता की ज़रूरत नहीं है। क्रिया भी उसी में से निकलती है और प्रतिक्रिया भी। एकल अभिनय इसका जीता-जागता प्रमाण है। अभिनय वो ग्रेविटी है जिस पर न्यूटन नहीं आइंस्टीन लागू होते हैं।

अभिनय वो जंग है जिसमें दोनों पक्ष जीतते हैं।

अभिनय अपने सह अभिनेता के साथ होता है...उसके ख़िलाफ़ नहीं।

सिनेमा एक्टिंग से आसान पैसा दुनिया के किसी पेशे में नहीं है, बशर्ते कि व्यक्ति करना जान जाए।

नदीम ने कभी कहा था, "अभिनेता को मंच पर कभी आँसू नहीं आने चाहिए।"

वो सहमत नहीं है।

नदीम ने ही कहा था, "हम डायलॉग्स बोलते हुए बीच-बीच में साँस लेना भूल जाते हैं। उससे स्पीच ख़राब हो जाती है।"

हैमलेट सहमत है। उसकी स्पीच अब ख़ासी अच्छी हो चुकी है।

पंडित ने कहा था, "हर डायलॉग में एटीट्यूड बदल दे। उससे लम्बे परफ़ॉर्मेंस कर पाएगा।"

हैमलेट ने किया है। वो आज लम्बे परफ़ॉर्मेंस कर रहा है।

आज पैसे की कमी नहीं है। ज़िन्दगी आराम से गुज़र जाएगी। अब वो वही करेगा जो उसका मन करता है।

उसे छोटे शहरों में जाना बहुत पसन्द है। वहाँ वो लोकल थियेटर ग्रुप्स से मिलता है। उनके हालचाल पूछता है। एक्टिंग पर बात करता है। थियेटर वर्कशॉप्स में उसका दिल बसता है।

एम.पी. स्कूल ऑफ़ ड्रामा में वो नियमित अभिनय प्रशिक्षक है। राष्ट्रीय नाट्य विद्यालय उसे घास नहीं डालता। मगर वो हर साल रिलीजियसली वहाँ जाकर फ़र्स्ट ईयर को पार्टी देता है। सेकंड ईयर और थर्ड ईयर ख़ामख़्वाह पी जाते हैं।

उसके रंगमंचीय गीतों का संग्रह आ चुका है। 'मेरे मंच की सरगम'! उसका शायरी संग्रह भी। 'कुछ इश्क़ किया कुछ काम किया'। उसके पुराने नाटक प्रकाशित हो चुके हैं।

उसने 'गगन दमामा बाज्यो' उठा लिया है। 'तम्बू' बैनर से। उसकी प्रस्तुतियाँ काफ़ी सफल रही हैं।

उसे मैनेजर के तौर पर एक बेशक़ीमती दोस्त और ज़िम्मेदार इनसान मिल चुका है राहुल गांधी और घनिष्ठ सलाहकार निशान्त अग्रवाल भी। जिन्होंने उसकी प्रोफ़ेशनल लाइफ़ को बख़ूबी सँभाल लिया है।

उसने अपना बैंड बनाया है। 'बल्लीमारान' ग़ालिब साहब और दिल्ली को याद करने का इससे बेहतर तरीक़ा और कोई नहीं हो सकता। वो अपने बैंड के साथ अब यूरोप दौरे पर जा रहा है।

कभी जिया फूट-फूट के रोई थी।

"शादी हमेशा माँ-बाप की मर्ज़ी से करनी चाहिए।"

आज वो उसके घर की रानी है। 'द अनडेस्प्यूटेड क्वीन'

मराठे ने कहा था—"तू किसी के साथ बहुत दिनों तक नहीं रह सकता।"

"देख। मैं जिया के साथ तो अभी तक हूँ।"

"ये तेरी नहीं, उसकी महानता है चूतिये।" और मराठे ठहाका मारके हँस पड़ता है।

आज शराब पे कंट्रोल है। राज भाई सही कहते थे। शराब सिर्फ़ लक्षण है। बीमारी कहीं और है। आध्यात्मिक अव्यवस्था। वो उसे व्यवस्थित करने की कोशिश कर रहा है।

जोश-जय भले बच्चे बनके निकल रहे हैं। उनको ज़िन्दगी की शुभकामनाएँ।

विश्नोई आज नहीं हैं। पेनडेमिक में दुनिया से चले गए। प्रवेश और ऐवन रिबैलो उनसे पहले ही जा चुके थे। मगर बहुत कुछ दे गए। बहुत धन्यवाद यार।

आज वो ग्वालियर जाता है। ग्वालियर उसे बहुत अच्छा लगता है। पुरानी यादें धूमिल पड़ चुकी हैं। सन्तोष गुप्ता, अरविन्द भदौरिया और जयवीर सिंह यादव उसका बहुत ख़याल रखते हैं।

वो कॉन्वेंट वाले अनुभव को दोबारा महसूस करना चाहता है। अभी तक नहीं हुआ। हो जाएगा। उसे उम्मीद है।

उसकी जिज्ञासा कम हुई है, ख़ुद के प्रति। छटपटाहट भी। आज मन सन्तुलित है। भागता नहीं। ना ही दुर्विचार उठते हैं किसी के प्रति। अब जीवन थोड़ा-थोड़ा समझ में आने लगा है। उसने अपनी शख़्सियत को पा लिया है जिसे उसने बचपन में खो दिया था या कि पूर्वजनम में। उसे इस बात का प्रबल सन्तोष है।

पंडित उसे याद आता है, दूर से। संगिनी उसे याद आती है, पास से। कहीं अकेली रहती होगी। यादों के साथ।

कुछ दोस्तों को वो नियमित फ़ोन करता रहता है। डॉ. दिनेश शर्मा, अजीत ळ्हाने (मराठे), प्रशान्त दुबे (प्रमाद दुबे), राज भरत, देसाई साहब, मुकेश छाबड़ा, डॉ. विवेक शुक्ला, अरुण कालरा, साईं कबीर, मितुल दीक्षित, राबिया नाज़िकी, जे.बी. सिंह, निखिल वर्मा, अरविन्द बब्बल, ऋतु (रेवा), शैलेन्द्र व्यास, आभा नारायण लाम्बा, भावना उपाध्याय और तम्बू के साथी। पुराना वक़्त, पुरानी बातें।

वो कई स्क्रिप्ट लिख चुका है। 'लीजेंड ऑफ़ भगत सिंह', 'अग्निपथ', 'यहाँ', 'शुद्धि', 'गजनी', 'शमशेरा'।

और गाने भी।

सुरेखा भारद्वाज उसे गाने के रियाज़ के नए-नए तरीक़े बतलाती रहती है।

कम्युनिज़्म उसे आज भी समझ नहीं आता। 1918 में रूसी क्रान्ति हुई थी। ज़ार निकोलस टू, उसकी पत्नी अलेक्ज़ेंड्रिया और पाँचों बच्चों को क़ैद कर लिया गया था। जिसमें दो बच्चे बहुत छोटे थे। बोलशेविक पार्टी (जो बाद में कम्युनिस्ट पार्टी कहलाई) की मीटिंग बैठी थी। सिर्फ़ ज़ार को मारा जाए या उसके पूरे परिवार को। और अन्त में ज़ार समेत उसकी पूरी फ़ैमिली को संगीनों से भोंक-भोंक के ख़त्म कर दिया गया था। और ये लोग क्लेम करते हैं सरदार भगत सिंह पर जो ज़िन्दगी भर इस बात के लिए पछताते रहे कि हमने सुपरिंटेंडेंट सांडर्स को मार के ग़लती की। क्रान्ति गोला-बारूद से नहीं, विचारों से आती है। उन्होंने तो असेम्बली में भी बम तक उस जगह फेंका था जहाँ कोई भी मौजूद नहीं था। इसके बावजूद

सरदार भगत सिंह संधू, सुखदेव थापर, शिवराम हरि राजगुरु, बटुकेश्वर दत्त और पंडित चन्द्रशेखर आज़ाद तिवारी की फ़ोटो हर कम्युनिस्ट पार्टी के दफ़्तर में लगी रहती है।

आज उसे एक ख़त आया है। उर्वशी ठाकुर का।

सर, एस.एम.एस. में सारी बातें नहीं आएँगी। इसलिए ख़त लिख रही हूँ। मैं धर्मशाला में हूँ। हिमाचल प्रदेश में। यहाँ ध्यान करती हूँ, भगवान बुद्ध की शरण में। आप मुझे बौद्ध भिक्षुणी भी कह सकते हैं।

अभी शान्ति है। कब तक चलेगी, मालूम नहीं। यहाँ वादियों में विचरण करते हुए अपने आपको भूल जाती हूँ। कई बार दिल्ली याद आता है तो आप भी अकस्मात् याद आते हैं। आपके साथ बिताए दिन, आपका वो परफ़ार्मेंस 'एन ईवनिंग विद संताप त्रिवेदी'। मन करता है कि उड़के आपके पास पहुँच जाऊँ। पर इस मन को ही साधना है। ये ही दिक़्क़त देता है।

सुबह-शाम की उपासना है। सादा जीवन और उच्च विचार की उम्मीद में जी रही हूँ।

पुरानी आदतों पर रोक लग चुकी है। अब पुरुष ध्यान में नहीं आते। आपकी बात अलग है। आप मेरे लिए 'कुछ और' हैं।

कभी हिमाचल आइएगा तो याद कीजिएगा। वैसे आपका आना अब छिपेगा नहीं। मैं ख़ुद पहुँच जाऊँगी आपसे मिलने।

उम्मीद करती हूँ कि जिया दी भी अच्छी होंगी। जोश और जय को मेरा प्यार। समाचार-पत्र में सब कुछ है आपके बारे में। विकीपीडिया पे भी।

चरण स्पर्श!

आपकी शिष्या
उर्वशी ठाकुर।

डर। आता है। जोर से आता है। भरभरा के आता है। कोई इससे बचा हुआ नहीं है। डर आता है और लग जाता है।

कारण? हमें पता नहीं। पता होना चाहिए।

अपने डर को व्यक्त कर दो किसी के सामने। बेशर्म होकर।

डर चला जाएगा। हैमलेट को ये मामूली-सा 'जेस्चर' करने में एक पूरी जिन्दगी लग गई।

लगता है, अब भी मंच की सीढ़ियाँ चढ़कर ऊपर ख़ुद परफॉर्म करने में हैमलेट को डर है।

वो भी जाएगा। किसी दिन। ख़ुदबख़ुद। आमीन!

उपसंहार

ज़िन्दगी बड़ी बलबलाती रही। ख़ूँख़्वार, लुभावनी, नमकीन, कराहती, चुटीली, ठहाके, फिर, दोहत्थड़, फिर परेशानी, फिर नाउम्मीदी, फिर रौशनी, फिर जवाब, लेकिन आधे-अधूरे। और फिर मदहोशी। यानी कि कहाँ जा रहे हैं, कुछ होश नहीं। लेकिन कुल मिलाकर भरपूर... या यूँ कहें कि पूरी तरह से 'पूरी'। वाक़ई शिकायत नहीं कर सकता।

होश आया तो सिर्फ़ इबादत की वजह से। उससे सन्तुलन मिला। आज ठहराव है। सारे सवालों के जवाब नहीं मिले, लेकिन उम्मीद और भरोसा बहुत बढ़ चला है। अकेलापन कभी अभिशाप लगता था। आज वरदान है। मौन से, चुप्पी से, ख़ामोशी से प्यार हो चला है। लोगों से ख़ामख़्वाह क्यों मिलें, इसकी वजह खोजने पर भी नहीं मिलती। बाक़ी योग, ध्यान, विपश्यना। ज़िन्दाबाद।

पहले उधड़ा बचपन, फिर बेतरतीब जवानी, फिर ख़ूँख़्वार थियेटर, फिर लुभावना सिनेमा और अन्त में प्रार्थना।

आगे क्या हो, इसकी तलाश जारी है। ज़िन्दगी से ये ही सीख मिली कि 'स्वीकार' कर लेना चाहिए। वो ख़ुद के पाप हों या दूसरों के। सुकून मिलना शुरू हो जाता है।

ज़िन्दगी कर्म है। अनवरत और अनासक्त कर्म। एक बार किया गया कर्म बिना अपना फल दिये नष्ट नहीं हो सकता। ऐसा भगवद्गीता और फिर विवेकानन्द कह गए हैं।

एक्टिंग ज़िन्दाबाद, थियेटर ज़िन्दाबाद, सिनेमा ज़िन्दाबाद। बाक़ी ये सवाल अब बहुत ही प्रखर और मुखर हो चुका है कि आख़िर जाना कहाँ है।

और हैमलेट समाप्त करता है, बादल सरकार के नाटक 'एवम् इन्द्रजित्' की कविता के उद्धरण से—

जीवन के उस स्वर्ण-प्रात में
मुक्त-हृदय निर्द्वंद्व भाव से
दीक्षा ली थी पदयात्रा की
सतत तीर्थयात्रा करने की।

जीवन की संध्या में पहुँचा
मन मेरा ये भूल न जाए
दीक्षा के उस मूल मंत्र को
तीर्थ नहीं, है केवल यात्रा
लक्ष्य नहीं, है केवल पथ ही
इसी तीर्थ पथ पर है चलना
इष्ट यही गंतव्य यही है।

इन्क़लाब ज़िन्दाबाद।